Edith Stein
Jahrbuch
2009

Edith Stein Jahrbuch
Band 15
2009

herausgegeben
im Auftrag des
Teresianischen Karmel
in Deutschland
(Unbeschuhte Karmeliten)
unter ständiger Mitarbeit der
Edith Stein Gesellschaft
Deutschland e.V.

echter

Edith Stein Jahrbuch

Band 15   2009

herausgegeben
im Auftrag des Teresianischen Karmel in Deutschland
(Unbeschuhte Karmeliten)

Schriftleitung:
Dr. Ulrich Dobhan, Dom-Pedro-Straße 39, 80637 München

Redaktion:
Dr. Evelyn Scriba, Dom-Pedro-Straße 39, 80637 München

Herausgeber:
Provinzialat des Teresianischen Karmel in Deutschland
P. Provinzial Dr. Ulrich Dobhan, Dom-Pedro-Straße 39, 80637 München
Medienbeauftragter P. Dr. Reinhard Körner, Schützenstraße 12,
16547 Birkenwerder

Edith Stein Gesellschaft Deutschland e.V.
Dr. Monika Pankoke-Schenk, Kl. Pfaffengasse 16, 67346 Speyer

Bibliografische Information der Deutschen Nationalbibliothek

Die Deutsche Nationalbibliothek verzeichnet diese Publikation in der Deutschen
Nationalbibliografie; detaillierte bibliografische Daten sind im Internet über
<http://dnb.d-nb.de> abrufbar.

© 2009 Echter Verlag GmbH, Würzburg
www.echter-verlag.de
Umschlag: Peter Hellmund
Druck und Bindung: Druckerei Pustet, Regensburg
ISBN 978-3-429-03094-0

Inhaltsverzeichnis

Vorwort des Schriftleiters

Am Anfang des diesjährigen Edith Stein Jahrbuchs steht ein bisher nicht veröffentlichter Text von HEDWIG CONRAD-MARTIUS zum Thema *Jesus unter den Toten*. Die Einführung und Situierung verdanken wir Eberhard Avé-Lallemant, der 1958 in München bei ihr wissenschaftlicher Mitarbeiter war, und Joachim Feldes, der für die Leser des Jahrbuchs kein Unbekannter ist. Dieses Schriftstück zeigt eine interessante Facette in der Persönlichkeit von Hedwig Conrad-Martius auf und bringt uns wieder mit Edith Stein in Berührung, denn sie hat es gekannt und besessen.

Aus dem biographischen Bereich stammt ein Artikel von ULRICH DOBHAN, der die Entwicklung Edith Steins vom »radikalen Unglauben« zum »wahren Glauben« aufzeigt, also den Ausgangs- und Endpunkt ihrer religiösen Entwicklung, wie sie diese selbst benennt. »Radikaler Unglaube« ist nach ihren eigenen Worten ihr intellektueller Hochmut, dem sie bis in die Göttinger Zeit verfallen war, während der »wahre Glaube« die katholische Konfession gegenüber der evangelischen ist. Eine lange innere Krise wurde durch die Entscheidung zwischen beiden verursacht und schließlich durch die Lektüre der Selbstbiographie der hl. Teresa beendet. Angesichts dieser inneren Entwicklung ist es geradezu eine logische Folge, daß Edith Stein auf der Suche nach diesem Buch Teresas war und sie dieses nicht ohne Grund ausgewählt hat.

CÉCILE RASTOIN widmet sich in einem gut recherchierten Beitrag dem »staatenlosen Flüchtling« Raphael Walzer, der in den Jahren 1936 bis 1944 in Frankreich und Algerien Unterschlupf gefunden hatte. So teilt er mit seiner großen Gesprächspartnerin aus den glücklichen Beuroner Jahren auch das Schicksal der Verfolgung und wird so zu einem herausragenden Teilnehmer am Widerstand gegen die Nazidiktatur.

BEATE BECKMANN-ZÖLLER, den Lesern des Jahrbuchs längst keine Unbekannte mehr, führt mit einem weiteren Beitrag unter dem Titel *Philosophie der Person bei Edith Stein und Adolf Reinach* ihre Studien über das Verhältnis von Edith Stein und Adolf Reinach weiter.

Dem Eifer sowie der Begeisterung des jungen Forschers und Karmeliten verdanken wir eine Studie über die Frage *Was ist Lebenskraft? Edith Steins erkenntnistheoretische Prämissen in »Psychische Kausalität«*, jener frühen Studie aus den Jahren 1918/19, in der sie von einer echten mystischen Erfahrung berichtet, von einer »geistigen Wiedergeburt«.

In seinem Aufsatz *»Fiat voluntas tua« – Nachfolge, ohne zu fragen: wohin?* geht HARM KLUETING, der den Lesern des Jahrbuchs ebenfalls nicht unbekannt ist, ausdrücklich der Frage nach, ob Edith Stein eine Mystikerin war. Es gibt bei ihr zwar keine Visionen und Auditionen, keine Wahrnehmungen wie Marienerscheinungen oder gar Stigmatisationen, aber dennoch fehlt es in ihrem Leben nicht an mystischen Erfahrungen; der Autor spricht von einer Theologie der Nachfolge, in der sich ihre mystische Erfahrung niederschlägt.

Wie der Kölner Weihbischof HEINER KOCH in seiner Predigt beim Katholikentag in Osnabrück sagte, findet er in Edith Steins Leben eine zweifache Antwort auf die Frage *»Wie aber kann ich Gott spüren, erfahren, wahrnehmen?«* Einmal: »Gott bleibt der Größere«, zum anderen: »Gott werde ich als Wirklichkeit meines Lebens und als eine Person, die mich trägt, nur dann erfahren, wenn ich mich auf IHN einlasse. Nur wenn ich es wage, mit Gott zu leben, werde ich ihn wahr-nehmen.«

Unter den REZENSIONEN möchte ich besonders auf das Buch über Raphael Walzer hinweisen, Edith Steins kongenialen geistlichen Begleiter.

Die im LITERATURVERZEICHNIS aufgeführten Veröffentlichungen aus dem Jahr 2008 belegen wieder, daß das Interesse an Edith Stein weiterhin zunimmt: Insbesondere seien die neuen ESGA-Bände erwähnt, unter denen die kritische Ausgabe ihrer Dissertation sicherlich einen besonderen Platz einnimmt; sie war nämlich vergriffen und lag nur noch als Nachdruck der Erstausgabe von 1917 vor. Auch die MITTEILUNGEN gewähren Einblick in Edith Steins wachsenden Bekanntheitsgrad. Gerade für diese letzten beiden Bereiche möchte ich darum bitten, der Schriftleitung (ulrichocd@hotmail.com) recht viele Hinweise zu geben, damit über alles möglichst vollständig informiert werden kann.

München, 2. Februar 2009
Edith Steins Firmtag 1922

Ulrich Dobhan OCD

8

1. Dokumentation

HEDWIG CONRAD-MARTIUS

Jesus unter den Toten

Eine Phantasie in Scenen

Eberhard Avé-Lallemant und Joachim Feldes: Einleitung

Die folgende Dichtung stammt von der Philosophin Hedwig Conrad-Martius, Freundin und Taufpatin Edith Steins.[1] Die einzig erhaltene vollständige Textwiedergabe findet sich im Nachlaß Steins, die vermutlich ihre Herstellung veranlaßte. Es ist davon auszugehen, daß Stein den Text bei ihren Besuchen in Bergzabern kennenlernte und sich ihn zur Transkription erbat, wobei die unterschiedlichen verwendeten Schreibmaschinentypen dafür sprechen, daß Stein mit der Abschrift des Textes verschiedene Personen beauftrag-

---

[1] Zu den Verbindungen zwischen Conrad-Martius und Stein z.B. Ales Bello, Angela: *Edith Stein und Hedwig Conrad-Martius: eine menschliche und intellektuelle Begegnung*, in: Studien zur Philosophie über Edith Stein. Internationales Edith-Stein-Symposium Eichstätt = Phänomenologische Forschungen Bd. 26/27 (1993) 256–284; *Unterwegs zu einer weiblichen Philosophie – Hedwig Conrad-Martius, Edith Stein, Gerda Walter*, in: Edith Stein Jahrbuch 2 (1998) 175–174; Avé-Lallemant, Eberhard: *Edith Stein und Hedwig Conrad-Martius – Begegnung in Leben und Werk*, in: Sepp, Hans Rainer u.a. (Hg.): Orbis Phaenomenologicus 1 (2003) 55–78; Machnacz, Jerzy: *H. Conrad-Martius i E. Stein, uczennice E. Husserla a filozofia arystotelesowsko-tomistyczna* (H. Conrad-Martius und E. Stein, E. Husserls Schülerinnen und aristotelisch-thomistische Philosophie), in: Studia Philosophiae Christiana 28 (1992) 87–103; *Czlowiek Religijny w Pismach Filozoficznych Jadwigi Conrad-Martius i Edyty Stein* (Der religiöse Mensch in den philosophischen Schriften Hedwig Conrad-Martius' und Edith Steins) = Papieski Fakultet Teologiczny we Wrocławiu (Hg.): Rozprawy Naukowe 26 (1999). Zur Taufe Steins in Bergzabern z.B. Althausen, Heinrich: *Dr. Edith Stein, Schwester Teresia Benedicta a Cruce und ihre Beziehung zur St.-Martins-Kirche, Bad Bergzabern*, in: Kath. Pfarrgemeinde St. Martin Bad Bergzabern: Festschrift anläßlich des 100-jährigen Weihetages der Pfarrkirche St. Martin am 26. August 1879 in Bergzabern, 1979, 86–95; Feldes, Joachim: *Edith Stein und Bergzabern*, in: Landkreis Südliche Weinstraße (Hg.): Heimatjahrbuch 2003. Menschen prägen eine Region – eine Region prägt die Menschen. 25 (2003) 24–30.

te.[2] Ihr eigenes Exemplar zeichnete Stein auf dem Deckblatt rechts oben handschriftlich mit ihrem Namen; später wurde dem der Stempel des »Archivum Carmelitanum Edith Stein« mit der Signatur F3 hinzugefügt.

Eberhard Avé-Lallemant, Schüler Conrad-Martius', beschreibt folgendermaßen, wie er von der – lange Zeit verloren geglaubten – Dichtung erfuhr:

Während der Jahre, in denen ich Hedwig Conrad-Martius durch die Deutsche Forschungsgemeinschaft als wissenschaftlicher Mitarbeiter attachiert war,[3] was von ihrer Seite her den großzügigsten Zugang zu ihren Manuskripten und auch ihrer wissenschaftlichen Korrespondenz einschloß, war mir aufgefallen, daß alle solche Unterlagen nur bis zum Jahr 1930 zurück da waren. Darauf erzählte mir die Professorin, im Jahre davor habe sie hinsichtlich aller ihrer Papiere ein großes Autodafé (so drückte sie sich aus) veranstaltet.[4] Über diesen Zusammenhang habe ich 2003 in meiner Veröffentlichung »Edith Stein und Hedwig Conrad-Martius« berichtet.[5] »Ja«, sagte der dazukommende Dr. Conrad, »und damals hast du auch das Manuskript ›Jesus unter den Toten‹ verbrannt, worüber ich Tränen geweint habe.« Viele Jahre später – die Conrads lebten beide schon nicht mehr[6] – gab mir bei einem Besuch im Edith-Stein-Archiv des Kölner Karmel Sr. Maria Amata Neyer OCD die Liste des Nachlasses von Edith Stein, der damals in Brüssel von Dr. Lucie Gelber verwaltet wurde.[7] In dieser Liste entdeckte ich mit angegeben Conrad-

---

[2] Mitteilung von Avé-Lallemant an Feldes bei einem Gespräch am 11. Juli 2008 in München.

[3] Conrad-Martius wird 1955 Honorarprofessorin für Philosophie an der Ludwig-Maximilians-Universität München; 1958 bewilligt die DFG die Stelle eines wissenschaftlichen Mitarbeiters, für die Conrad-Martius Eberhard Avé-Lallemant auswählt.

[4] Der Begriff Autodafé leitet sich vom Portugiesischen *auto da fé* (von lat. *actus fidei*, *Glaubensakt*) ab und bezeichnet die Vollstreckung eines Urteils der Inquisition oder eines Glaubensgerichts, beispielsweise die Verbrennung von Ketzern oder ketzerischer Schriften. Im übertragenen Sinn wird er auch für die Verbrennung oder Zurschaustellung jeder Form von mißliebigen Schriften verwendet.

[5] Avé-Lallemant 68, Anm. 43

[6] Conrad-Martius stirbt am 15. Februar 1966 in München, Conrad am 23. März 1969 in Starnberg.

[7] Vgl. Neyer, Maria Amata: *Edith Steins hinterlassene Schriften – Dokumentation*, in: Katholische Bildung 92 (1991) 540–562. An dieser Stelle bedanken wir uns gern bei

Martius' »Jesus unter den Toten«! Ich wandte mich an Dr. Gelber mit der Bitte um Kenntnisgabe des Textes, worauf sie mir eine gebundene Kopie des Manuskriptes übersandte zum Zweck auch einer Veröffentlichung, für die ich heute als Inhaber der Urheberrechte zuständig bin.

Für diese Veröffentlichung hat Avé-Lallemant nunmehr die vorliegenden Manuskriptseiten nach bester Möglichkeit in eine einheitliche Form gebracht sowie durch Bemerkungen und eine Inhaltsübersicht ergänzt. Der ganze Text ist in immanenten Versrhythmen abgefaßt, die hier wie in der Abschrift nur sekundär belassen sind.

In der vorliegenden Korrespondenz wird die Dichtung im Sommer 1919 in vier Schreiben Alfred von Sybels an Theodor Conrad bzw. Hedwig Conrad-Martius erwähnt[8]. Von Sybel, der vielleicht der erste Leser dieser Dichtung war, ist seit der gemeinsamen Göttinger Zeit mit den Conrads befreundet.[9] Zunächst erkundigt er sich: Postkarte an Herrn und Frau Dr. H. Th. Conrad, Villa Johanna[10], Bergzabern Rheinpfalz; Abs. Dr. A. v. Sybel, Marburg (Lahn), Sybelstr. 1:

»L.H. Warum kommt denn überhaupt gar nichts mehr von Euch. Wo Hi[11] vor lauter warmem Sonnenschein doch längst gesund sein müßte. – Das Hadesgespräch ist wieder da. Ich schicke es also, nachdem ich selbst erst wieder einmal hineingeschaut, wunschgemäß an Schmidt[12].«

Sr. Dr. M. Antonia Sondermann OCD und Sr. M. Amata Neyer OCD, Karmel »Maria vom Frieden« in Köln sowie Dr. Alexandra Pfeiffer, Rosenheim, für ihre wertvolle Unterstützung dieser Veröffentlichung.

[8] Die Briefe befinden sich im Nachlaß Theodor Conrads in der Bayerischen Staatsbibliothek, München.

[9] Nähere Details zu von Sybel in Feldes, Joachim: *Dem Bergzaberner Kreis auf der Spur*, in: Gottstein, Dietrich/Sepp, Hans Rainer (Hg.): *Polis und Kosmos. Perspektiven einer Philosophie des Politischen und einer Philosophischen Kosmologie. Eberhard Avé-Lallemant zum 80. Geburtstag* = Sepp, Hans Rainer u.a. (Hg.): Orbis Phaenomenologicus. Perspektiven. NF 16 (2008) 315–319.

[10] Name des Elternhauses von Theodor Conrad, in dem das Ehepaar damals wohnte.

[11] Hatti (= Rufname von Hedwig Conrad-Martius).

[12] Eduard Schmidt, ein gemeinsamer Bekannter aus der Göttinger Zeit.

In den folgenden Monaten thematisiert von Sybel das »Hadesgespräch« ausführlicher, weswegen die entsprechenden Schreiben hier in Gänze wiedergegeben werden:

31. Mai 1919 von Sybel aus Marburg an Conrads in Bergzabern

Postkarte
Herrn und Frau
Dr. H. Th. Conrad
Bergzabern (Rheinpfalz)
Villa Johanna

Abs. Dr. A. v. Sybel Marburg (Lahn) Sybelstr. 1

»Hurrah, das Bild, das ›Ehepaar‹, es selbst, wie es leibt und lebt, ist angekommen, steht auf meinem Schreibtisch, unglaublich lebendig. (Er freilich von der kühl-kritischen Seite, durchaus aristokratisch, respekteinflößend – der andere Hans schimmert aber doch durch, zumal wenn man ihn mit <u>ihrem</u> Blick (auf dem Bilde) ansieht.) Fabelhaft, daß so ein Bild von ihm möglich war. – Von ihr zu sprechen, erübrigt sich.[13]
Nun Ihr auf dem Schreibtisch steht, ist das Leben gleich wieder etwas anders, geht wieder eher (Es war immer sehr nett und harmonisch hier, aber ...!! Im Grunde lebt man eben doch in einer anderen Welt. Und man muß viel in sich schweigen lassen, um die Harmonie zu wahren.)
Eben schreib' ich mir das Hadesgespräch ab, um es nicht noch mal so ins Ungewisse zu verlieren, wenn ich es jetzt an Schmidt sende. Ich schreibe es in Taschenformat, damit ich es einstecken kann. Es ist unglaublich, wie viel da drin steckt, und man immer wieder Neues darin entdeckt.

Herzlich A.«

---

[13] Bei dem Bild handelt es sich wohl um die im Dezember 1918 aufgenommene Photographie des Ehepaares, das im Nachlaßverzeichnis S. 195 abgebildet ist.

30. Juni 1919 von Sybel aus Marburg an Conrad-Martius in Bergzabern

Postkarte
Frau Dr. H. Th. Conrad
Bergzabern (Rheinpfalz)
Kurhaus Liebfrauenberg

Abs. Dr. A. v. Sybel Marburg (Lahn) Sybelstrasse 1

30.6.
»Liebe Hatti! Dennoch drucken lassen!! Unter allen Umständen!!
Aber <u>sicher</u> ist es Dir geglückt, jene ›namenlose Seligkeit des endli-
chen Geborgenseins‹ aufleuchten zu lassen, so daß sie tief und voll
in einen hineinklingt, und ohne daß ein Schatten spürbar wird, so
lange man sich einfach hingibt. Aber immer hinterher ergreift mich
die Unruhe. Hat denn wirklich der Himmel der Engel (und der Seelen) irgendetwas mit den Sphären des Totenreichs zu tun? Ist nicht
der jetzige, vielmehr der überzeitliche und ewige Himmel unabhängig vom Zeitenlauf und jüngsten Tag wirklicher als alles? Ein Ort
<u>wirkender</u> Lebendigkeit aus seligster Geborgenheit heraus, für En-
gel <u>und</u> <u>Seelen</u> schon jetzt? Also nicht nur ein Ort seliger Aufbe-
wahrtheit auf den Tag der Vollendung? Oder prägnanter: Christus
fährt <u>gen Himmel</u> <u>nach</u> der Auferstehung. Bei Dir aber ist ja der
Himmel ein Teil des Reiches, in dem Chr. <u>vor</u> der Auferstehung
weilt. Und in <u>jenem</u> Himmel haben die Märtyrer die Gewißheit, unmittelbar einzugehen, nicht in diesen (freilich ohne phys. Leib).
Dennoch drucken lassen!!

Herzlich A.«

31. Juli 1919 von Sybel aus Lindau an Theodor Conrad in Bergzabern

Postkarte
Herrn Dr. H. Th. Conrad
Bergzabern (Rheinpfalz)
Kurhaus Liebfrauenberg

Abs. Dr. A. v. Sybel Marburg (Lahn) Sybelstrasse 1
Adresse Lindau, Bayrischer Hof

»Lieber Hans! 31.7.
Ein Wort zu den metaphysischen Gesprächen damals im Neckartal:
Die Ausgehängtheit <u>wagen</u>, sagte ich. Das führe ins Nichts, in die
Vernichtung, habe Pfänder gesagt, erwähntest Du. Es führt wohl
wirklich in ein Nichts, da hat Pf. wohl recht. Es führt, so kommt es
mir vor, in einen Zustand, der sich vielleicht nur vergleichen läßt mit
dem Hadeszustand vor dem Lethetrank bei Hatti. Und in dem ein
›Sein‹ nur bewahrt werden kann vermittels der Kräfte, die bei Hatti
den Schächer vor dem Versinken in ein mä einai[14] schützen, und die
allein zu letzter Geborgenheit führen können. – Ich hab' ja nur Er-
lebnis<u>ansätze.</u> Aber die scheinen in solche Richtung zu weisen.
Eigentlich wollte ich nichts über Derartiges schreiben. Aber ich hatte das Bedürfnis, auf den Zusammenhang zwischen Deinem ›Aus-
gehängtsein‹ und Hattis ›Hadeszustand‹ hinzuweisen, weil für mich
das so lichtbringend war. Herzlich A.«

Inhaltsübersicht:

---

[14] Nicht-Sein (griech.).
[15] Die neue Scene auf Seite 16 des Ms. ist dort – wiederum wie auf Seite 8 des Ms. –
als »4. Scene« bezeichnet.

14

Christus unter den Toten[16]

Eine Phantasie in Scenen[17]

1. SCENE

Reich der Schatten. Lichtlose Weite. Der Schatten CHRISTI und etwas später der des rechten Schächers.

<u>Schächer</u> *(aus der Ferne).* Herr, Herr, ich suche dich.

<u>Christus.</u> Hier bin ich.

<u>Sch.</u> *(in der Nähe)* Wo sind wir, Herr?

<u>Chr.</u>   Im Reich der Toten.

<u>Sch.</u>   Im Reich der Toten – lichtleer und doch nicht dunkel, Herr, mir graut.

<u>Chr.</u>   Ich bin bei dir. Ich wartete auf dich.

<u>Sch.</u>   Du aber, Herr? Bist Du denn nicht der Christ? Sie alle haben droben Dein gespottet, als Du gekreuzigt hingst mit uns, den Mördern. Ich aber glaubte. Und Du versprachst mir, Herr, verzeih, daß ich es sage, mich in das Reich der Herlichkeit noch heut zu führen.[18]

<u>Chr.</u>   Ich lebte als ein Mensch und starb als Mensch und ging als Mensch ins Reich der Toten ein. Das andere wirst du bald erfahren.

<u>Sch.</u>   Herr, ich leide.

<u>Chr.</u>   Willst Du nicht leiden, was des lebendigen Gottes eingeborener Sohn an deiner Seite trägt?

<u>Sch.</u>   Du, des lebendigen Gottes eingeborener Sohn und dieser Ort und dieser Zustand – Herr, so fühlst auch du dich also von Dir selbst entrissen, und wie entkleidet all Deines sonstigen Wesens. Als wärst Du selbst dir fern und könntest nicht zu dir zurückgelangen. So bloß, so einsam und so fürchterlich entlastet.

---

[16] Eine Differenz besteht zwischen dem auf dem Titelblatt angegebenen Titel »Jesus unter den Toten« und dem auf S. 1 angegebenen »Christus unter den Toten«. Avé-Lallemant vermutet in der ersten Version den ursprünglichen Titel.

[17] Diese Veröffentlichung folgt in Rechtschreibung, Unterstreichungen und Klammersetzung dem Ms. Steins. Conrad-Martius' Regieanweisungen sind kursiv gesetzt und zum leichteren Verständnis an einigen Stellen durch Satzzeichen ergänzt.

[18] Lk 23,43.

Chr.	Wir Toten wurden von uns selbst entleert bis an die Wurzel unseres Wesens.
Sch.	Nein, Herr – noch hab ich nicht so ganz verloren, was ich bin und war. Ich mein es grade noch zu fassen. O diese Pein, dies gierige Verlangen, mich wieder zu ergreifen. Mich zu fühlen, mich einzuleiben. Dorthin zurückzukehren. Ach, Herr, laß uns hinauf zum Licht, zur Erde und ende dieses fürchterliche Dasein.
Chr.	Du willst zurück – der Mörder – der Verdammte –, den sie ans Kreuz geheftet, der unter Qualen starb?
Sch.	Und müßt ich zehnmal also sterben, und wär das Leben tausendmal entsetzensvoller, es ist so süß doch dieses Atmenkönnen, die Fülle eignen Wesens, die warme Beschwertheit des leibhaftigen Seins. Ich weiß es jetzt. Ich hab es jetzt erfahren. Laß uns zurück, Herr, eh ich ganz verschmachte an dieser Leere. Du allein hast Macht.
Chr.	Glaubst du das?[19]
Sch.	Ja, Herr.
Chr.	*(nach einem Schweigen)* Zur Erde kannst du nicht zurück. Jetzt nicht. Ich darf es nicht. Auch wenn ich es vermöchte. Und würdest du von jener Quelle trinken, der wir entgegen gehen, so wie die anderen, so wäre dein Leid geendet. Denn dann wär auch das letzte lebensvolle Band mit deinem frühren, deinem wesenhaften Sein zerschnitten. Und du hättest Ruhe.
Sch.	So laß mich trinken, Herr, von diesem Quell.
Chr.	Sie würden dich nicht lassen, armer Geist. Denn sie verscheuchen alle, deren Leichnam noch nicht geborgen ward in mütterlicher Erde oder die des Feuers reinigendes Element nicht aufgezehrt.
Sch.	Mein Leichnam, Herr, ich fühl es mit Entsetzen, daß sie ihn nicht begraben. Und kann ich denn und darf ich die Sonne nicht mehr sehen, nicht mehr in früherer Gestalt auf festem Boden schreiten, so laß mich, Herr, in dieser grausen Geistgestalt, laß mich bei Nacht hinauf – die Vögel zu verscheuchen, Herr, die schon heran sich drängen.

---

[19] Vgl. Joh 11,26.

Chr.	So wäre dein unerbittlich Schicksal. Doch ich bin bei dir. Und ich werde dich dorthin geleiten, wo dir dieser dein armer und nunmehr verlassener Leib nicht mehr Beschwer macht als eine wehmutsvolle Erinnerung den irdischen Seelen.
Sch.	Herr, was seh ich dort? Das ist der Quell gewiß, von dem du sprichst. So süß den Augen und der Zunge, die nach ihm lechzt. Von allen Seiten strömen sie herzu, endlose Züge. Männer, Kinder, Frauen. Schatten wie wir, doch in unendlich bunter Mannigfaltigkeit des Aussehens und der Tracht. Und alle drängen sie voll Gier zu trinken. Und wandeln mit beruhigter Gebärde sodann und langsam – fast als hätte sie das Trinken blind gemacht, durchs Felsentor, das dort sich öffnet. Auch ich muß trinken. Laß mich. Laß mich.

(Der Schatten des Schächers mischt sich in die von überall herbeirasende Menge der Schatten. Auch Christi Schatten scheint wie mit magischer Gewalt langsam vorwärts gezogen. Dann bleibt er stehen.)

Chr.	*(mit einer Stimme voller Qual und Stärke, die aus einer von seiner Schattengestalt nicht völlig faßbaren Tiefe zu kommen scheint)* Vater, verlaß mich nicht in dieser meiner letzten Prüfung. Gedenke meiner, daß ich nicht verschmachte in diesem Tal des Todes.

Eine Stimme: Ich bin bei dir. Denn du bist ich und ich bin du.[20]

2. Scene

Am Lethequell. Unmittelbar vor Christus *ist der* Versucher *in Gestalt eines der Todesgeister emporgetaucht.*

Der Vers. Was zögerst, Schatten, du als Einziger zu trinken? Wirst du von diesem Quell nicht machtvoll angezogen wie alle anderen? Treibt es dich nicht, die letzte Qual zu löschen, die in dir brennt? O doch, ich weiß es. Denn du warst ein Mensch wie alle diese. Sonst würdest nimmermehr du hier erscheinen, in dem Gewand der Toten, dem armseligen. So komm und trink. Es gibt von hier für keinen ein Entrinnen, der in

---

[20] Joh 10,30: Ich und der Vater sind eins.

der Sonne lebte und Mensch war. Unsterblich sind nur Götter. So liegt es nun einmal im Kreis des Daseins einbeschlossen.

Christus *(steht regungslos und schweigt).*

D. Vers. Wahnsinniger, du willst den Kreis zerreißen, den uralt heiligen? Du willst zur Sonne und zum Tag durchbrechen von
dieser Stätte und starbst? Starbst als ein Mensch? *(leise wie
an seinem Ohr)* Ich weiß, du träumst mit einem neuen Leib
hinaufzusteigen, der nicht das Gift des Todes und der
Krankheit mehr in sich birgt. Der kein Gefängnis mehr der
Seele, nein, lichte Offenbarung ihres Wesens und ganz geschwellt von reinem Leben ist. Mit neuen aufgetanen Sinnen, in die sich unverfälscht und lauter das verborgne Sein
der Dinge einschmiegt. –
Ja, Du Tor, verschmähst du diesen Trank der Ruhe und des
Vergessens, so wirst du wiederkehren müssen auf eure
Erde – doch wie jene jammervollen Sünder, die keine Ruhe
finden. In diesem wesenlosen Sein, nur bleicher noch und
ohne Wiederspiel der irdischen Gewandung, die hier Euch
seltsam ziert. Weil heimatlos nunmehr so hier wie dort. Ge-
spenstisch in dir selbst und außer dir. Umher getrieben an
den geliebten Stätten deines frühern Seins, nach ihrer Fülle
gierig, doch ewig ihnen fremd. Entsetzensvoll den Menschen, nur von der Nacht geduldet und auch in dieser, die
still den müden Menschen einhüllt, nicht.

Christus *(schweigt)*

D. Vers. Du schweigst. Hoffst auf die Hilfe dessen, den du dort »Vater« nanntest. Jetzt noch. In diesem Todesschauer, der sonst
jedem die Augen endlich aufreißt. Verlorst du nicht schon
viel, mein Freund? Nicht alles? Ließt du das Leben nicht aus
deinen Händen gleiten wie ein Kind? Und liebtest doch die
Sonne, die dir als Erstem stets erschien, wenn du auf deinem
Berg die Nächte durch zu Gott gebetet.[21] Liebtest die gelben
Felder, die der Mittagshimmel leuchtend und schwer um-
spannte, wenn deines Weges du vorüberzogst. Liebtest die
helle Fäche des heimatlichen Sees[22], die du beschreiten durf-

[21] Mt 14,23 parr.
[22] See Genesaret.

18

test ohne zu versinken und die den Fuß dir zart benetzte.[23] Und jetzt und hier. Wo ist die Sonne? Wo die holde Stimme deines Lieblingsjüngers? Du brachst dich selbst vom Dasein ab, das dir verliehen, eh du die Fülle deiner Zeit erreichtest. Es ist zu spät. Das Leben läßt sich nicht zurückgewinnen, das man verscherzt hat. Für dich bleibt nur noch wie für diese alle endgültiges Versinken. Und damit Ruhe. Verscherze nicht auch diese.

Christus *(schweigt)*

D. Vers. Eins aber wartet deiner, wenn zwischen Sein und Nichtsein qualvoll eingespannt, du dort umherirrst. Was im Leben du nicht kanntest, da du rein und sündlos, wird jetzt dich foltern. Was ließest du die Kranken, die Schmerzensvollen, die Gepeinigten, die voller Inbrunst dir vertrauten in ihrem Elend? Du, dem die göttlich große Kraft zu eigen, sie alle zu erretten. Du vergeudetest dich selbst und übergabst dich einem sinnlos frühen Tod. Sie aber schreien jetzt nach dir vergebens, die du verrietest.

Christus *(schweigt)*

D. Vers. *(stark)* Und bist du wirklich Gottes Sohn, so hast du dich so schwer an deiner Göttlichkeit versündigt, daß kein Wesen dich fürder achten wird, geschweige denn ein Gott. Das eben unterscheidet den Gott vom Menschen, daß er in seiner Fülle ewig wohnt, in ihr nicht abnimmt, sondern unablässig neu aus ihr sich schöpft. Ja, es gibt Götter, die zur Erde sich herniederlassen, die ihr Wesen in irdische Gestalt einhüllen und so erscheinen. Doch hat es eine Weile ihnen also gefallen, so brechen sie aufs neue zu sich durch – die Hülle fällt und ihre Herrlichkeit strahlt größer denn zuvor. Du aber hast dich in diese menschlich niedere Gestalt nicht spielend eingekleidet, nein, du sogst sie in dich ein als dein wahrhaftiges Sein, wardst selber Mensch und starbst. Was du mit Jauchzen hättest genießen und ehren sollen, dein göttlich Sein und Leben, du warfst es hin. Du ließest dich bis an den letzten Rand des Nichtseins willenlos hinunterstoßen und warst ein Gott. Jetzt wird kein Gott dir helfen. Denn Götter leben. Du aber starbst mit Sterblichen.

---

[23] Mt 14,22–33 parr.

<u>Christus</u> *(schweigt)*

<u>D. Vers.</u> *(mit großer Weichheit)* Komm, Freund und trink. Es ist so
süß, all diese Qual zu enden. Und du hast mehr erduldet als
irgend ein Mensch vor dir und nach dir.

<u>Christus</u> *(wiederum mit jener »jenseitigen« Stimme laut und macht-*
voll): ES STEHT GESCHRIEBEN: GOTT IST EIN
GOTT DER LEBENDEN UND NICHT DER TO-
TEN.[24]

Der Versucher verschwindet.

<u>Der Schächer</u> *(der bisher vergeblich versuchte, zu trinken, da er im-*
mer wieder von den Todesdämonen verscheucht wir) Herr,
Herr, so hilf mir. Denn diese wollen es mir nicht gönnen.

<u>Christus.</u> Du sollst ein Zeuge meines Weges sein. Du darfst nicht
trinken und nicht vergessen. Doch komm in meine Nähe.
Denn mein Wesen, wenn hier auch wesenlos, wird Halt dir
geben und Stärkung.[25]

(Christus und der Schächer schreiten, während die Dämonen des To-
des und die Menge der Schatten zu beiden Seiten zurückweicht, an
dem Quell vorbei und durch das Felsentor. Einer der Dämonen
schreit: Ein Schatten geht im Schatten eines Schatten. Worauf sich
ein tosendes Geistergelächter erhebt, der Bann sich bricht und die
Menge sich wieder herandrängt.)

3. SCENE

Der eigentliche <u>Hades</u>. <u>Christus</u> und der <u>Schächer</u> treten auf, zu-
nächst unbemerkt von der Menge der Schatten.

<u>Sch.</u> Ich sehe mit wachen Augen und ich meine gleichzeitig auch
zu träumen. Als könnte ich die schwankenden Gebilde nicht
deutlich fassen. Diese unabsehbar weiten Räume. Als ging
es stets so fort, unfaßbar, herzbeklemmend. Ich sehe viele
Dinge in ihnen – Wohnstätten gleich und Gärten, Altäre,
Throne und geschmückte Säle, auch Felsen, Bäume, Grot-
ten. Und doch sind alle diese Räume furchtbar leer, als stün-
de ihre öde Tiefe noch hinter jedem Ding. Als könnte es
nichts geben, was sie zu füllen und in sie wahrhaft einzu-

---

[24] Mt 22,32.
[25] Vgl. Mt 11,29.

20

gehn vermöchte. Und ach, die Menschen, Herr. Ja, Menschen und doch nicht Menschen. Ich sah sie schon draußen, diese Schatten, die alles sind, was einst sie waren. Und doch nichts. Bin ja auch selber einer. Dort aber drängten sie sich noch zu hastgem Tun, zu einem Ziel, das irgendwie noch Sinn und Leben in sich barg. Hier aber scheinen sie mir ganz von Sinnen. Und kann es doch nicht sagen, weshalb wohl. sie tun alles, was sie auf jener Erde auch taten. Sie schmücken die Altäre und opfern, ehren ihren König, liegen beisammen in ihrer Wohnstatt, wandeln in den Gärten und weiden auf den Feldern ihre Schafe. Doch warum ist das alles hier so schauervoll, ach, Herr, ich seh es jetzt: sie haben keinen Glanz in ihren Augen und ihre Stimmen sind erloschen. Sie scheinen von sich selber und ihrem Treiben nichts mehr zu wissen. Wir Irre gehen sie umher und spinnen am Geschehen der Erde lautlos fort – wie jemand, der in einer Mühle mahlt, in der kein Mehl ist oder die Haspel weiter dreht, auf der der Hanf schon ausging. Es wär zum Weinen, Herr, wenn Tote weinen könnten,

Chr.   Sie selber haben Ruhe. Nur du, der noch nicht völlig in sich selbst erlosch, sieht das Entsetzensvolle.

Sch.   Herr, stärke mich. Und löse diese Angst mir, auch so zu werden wie diese. O, dieses Reich des Wahnsinns.

Chr.   So sieh auf mich. Denn was ich nunmehr, dir und ihnen enthüllen werde, wird deine Frucht in süße Hoffnung sogleich verwandeln. Und jenen wird der Schleier jäh zerreißen, der ihre wesenlose Nichtigkeit hier unten so gnädig ihnen birgt.

(*Christus zeigt mit nur leichter Erhebung der Arme seine inneren Handflächen, deren Wundmale ebenso wie die der Füße und der Seite in demselben Moment anfangen, aus sich selber mit einem gleichsam schweren Licht zu leuchten. Sofort ist das gesamte Treiben der Schatten unterbrochen und alle starren wie gebannt auf die leuchtenden Stellen. Dann hier und da Erwachen wie aus schwerem Traum. Einzelne Stimmen, die immer stärker werden:*)

Was ist uns?

Wo sind wir?

Was geschah?

Was tun wir hier?

Wir sind die Toten!

(Viele:) Wehe, wehe.
Ach Sonnenschein und Erde –
Hinauf, hinauf – Blut – Leben –
(Viele:) Blut, Blut.
Erde – Sonne –
Wir dürfen uns nie wieder an diesem allen laben.
Wehe, wehe.
Wir verschmachten.
Wir schreien und schreien doch vergeblich.
Für immer, für ewig.
Wer störte uns aus unserer Ruhe auf, der tausendjährigen?
Wer drang hier ein und bringt noch den entfernten Atem des
Lebens mit sich?
Den köstlichen, den ach ersehnten –
Den doch nie wir wieder kosten dürfen.
Wehe, Wehe, was weckt er alles dieses in uns auf.
Er sei verflucht.
Wo ist er?
Seht jenen mit den Zeichen an Händen und Füßen.
Stürzt euch auf ihn und saugt das Leben aus, das an ihm ist.
Kommt, laßt uns trinken an seinen blutigen Malen.
Es geht nicht, wir können nicht herzu.
So treibt ihn fort.
Er sei verflucht, der Ruhestörer.
(Viele und in größtem Tumult:) Verflucht, verflucht.
<u>Christus</u> *(zum Schächer)* Wenn sie es könnten, sie kreuzigten mich
hier zum zweiten Mal. *(zu den Schatten)* Wollt ihr nicht
Ruhe gönnen, daß ich mit euch rede? Ich bin nur eine kur-
ze Weile hier.
*(Bei dem Tod seiner Stimme ist sofort vollkommene Ruhe eingetre-
ten. Einer der Schatten: laßt einen König zu ihm treten, mit ihm zu
sprechen. Wir werden ihn hören. Viele: einen König, einen König)*

4. Scene

<u>Alexander der Große</u> *(löst sich aus dem Kreis seiner Feldherrn und
Edlen, in dem er bisher auf einer Anhöhe, etwas abseits von den
Übrigen geweilt, und schreitet auf Christus zu)*

Alex.	Wer bist du Fremdling? Und wie war es möglich, daß du hier Eingang fandest? Der du zwar auch ein Schatten, doch mit diesen seltsamen Zeichen, die du an dir trägst, höchst wirklich und wahrhaftig an dir trägst, uns aufschreckst. Denn es geht von ihnen ein Strahl des Lebens aus, der plötzlich uns emporreißt aus unserm Traum und furchtbar uns daran gemahnt, was wir verloren. Was raubst du uns die Ruhe und das Vergessen, die wir doch verdienen nach schwerem Leben?
Chr.	Du nennst das Ruhe? Einer, der es sah, sprach eben noch vom Reich des Wahnsinns.
Alex.	Wir dürfen uns am Leben nicht mehr messen. Dann scheint es Wahnsinn. Doch sterben ist das Los der Menschen. Und furchtbar wäre es, wenn wir ewig gierig nach jenem Leben, nicht versinken dürften, in Selbstvergessenheit. Wenn sich der Ring des Todes nicht in sich selber schlösse und die Türen zum Leben, in das zurückzukehren uns ewig nicht vergönnt ist, offen stünden.
Chr.	Wenn es dir möglich wäre, Alexander, würdest du zum Leben und zur Erde, die du verließest, zurück denn kehren wollen?
Alex.	Der du so seltsam fragst, du kannst ein Schatten nicht sein wie wir. Was »wollen«? M ü s s e n – von einem rasenden Verlangen, es wieder einzuschlürfen, das warme Leben, hinaufgetrieben. Doch es scheint mir diese Frage höchst zwecklos. Denn es ist ja nicht ein bloßer Zufall, daß wir Menschen sterben. Was hätten denn die Götter vor uns voraus? Wer Mensch ist, ist nicht Gott. Nur jene sind im Besitz der ewigen Jugend. Wir aber sterblich. Und es ist besser so. Ja, wir alle lechzen hier nach Sein und Leben, so wie der Wolf nach Blut lechzt. Doch jenes Leben selbst ist mühevoll, reich an Enttäuschung, an wildem Schmerz und nicht gestillten Wünschen. Und wenn ich das bedenke, so erscheint es mir nichts Wünschenswertes, müßt ich, von dieser niedren Gier nach Leben angetrieben, ewig und immer die gleichen Mühen wiedrum ertragen.
Chr.	Du warst nicht glücklich, großer König, auf jener Erde?
Alex.	Glücklich? Ich weiß es nicht. Ich habe nie danach gefragt. Doch bei den Göttern, es war nicht übel, die Welt zu unter-

werfen. Und den Trank des Lebens – ich hab ihn bis zur Neige ausgetrunken und bis zum Wahnsinn diesen Rausch geliebt. Nennst du das glücklich sein, so nenn mich glücklich. Nennst du es glücklich sein, mit Tag und Nacht bis zu dem Äußersten der Spannkraft gestrafften Sinnen, mit überwachem Geist und einem Herzen geschwellt von Ruhmbegierde wie ein Jäger auf der Fährte nach einem vorgesteckten Ziel zu jagen und Schritt für Schritt wirklich zu erreichen, so nenn mich glücklich. Und wenn das Herz mir schwoll beim Klang der Waffen – wenn im Osten die Sonne blutrot aufstieg und der Morgen wie schwanger von dem großen Schlachttag, der kommen sollte, fast zu zittern schien, wenn meine treuen Makedonen sich formierten und ich mein eigenes Roß in seinen Flanken beben fühlte vor Kampfbegierde, – so magst du denn auch dieses also benennen. Es gibt in jenem Leben auch ein anderes Glück – ich weiß es wohl. Ich habe oft davon geträumt, wie es wohl sein mag, wenn man am heiligen Altar des Hauses das täglichstille Opfer vertrauten Göttern darbringt durch Neigung und Blut verbundnen Seinen. Denn Frieden, Wohlstand und Gedeihen knüpft sich geheimnisvoll an diese Stätte. Wie etwas Süßes hab ich mir stets im Herzen dies Bild bewahrt. Doch war mir andere Art und anderes Schicksal von jeher vorgeschrieben.

Chr. Und du hast nicht – wie dieser am friedlichen Altar des Hauses –, die Götter, stets geehrt, wo du auch immer weiltest?

Alex. Es ist nicht gut, wenn man den Göttern nicht das Ihre gönnt. Dem Frevler an heiligen Gebräuchen und Gesetzen wird irgendwann der Blitzstrahl furchtbarer Rache treffen.

Chr. Doch auch den Frommen, der mit Scheu sie ehrt, vermag oft Unglück und entsetzensvoller Jammer bis an die Schwelle des Todes zu verfolgen. Auch du starbst allzufrüh.

Alex. So neidisch sind die Götter. Sie gönnen das volle Maß des Glcks und ungestörtes schöpferisches Tun den Menschen nicht. Mein Werk war wie ein Baum emporgewachsen, so machtvoll, unvergleichlich und weithin Schatten gebend – doch fehlte ihm die starke Wurzel noch. Und eine letzte herrliche Bekrönung. Da ward ich jäh davongerissen, aus al-

len meinen Plänen, fern von der Heimat, der ersehnten –
nach Jahren so voll mannigfaltiger Entbehrung und Schwere furchtbaren Tuns, das allein in meiner Hand lag, daß ich
friedvolles Wirken wohl einmal mir hätte gönnen dürfen.

Chr. Und müßtest du die Götter deshalb nicht hassen? Wäre die
Welt nicht weit vollkommener ohne sie?

Alex. Die Götter hassen? Bin ich ein Sklave, der den Herrn haßt,
weil er die Macht hat? Wär ich ein Gott, beim Styx, die
Menschen dürften mir nicht Dinge tun, die allzu ähnlich an
Vollkommenheit den meinen wären. Die Götter hassen?
Und eine Welt mir denken ohne sie? Was für ein Wahnsinn.
Was wär das Leben ohne ihren Glanz, wie wär es möglich,
an eigner Schwere und Belastung so lang zu tragen, wenn sie
zu unsern Häuptern nicht ewig schritten, unsichtbar im
Leuchten eignen Lichts und mit beschwingten Sohlen, die
nicht an Raum und mühevollen Berg gebunden – wenn nicht
ein Strahl von dieser ihrer Schöne uns in unsere Seele fiele
und unser Tun, von ihrem mächtgen Wirken geheimnisvoll
sich nicht umschattet fühlte. Und wenn im Blitzstrahl Zeus
den Menschen tötet, so hat er doch den heilgen Schauer vor
dem verborgnen Gott vorher empfunden und öde wär das
Leben ohne diesen. Die Welt mir ohne das Geschlecht der
Götter denken? Wer sammelt Wolken? Und wer zerstreut
sie? Und wer gebiert aus dunklem Schoß der Erde die ewig
neue Frucht.

Chr. Die Götter sind nicht allmächtig.

Alex. Du redest wahr. Sie müssen ihre Herrschaft miteinander teilen. Und die verborgene Macht des dunklen Schicksals
beugt sie wie uns. Doch i h n e n gehört die Welt seit Urbe-
ginn. Und ewge Jugend, Macht und vollkommene Schöne ist
ihnen eigen. Wir sind das ärmere Geschlecht der Erde, dem
Tod geweiht und schon im Leben beladen, aller Mühlsal
ständig ausgesetzt. Es treiben dunkle Mächte, die wir nicht
kennen, und nicht beherrschen können, in Blutschuld uns,
nicht überlegtes wahnsinniges Tun und Flüche erben sich
vom Vater auf den Sohn und auf den Enkel. Auch Götter
können hier nicht helfen. Das alles ist so. Wer fragt weshalb?
Es schufen auch die Götter uns Menschen nicht. Und dann,
beim Styx; wir haben doch einmal gelebt. Auch wir. Es

schwoll das Herz uns vor Lust des Daseins. Und unsere Augen tranken von Tag zu Tag die blaue Herrlichkeit der Nähe und der Ferne. Was Göttern so weit vollkommener eigen – es war auch uns zuteil. Wir liebten dieselbe Sonne und denselben Himmel. Und feierten bekränzt, im Glanz der Waffen glorreich Feste. *(Nach einem längeren Schweigen)* Was fragst du mich das alles? Es stehen Bilder voller Glut in meiner Seele. Du quälst mich. Laß mich zurück ins Dunkel.

Die Toten *(im Echo)* Laß uns zurück ins Dunkel.

Chr. »Wer fragt weshalb?« Ich kenne Stunden, Alexander, da du so fragtest.

Alex. Bist du ein Dämon, daß du Geheimes seltner Stunden aus meiner Seele mir erlauscht hast? Ja, ich fragte, was Menschen nicht fragen sollen. Denn es steht der Wahnsinn hinter solcher Frage. Ich war nicht mehr hinausgerichtet zu Ziel und Tun. Ich wandte mich zurück und auch mich selbst – zwecklos und wurzellos – entkleidet aller Glorie – nackt und verzweifelt. – Wir rasen durch das Leben und wissen nicht wozu. Du nanntest vorhin dies Reich des Todes das Reich des Wahnsinns. Doch sieht man sich in jenem Spiegel, in dem ich schaute, so scheint uns jenes nicht viel anders. *(wie flüsternd)* Ich fragte mich, ob nicht die Götter auch solche Stunden geheimen Schauders vor sich selbst und allem Dasein haben – und das Entsetzen wollte mich zwiefach packen. *(Nach einem Schweigen, lächelnd)* Doch machtvoll ist des Lebens Andrang. Und Licht umhegt die Erde. Man hebt das Haupt. Der Himmel umwölbt uns schützend. Die Götter schreiten wieder. Und der Kreis des Daseins scheint in sich selber selig abgeschlossen.

Chr. Du, Alexander, warst der letzte der großen Griechen. Was dir nicht möglich scheint, es wird geschehen. Es kommt die Zeit und ist schon jetzt[26], da wird die Welt von Göttern leer sein. Verödet Eure heilgen Haine. Die Tempel in Schutt und Trümmern. Und keine frommen Opfer, keine Gebete steigen mehr auf zu ihnen.

Alex. *(verhüllt sein Haupt)* Furchtbar – entsetzensvoll –

Die Toten. Furchtbar – entsetzensvoll –

---

[26] Vgl. Joh 4,23; 5,25; 16,31.

Alex.	Doch ihre Rache?
Chr.	Sie können sich nicht rächen. Denn ihre Macht verblaßt und ihre Kraft ist ihnen ausgesogen.
Alex.	Der Himmel tönt nicht mehr von ihren Schritten?
Chr.	Nein.
Alex.	Die Sonne.
Chr.	Sie fährt allein die vorgeschriebene Bahn, entblößt von aller göttlichen Behütung.
Alex.	Ich möchte nicht zurück in jene Welt. Kamst du hierher, um das uns zu verkünden? Weshalb? Nun fehlt der Goldgrund, auf den die Welt sich malte. Die Menschen aber?
Chr.	Was sich in seltnen Stunden überfiel, es lauert jetzt als ständiger Wurm in ihren Herzen. Sie stehen wurzellos – auf schwankem Boden. Sie möchten schreien und sie können nicht. Sie klammern sich an jeden ersten Wahn. Ihr Tun ist kraftlos; denn es leuchtet ihnen kein froher Gott voran mehr und jener Abgrund, aus dem die Menschen alle wachsen, – enthüllt nun – bannt ihren Sinn und fesselt die zur Tat bereiten Hände.
Alex.	*(leiser)* Doch sage mir, geheimnisvoller Schatten, der du so viel zu wissen scheinst, – W a s w a r m i t j e n e n G ö t - t e r n ? Es steht die Frage zitternd in mir auf. Wir lebten doch mit ihnen und fühlten ihre große Gegenwart so deutlich wie den Himmel selbst und seine Sonne. War unser ganzes Dasein denn Trug und Wahn nur? Auch jene herrlichen Visionen, aus denen das bewundernswürdige Heer der Götterbilder strahlend aufwuchs – ein Schein nur, ein äffend Nachtgebild? Es reißt ein furchtbares Gesicht sich vor mir auf.
Chr.	E u c h w a r e n E u r e G ö t t e r u n d E u c h l e b - t e n s i e w a h r h a f t i g . Der Lebendige, der alles Leben gibt und wieder nimmt,[27] seit Urbeginn und bis in Ewigkeit, e r g a b E u c h G ö t t e r .[28] Das sei genug dir. Das Andere bleibt Geheimnis bis zu dem Tage, da die Siegel der Welt aufbrechen.[29]

---

[27] Vgl. 1 Sam 2,6.
[28] Vgl. Ps 82.
[29] Offb 5–8.

Alex.	Der Lebendige – es will ein ahnungsvoller Schauer mich überfallen. Doch ich vermag ihn nicht zu fassen und auszudeuten. Es wollten Philosophen mich belehren und sprachen von dem »Einen«. Da fühlt ich Ähnliches, doch nicht dasselbe. Ein Inder sagte mir, daß jene Welt die wahre nicht sei – und alles was sie birgt, die Menschen, die Gestirne und die Tiere, ja selbst die Götter getrübte Strahlung nur in einzelnes und schlechtes Sein verloren, des wahren Wesens. Ich glaubte, im Fluge des Gespräches es zu begreifen. Doch in des Lebens ungeheurem Drängen vergaß ichs wieder.
Chr.	Der Inder wußte Manches, doch nicht viel. Auf deinem Scheitel, großer König, kreuzte die Weisheit der alten Welt sich. Du selbst ein Grieche und daher jung. Und daher selbst ein Mensch, für den der Mensch das Maß der Dinge ist. Voll Leben und voll Wurzel. Doch durch die heilgen Stätten uralter Weisheit schritt scheu dein Fuß.
Alex.	Es hat mich je und je verlockt, bei den Ägyptern und Babyloniern zu erfragen, was fremd mir klang und wie aus Quellen stammte, die wir nicht kennen. Es gab dort Leute, deren Haupt in der Region der Sterne und ihrer dunklen Bahnen so heimisch waren wie wir selbst auf jener Erde. Doch schienen sie erstarrt von eigner Weisheit und ohne Leben. Der Mensch war ihnen nichts. Gestirne walten. Sie rechnen nur mit Tausenden von Jahren. Des Menschen Wirken ist ihnen jäher Zufall und nur der Stern regiert. Ich mußte tiefer atmen, um selbst mich wiederum zu fühlen und das Gespinst, das unfrei macht, von meinem Haupt zu schütteln.
Chr.	K e i n M e n s c h seit Adams Fall s t e h t a u f d e m B o d e n u n d i s t l e b e n d i g e r M e n s c h i n e i g - n e r W u r z e l – u n d r a g t z u g l e i c h d u r c h a l l e H i m m e l d u r c h b i s z u d e m E i n e n , d e r i h n e r s c h u f .
Alex.	Wer ist das – Adam?
Chr.	Er war der erste Mensch auf erster Erde. Du wirst ihn selber sehen. Und alle mit dir, die hier unten sind. Ich gehe jetzt in andere Sphären – zu andern Toten. Doch eh ich scheide, sollt ihr noch einmal mich alle sehen. Und mit mir jenen, der als der erste Mensch auf erster Erde das Haupt zum Himmel hob. – Was denn geschehen wird, ist nie geschehen, seitdem

die Welt steht. Und wird nie mehr geschehen können, eh nicht der letzte Morgen furchtbar dämmert.

Alex.   Wer bist du?

Die Toten.   Wer bist du?

Chr.   Ihr dürfte es jetzt nicht wissen. Denn die Enthüllung ist euch vorbehalten – Euch, die ihr Tote seid und Tote bleibt, bis alles Leben je und je zurückkehrt. Ich weilte eine Zeitlang unter euch und meine Stimme habt ihr jetzt gehört. Ihr werdet sie einst wiederhören und dann erkennen. Mit diesen meinen Malen erweckte ich für Augenblicke euch zum Leben.

(Er hebt seine Arme hoch empor, die Handflächen nach außen. Die Strahlen scheinen jetzt überall hin – bis in den »entferntesten Winkel des Hades« zu leuchten. Die Menge der Schatten steht wiederum gebannt).

Der Keim des Lebens sei in euch eingesenkt. Und in den ganzen Hades. Für alle, die noch je und je hier unten sich verlieren. Euch selbst jedoch verborgen – und ohne Kraft noch, in euch aufzuwachsen. Denn ihr seid Tote. Ich empfing sie, als man mich droben – da ich ein Mensch mit Menschen war – ans Kreuz genagelt. Dies wißt ihr nun und ist für Ewigkeit in euch hineingeschrieben. Wie eine Schrift, die man mit Blut schreibt und erst erkennt, wenn sie der Strahl des Lichtes belebend weckt. Was mir zu tun noch bleibt, wird bald geschehn. Des Weiteren bedarf es nicht mehr. Du aber, Alexander, warst erwählt, mit mir zu sprechen. Denn das Volk, dessen Wesens Kind du bist – und über das du doch hinaus gewachsen, bis die Schatten der ganzen Welt zur Hülle wurden – es war geliebt vor allen Völkern. Doch ohne Heil. Es durfte weder sich noch Ihn erkennen, um so zu werden, wie es geworden. Und so mit Furcht beladen dazustehen. Es wurde gnädig mit einem lichten Himmel eingefriedet. *(Wie mit Schmerz in der Stimme)* Das Volk jedoch, in dem das Heil bereitet von Anbeginn, es mußte ungedeckt und offenbar den Fluch, der auf den Menschen liegt, an sich vererben. Und lebte – das einzge Volk der Erde nur unterm schreckensvolle Angesicht des Allerhöchsten.

(Christus senkt die Arme und Hände. Das Licht der Male erlischt. Die Schatten versinken sofort in ihr voriges selbstvergessenes Tun. Christus und der Schächer stehen allein gelassen und ungesehen.)

Sch. Du läßt sie wiederum versinken ins vorge Nichts? Und nanntest nicht deinen Namen. Daß sie dir glauben können und Buße tun? War es ein Heide nicht, mit dem du sprachst, der Göttern diente? Ein Abscheu Jaweh, seinem Zorn verfallen. Was lehrtest du ihn nicht und allen jenen, daß nur e i n Gott ist? D u aber, der von Anbeginn verkündigte Messias, der Gesalbte und Sohn des Allerhöchsten? Sie hätten alle niederfallen müssen, abschwören fremden Göttern, Buße tun und Ihn allein anbeten.

Chr. Du glaubst an mich und denkst noch wie ein Jude. Ihr irdisch Sein ist in sich abgeschlossen und ihr Kreis in sich versiegelt. Sie dienten, wo sie sie dienen mußten und sühnten, wie nach alter Väter Sitte sie sühnen konnten. Es gibt für sie kein Weniger noch Mehr. Ein Anderes ist es wenn der neue Tag einst anbricht. Dann werden auch diese – in verwandelter Gestalt – alle mich erkennen. Doch wie das sein wird, das bleibt Geheimnis. Manches, was jetzt dir dunkel scheint, wird klarer werden, wenn du mir weiter folgst.

(Chr. schreitet voran die Anhöhe hinab. Er wendet sich noch einmal zu dem Schächer um und sagt lächelnd: Ich hatte keine Lust, aus Alexander einen Heiligen zu machen).

5. Scene

Das Elysium. Ein lichter Raum (ebenso »grenzenlos« wie der eigentliche Hades). In der Mitte ein Altar, auf dem Brot und Wein sowie Früchte des Feldes dargebracht werden. Die Schatten in weißen Gewändern und bekränzt zum Teil hiermit beschäftigt, sitzen zum größern Teil zerstreut umher, auch ganz abseits und scheinen in ein völlig unbewegliches Nachdenken versunken. C h r i s t u s *und der* S c h ä c h e r, *ebenfalls weiß gekleidet, aber nur der Schächer bekränzt.*

Sch. Wie ist so unversehens der Ort verwandelt
      Und wir mit ihm?
      Ich fühle reiner mich und wie erhoben,

Ja festlich fast.
Licht ist es hier und freundlich.
Sieh jene, Herr. Sie scheinen nicht gar so sinnlos
In ihr Tun verfangen wie die Schatten, die wir verließen.
Nicht so ganz und gar abwesend und ohne Anteilnahme.
Und doch auch sie noch, Herr, wie träumend.
Und doch auch sie, Herr, sind wir hier im Paradiese?
Ist dies der Ort, an den du selber mich heute führen woll-
test?
Hier herrscht nicht mehr die grauenvolle Öde,
In der man fassungslos verloren schien
Und ohne jeden Halt.
Man atmet freier hier und doch – wie soll ichs sagen –
Dies bangende Verlangen nach irgendetwas –
Herr, das ist kein Licht –
Ja Licht doch, aber kein wahrhaftes.
Es leuchtet nicht so wie die Sonne droben,
Es hüllt nicht ein, es sättigt nicht die Augen.
Und überall scheint doch auch hier das Nichts zu lauern.

Du schweigst, Herr? Ach, ist dies das Paradies der Toten?
Und gibt es also von dieser Leere kein Entrinnen –
Für den, der starb?

Chr. Zum ersten Mal jetzt zweifelst du an mir.
Muß ich es wiederum denn sagen,
Das klare Wort, das alles in sich schließt:
Gott ist ein Gott der Lebenden und nicht der Toten.[30]
Ja – dies ist das Paradies der Toten. Doch nur der Toten.
Und nicht auf ewig kann es bestehn.
Denn so wie jetzt das Leben vom Tod verschlungen ist,
So wird es einst den Tod i n s i c h verschlingen.[31]
Und es wird nichts mehr sein und nirgends, das n i c h t
lebt.

Sch. Herr, vergib. Doch sage mir nun auch, wer diese sind.
Chr. Es sind die Eingeweihten, die Gereinigten,
Die Weisheitsvollen und Büßer an Leib und Seele.

---

[30] Mt 22,32.
[31] 1 Kor 15,54; vgl. Jes 25,8.

Sie, die den grauenvollen Doppelsinn erkannten in jedem
Gut der Erde,
Den Fluch in jedem Segen.
Die lieber nichts besitzen wollten
Als mit sündhaften Händen und das Befleckte
Und durch und durch Unreine.
*(Christus tritt in die Mitte an den Altar. Er hebt wiederum seine
Hände leicht in die Höhe und die Male leuchten von Neuem. Auch
hier hören sämtlche Schatten sofort mit ihrer Tätigkeit auf oder er-
wachen aus ihrer nachdenklichen Versunkenheit. Aber sie bleiben
unverändert an derselben Stelle stehen, sitzen oder liegen – aller Au-
gen auf Christus gerichtet).*
Chr. Ihr kennt mich und Ihr kennt mich nicht.
Ihr habt von mir gewußt und wußtet doch meinen Namen
nicht.
Keiner ist unter Euch, dem nicht mein Schatten in die Seele
fiel
Und der erschüttert hiervon die Hände nicht erhob,
Doch ohne daß er wußte, wie ihm geschah.
Denn eine Binde war vor euren Augen.
Ihr durftet mich nicht sehen und also konntet ihr es nicht.
Denn ihr gehörtet einer Welt an,
Die zwar versiegelt in mir war – wie alles seit Anbeginn,
Doch nur verborgen,
Da mein Erscheinen ihr noch vorbehalten.
Und so war Bruchstück all euer Wissen,
Eingebettet in Irrtum ganz und gar und Lüge,
Wie das Leben in den Tod.
Plato. *(in völlig unveränderter Stellung, den Blick wie der aller
Übrigen festgebannt auf Christus)* Wer bist du fremder
Gast? Und was geschah mir? Ist denn meine Seele
nicht bei den Göttern?
Schien es mir doch als hätte sie des Leibes enge Fessel von
sich gestreift
Und rein und unverletzt wie ich sie mir bewahrte,
Von Liebe und von Weisheit ganz erfüllt,
Den Flug begonnen, der dorthin sie führen sollte,
Woher sie kam.
Wohl ich unbeschwert mich jetzt von jener Hülle,

Die dort mich dunkel drängte,
Fühle, leicht mich und ganz enthoben der trüben Qual –
Doch ach, nur allzuleicht;
Der Fülle nun gänzlich bar und wurzellos.
Was nie im Leben mir geschah – ich möchte weinen.
Bin ich ein Schatten denn und nur im Hades,
Der ich geträumt bei Göttern einzukehren?
Du aber strahlst von deinem Schattenleibe ein Feuer aus,
Nach dem ein unnennbares Sehnen mich allsogleich ergriff,
Als ich dich sah.
Wer bist du Wunderbarer, den nie ich schaute?

Chr. Ich kann dir Meister, meinen Namen jetzt noch nicht nennen, dir nicht und allen diesen. Wie eine reife Frucht, so wird er einst in eure Seele fallen. Dann werdet ihr erkennen, was jetzt euch fehlt, euch selbst und eurer Weisheit. Seht diesen hier *(Christus weist auf den Schächer)*. Er starb am Kreuz als Mörder. Er war verstrickt in jedes wüste Tun, die Hände befleckt von Blut, der Geist umnachtet von Aberglauben und Unwissenheit. Von dunkler Abkunft, niederer Geburt. Jetzt steht er mitten unter euch, in dieses festliche Gewand gekleidet, bekränzt wie ihr – als wär er euer Einer. Und ist doch nicht gereinigt auf eure Weise. Es bedurfte nicht der Buße langen und mühseligen Weg. Nicht euer Weisheit, die ihm Schritt für Schritt den armen Geist erhellt und aufgerichtet hätte. E r g l a u b t e m i r und übergab sich gänzlich in meine Hände. Nun ist er lebend worden bei aller seiner Torheit, ihr aber tot bei aller euer Weisheit.[32] Wer das begreift, begreift nicht wenig.

Die Schatten: Er war ein Mörder, befleckt und nicht gereinigt – und steht jetzt mitten unter uns. Wer soll es fassen?

Chr. Ihr werdet es einst fassen. Ich kann euch mehr nicht sagen. Dir aber Plato, dieses eine Wort: N i e k a n n d e r T o d, so wie Du wähntest, E r f ü l l u n g bringen. Er ist das scharfe Messer nur, das scheidet. Unlautere Verbindung von Leib und Seele, wie sie jetzt besteht – seitdem der königliche erste Mensch A d a m den Fall tat – in ihre Teile wiederum zerlegt. Schrecklich dem irdschen Menschen und voller

---

[32] Vgl. Mt 11,25 parr.; 1 Kor 1.

	Qual. Der Tod löst grausam ihn aus seiner Ganzheit, die zwar verderbt – <u>du sahst es wohl und das war deine Weisheit</u> – ihm Fülle doch und Leib und Wesen war.

Qual. Der Tod löst grausam ihn aus seiner Ganzheit, die zwar verderbt – <u>du sahst es wohl und das war deine Weisheit</u> – ihm Fülle doch und Leib und Wesen war.

Plato. So weißt du auch, wo meine Seele ist? Mit Schauder stell ich diese Frage, die wie ein Wahnsinn mir erscheint. Ich kanns nicht fassen. Doch ich bin entleert.

Chr. Du starbst wie alle diese den irdschen Tod. Der Leib ward wieder Erde. Die Seele steht in dem Geheimen Grunde, aus dem sie wächst – v o r h e r   w i e   n a c h h e r – doch nun wie eine Wurzel, die nicht herauskann, um sich zu entfalten. Denn der, dem Wesen und Gestalt zu geben, sie einst bestimmt ward, ist von ihr abgerissen und ging, ein Schatten seiner selbst, dem Hades zu.

Plato. So hatte das gemeine Volk, das ich verlachte, mit seinem plumpen Aberglauben r e c h t , nicht ich?

Chr. Jetzt weißt du erst den Tod. Das Leben, das du ahntest, doch nicht erfaßtest, weißt du noch nicht. Auf dem zerstörten Grunde kann Neues wachsen. Das Weizenkorn muß sterben, eh es zur Ähre und zur Frucht wird.[33] Doch birgt es seine Kraft im eignen Innern – Ihr aber, wenn ihr sterbt, seid kraftlos worden. Und neues Leben muß geheimnisvoll sich euch vermählen, damit das Band, das jetzt zerschnitten, sich wieder knüpft. Sich rein dann knüpft und unverletztlich. Damit ihr wachsen könnt zu neuem Sein. Die Seele nicht und mit ihr die Zerstückung, der g a n z e Mensch ist die Erfüllung, Plato. Der ganze Mensch, der war, eh Adam ihn vertat.

Plato. Wer ist das – Adam?

Chr. Du wirst ihn sehen. Doch kennen wirst du ihn erst ganz, wenn du auch mich kennst. Und wenn du mich kennst, kennst du auch ihn. *(Christus hebt wiederum wie im unteren Hades seine Arme, die Handflächen nach außen gekehrt, hoch empor)* Nun fülle sich auch dieses lichte Reich mit meinem Leben. Seht alle diese Male. Ich erhielt sie, als man mich droben an das Kreuz geschlagen. Und dann träumt weiter, ihr großen Weisen und ihr frommen Büßer der alten Ordnung. Es wird euch einst ein Platz sein, der euer würdig.

---

[33] Vgl. Joh 12,24.

Christus (*senkt die Arme. Das Leuchten der Male hört auf. Er tritt mit dem [...]*[34]

Chr. *(zum Schächer gewendet)* Komm Freund. Wir dürfen länger nicht verweilen. Der blutige Tag auf jener Erde, an dem die Sonne selbst ihr Angesicht verdeckt, naht seinem Ende.[35] Und wenn er scheidet und still der Sabbat anhebt, sollst du mit mir im Paradiese sein. Im Paradies der Seelen. Also versprach ichs. Doch vorher bleibt mir noch ein kleines Ding. Ich muß ein Wörtlein noch mit einem sprechen, der nicht gering ist. Den Hades lassen wir jetzt hinter uns. Und mit ihm alle, die ganz beruhigt sind, weil ganz entleert. Doch gibt es solche, denen das Leben nicht völlig abriß. Es sei zur Seligkeit, es sei zur Qual. Himmel und Hölle liegen beieinander. Und wo das eine ist, da ist das andere. Wir aber werden nun freier atmen.

6. SCENE

Am Rand der Hölle. Ein feurig leuchtender Abgrund.
Christus und der Schächer, beide noch in den weißen Gewändern der vorigen Scene, aber auch der Schächer nicht mehr bekränzt.

Sch. Ist das die Hölle?

Chr. Ja, Freund und Bruder.

Sch. Kaum ist das eine Grauen hingeschwunden, erhebt ein anderes sich. Ja, hier ist wieder Leben. Doch welch ein fürchterliches. Wem wird das Los, Herr, diese Pein zu leiden? Ach, diese träumen nicht mehr. Sie leiden wirklich. Sie scheinen mir voll rasender Gier, die Flammen in sich einzufressen, die sie umlodern und also ihre Qual noch zu vergößern. Warum das, Herr. Ach, künde mir, wen dieses Los traf – sind alle jene denn, die wir im Hades sahen, von Sünden rein? Was taten dieses so besonderes?

Chr. Wer scheu sich in den Kreis einfügt, der ihm beschrieben, geht in den Hades. Er ist entsühnt durch seiner Väter heilge Sitte – des Daseins Ring ist für ihn abgeschlossen. Du sahst

---

[34] Die entsprechende Zeile des Ms. ist unleserlich.
[35] Mt 27,44 parr.

dort viele, die in ihrem Leben manch schwere Tat begingen. Doch keinen Frechen, der ohne Ehrfurcht des Geistes und der Seele und voll ekler Gier nach dem, was ihm nicht zusteht, das Leben schändete. Es sind die Schänder des Leibes und des Geistes und der Seele – des Worts und allen Lebens. Wer seinen Leib zu einem Bauch macht, der kommt hierher. E r k a n n nicht sterben, denn er muß weiter fressen. Wer geilen Herzens in alle heiligen Bezirke des Daseins schamlos einbricht, er kommt hierher. Er <u>kann</u> nicht sterben, denn er muß weiter geilen. Wer ehrfurchtslosen Geistes das Wort nicht stehen lassen kann, so wie es steht, der kommt hierher. Er <u>kann</u> nicht sterben, denn er muß weiter schänden.

Sch. Herr, wie sie schreien.

Chr. Und wer nicht schweigen kann, der kommt hierher. Er kann nicht sterben, denn er muß weiter schreien. Sie alle konnten sich nicht fahren lassen und klebten an sich selbst und an dem Leben wie das Gewürm an einer nassen Scholle. Nun können sie nicht sterben; sie müssen weiter nach dem Leben gieren.

Sch. Herr, wird es ewig also bleiben?

Chr. Das bleibt Geheimnis. Und wird erst ausgemacht an jenem Tage, da ich den Herrn und Meister dieses Orts zu überwinden komme. Jetzt gilt es nur den Toten. Da ich als Toter nur hierher gekommen. Doch soll er wissen, was heut geschah und noch geschehen wird.

Sch. Wer ist es, Herr? Ich zittere bei der Frage.

Chr. Er war einst Luzifer. Durchleuchtet ganz und gar von dem geheimen Licht der höchsten Höhe. Gott hatte ihm das Wort ganz übergeben, das alles in sich birgt. Das Wort, das jedes andere Wort in sich enthält. Er aber wollte sich nicht selbst umgrenzen und wollte Gott sein. Er wendete das Wort, das er besaß, da ward es Lüge. Und schrie es Gott ins Angesicht, ihn zu vernichten. So kehrte er das Licht, von dem er lebte, zum Abgrund an sich selbst, der furchtbarste Verkehrer der Natur, der jemals war und jemals sein wird. Denn er allein besaß das ganze Wort und konnte – er allein die ganze Lüge zum Wesen bringen. Er i s t jetzt Abgrund. Und lebt vom Gift. Und kann in alle Ewigkeit von ihm nur leben. *(Mit erhobener Stimme)* Satan, ich rufe dich.

S a t a n *erscheint in dunkel leuchtendem Glanz.*

Satan. So kommst du also, mich selber aufzusuchen, am Rand der Hölle, du Gottessohn, der Mensch ward. Fährst freilich prächtig und furcherregend zu mir daher. Wähnst du, Gewaltiger, du könntest so mit mir den Kampf aufnehmen – als Toter, als Menschgestorbener? Entleert von aller deiner einstigen Herrlichkeit? Geh in den Hades, wo du hingehörst. Du hast verspielt, mein Sohn. Ja, ich gesteh es, daß ich einst dich fürchtete und ganz und gar nur vorbereitet lebte auf einen letzten fürchterlichen Austrag und Kampf mit dir. Doch als du dich von einem Weibe gebären ließest, konnt ich deiner fürder nur noch lachen.

Chr. Du darfst jetzt spotten, Satan. Denn der du zitterst, indem du spottest, ich steh vor dir als ein im Tod Verborgener, so wie ich dort als ein in irdischer Gestalt Verborgener umher ging. Ich komme nicht zu dir, mit dir zu kämpfen – noch nicht. Der offenbare Tag, an dem ich dir und aller Welt erscheinen werde, so wie ich bin, ist noch nicht da.

Sat. Was kommst du denn? Und was bedeutet diese ganze phantastische Komödie mit Menschengeburt und Menschentod?

Chr. Ich bin jetzt einen dunkeln Weg gegangen, den Weg des Menschen. I c h g r ü n d e t e m i r d o r t k e i n R e i c h und m e i n e W o r t e s i n d n i c h t a u f e h e r n e n T a f e l n e i n g e s c h r i e b e n. Ich ließ sie fallen, wie man Samen ausstreut, hierhin und dorthin.[36] Denn was lebendig ist, wächst aus sich selber. So hab ich auch mich selber eingesamt in jene Welt. Wär ich in offenbarer Herrlichkeit und im Triumph aus meinem Sein hervorgebrochen, es hätte die im Tode verschlungene Erde vernichten müssen. Nun wuchs ich aus ihrem eignen Boden in ihr auf, aus ihren eignen dunklen Eingeweiden. Als ein aus ihren mütterlichen Elementen von ihr selbst erzeugter Sprößling. Stoff von ihrem Stoff. Mensch unter Menschen. Ging alle ihre Pfade, aß ihre Frucht, sah mit geblendetem Gesicht in ihre Sonne, sprach ihre Sprache und endlich starb ich ihren schweren Tod. Ich hing am Kreuze und schrie. G o t t w a r v o n

---

[36] Mt 13,3–9.18–23 parr.

G o t t   v e r l a s s e n .[37] Wer das ermißt, wird künftig nichts andres je mehr denken können. Die Welt hat mich empfangen und dennoch verging sie nicht. Sie hält mich nun als Samen und Gewächs und Frucht im eignen Innern. Unsichtbar und verborgen. Es muß mich suchen, wer mich finden will.[38] Doch finden wird mich, wer sich selber haßt und nach dem Leben schreit.[39] Mein eigner Geist wird künftig sie umschatten, damit sie fassen können, was geschah.

Sat. Bei allen Engeln – der Plan ist gut erdacht und deiner würdig. Wie aber willst du, Christ, aus diesem deinem eignen Tod dich wieder lösen? Du starbst und du verlorst dich selbst. Das ist das Ende. Ich aber lebe.

Chr. Du lügst, indem du fragst. Du weißt es wohl: der ganz Lebendige kann auch vom Tode sich wiederum zurückgewinnen. Ich breche durch, vom Tod zum Leben, vom Hades zurück zur Erde. Dann schließt sich erst der Ring. Für alle Toten je und je wird dieser Durchbruch am Tag der Tage Weg und Tür sein. Und a l l e   M e n s c h e n   s t e r b e n !

Sat. Weißt du es nicht Allweiser, nicht, daß du die Waffe mir selbst in meine Hand drückst, mit der ich künftig dich bekämpfen kann? Was kramst du mir hier dein Geheimnis aus?

Chr. Wer lügen soll, muß wissen. Und du sollst lügen. Denn deine Herrschaft zerbracht noch nicht. Nein, jetzt erst wird sie Boden haben, sich wahrhaft zu entfalten. Mein Wesen ist in jene Welt jetzt eingesenkt; mein Wort steht auf der Erde. Doch muß sich Tod und Leben erst in ihr selber schneiden und aus ihr selber. Mein Wort ist Prüfstein.[40] Oder auch das deine. Es bleibt sich gleich. Sie liegen beieinander wie die Flächen eines Messers Scheide. Sie gleichen sich wie diese und doch ist eines Gift das andere Leben. Denn deine große Kunst von Anfang, mein Wort zu brauchen, wie es ist und dennoch in Lüge es zu verkehren, wird sich bewähren. Du großer Mörder des Worts von Anfang. Und Schänder aller

---

[37] Mt 27,46; vgl. Ps 22,2.
[38] Mt 7,7 parr.
[39] Vgl. Mt 10,39 parr.
[40] Vgl. Joh 6,60–69; Hebr 4,12.

Wahrheit, von der allein du fristest. Der Herr, vor dem du zitterst, gibt neue Vollmacht dir für jene Erde.

Sat. Es schmeichelt mir, die Anerkennung meiner Kunst von dir zu hören. Ich sehe große Dinge. Es wird sich lohnen, Satan zu sein. Fast möchte ich dir danken für diese Wendung und brenne vor Begierde, mich in der Menschen Seelen von nun einzunisten, dein Wort im Munde. Nimm dich in Acht, Christ, daß nicht das Unkraut den Weizen dir, den du so mühsam bautest, noch ganz ersticke.[41]

Chr. Die Liebe ist größer als der Haß – Wir sehen uns wieder, Satan. An jenem Tage, da die Siegel brechen.[42] *(Satan verschwindet)*

Chr. *(zum Schächer gewendet)* Wohl denen, die so reinen Herzens sind, daß sie von Dem da sich nicht verführen lassen.[43] Auch wenn sie mich nicht kennen. Nicht kennen wollen – wegen dieses Gifts, das allzu dicht bei meinem Namen aufschießt. Nun ist auch dies vollbracht.[44] Wir aber schreiten jetzt dem Leben zu. Du, Freund, dem deinen, das für jetzt dich aufnimmt. Dahin geleite ich dich.

7. Scene

Der Himmel. Man hat das Bewußtsein, »in der Höhe« zu sein. Ein unendlich klares, aber ganz weiches und gleichmäßiges Licht. Engelscharen, von ihren mächtigen Flügeln bedeckt, lagern umher. Leises Rauschen der Flügel. Im Hintergrund, aber nur ganz undeutlich und wie von Wolken verdeckt, Trone und Stühle, auf dem Einer sitzt – Abraham – des Haupt über alles hinausragend von Wolken ganz verhüllt ist. Christus und Schächer, beide schwebend und von einem inneren Licht leuchtend. Als sie erscheinen, schwillt das Rauschen der Flügel an und eine Stimme sagt: »*der Herr ist unter uns.*« *Drei Engel erheben sich und stellen sich im Halbkreis um den Herrn. Sonst vollkommene Stille wie vorher.*

---

[41] Vgl. Mt 13,24–30.36–43.
[42] Offb 5–8.
[43] Vgl. Mt 5,8.
[44] Vgl. Joh 19,27.29.

<u>Sch.</u> *(nach einem langen Schweigen)* Herr, hier ist Sabbatruhe. Hier laß uns weilen.

<u>Chr.</u> Nun bricht der Sabbat an auf unserer Erde. Und alles schweigt. Du aber gehst nun ein zu deinen Vätern und in die Ruhe deines höchsten Herrn.

<u>Sch.</u> Mir strömt ein wunderbares Leben zu und füllt mich ganz. Die Erde schwand mir. Ich trage kein Verlangen mehr nach ihr. Mir dünkt, daß ich jetzt erst wahrhaftig lebe.

<u>Chr.</u> Du lebst. Denn dein geheimes Wesen ging in dir auf wie eine reine Sonne durchläutert ganz und gar voller Süße. Du ruhst in deiner Seele und sie in dir und alles ruht in Gott. Das ist die große Sabbatruhe der ganz Erlösten. Gott nahm sie in sich selbst zurück und barg sie dort. Doch n a c h d e m h e i l g e n S a b b a t kommt erst d e r g r o ß e T a g d e r O s t e r n . Ihr seid verborgen jetzt. Dann aber offenbar und doch g e b o r g e n . Ihr seid im Himmel jetzt. Dann aber auf der Erde – und doch im Himmel. Ihr gingt zurück in Den jetzt, der [...]⁴⁵
Dann aber werdet ihr leibhaftig sein und voll Triumph und eigner Herrlichkeit – und d e n n o c h g a n z u n d g a r i n G o t t b e s c h l o s s e n . Bis dahin aber hört, ihr Engel, die neue Weisung. Es gab ein einziges Volk bis auf den heutigen Tag, in dem mein Name wohnte. Als Zukunft wohnte und als Verheißung. Das Volk, des irdisch Kind ich war und du, mein Bruder. Ihr wißt es alle: was Seele selig angefüllt von der Verheißung, dem nahte nicht mehr der tote Tod des Hades. Denn Leben war in ihm, das keinen irdschen Todes Macht zerbricht. Nun aber geht mein Name durch die Welt. Nicht als Verheißung mehr. Als dessen, der kam und lebte. Und ganzen Völkern ist das Leben und der Tod nur noch in mir. Die alte Ordnung ist für sie zerbrochen. Wer mich nicht hat, hat nichts mehr. Sonst aber alles. Ich künde es Euch denn: wer unter meinem Schatten wohnt und wem ein Kein nur meines Namens je in die Seele fiel, dem ist des Hades stilles Tor verschlossen. Denn Leben brennt in ihm, das nie sich tilgt. Und ist er nicht bereitet, in diese selge Stille einzugehen und ist er nicht der Hölle ganz verfallen, so

---

⁴⁵ Die entsprechende Zeile des Ms. ist unleserlich.

muß er irren in dunklen Sphären. Solange, bis das Leben in ihm hervorbricht und einem Feuer gleich, das läutert, die Schlacken in ihm trennt von seinem Wesen. Er wird viel leiden. Ihr aber heilge Engel und Boten Gottes, seid je und je um seine Wege und helft aus Irre ihm und Schwere in Licht und Wahrheit.[46] Bis er entlastet und gereinigt und ganz voll Wesens hier Ruhe findet, Ruhe der Fülle und er Seligkeit. Und andere wird es geben, die schon im Leben so ganz und gar nicht in sich eingeprägt, <u>daß sie den Tod nicht schmecken.</u> Sie gleiten leicht aus ihrer Hülle fort, von deren Wurzeln sie längst sich trennten.

<u>Die Engel.</u> Doch sage uns auch, Herr, noch dieses: was ist mit jenen Völkern von nun an, die dich nicht kennen? Was ists mit ihrem Tod?

<u>Chr.</u> Wer ehrfurchtsvollen Geistes im altbeschlossenen Kreise fromm gelebt, geht in den Hades – wie bisher, so fürderhin. Doch sandte ich meine Jünger aus in alle Welt, das Heil zu künden. Weh denen aber, die meines Geistes Kinder nicht sind und niemals waren. Die alter Ordnung weisheitsvollen Sinn zu brechen kommen – und doch nicht geben können, was m e h r a l s j e n e i s t und a l l e s i n s i c h s c h l i e ß t. Weh denen, die aus ihrem Boden reißen, was t i e f e r wurzelt als sie selbst und wurzellos nun – w i e s i e s e l b s t – und ohne Fährte dem irren Leben und dem irren Tode friedlos verfällt. Hier kündet sich alsbald des Satans Tatze. Und dieses eine Wort sei euch gesagt noch: es gibt gar viele Tode, doch e i n e Hölle nur. Es gibt nur eine Hölle, doch viele Himmel. Nun führt mir diesen, der als erster nur d u r c h m i c h s e l b s t die ganze Fülle fand und jetzt hier steht, an jenen Ort, nach dem es ihn verlangt. Im Schoße Abrahams ist seine Stelle, des Haupt verhüllt ist. Es ragt in jene Sphäre, da schon das Innerste geheim sich anhebt.

<u>Sch.</u> Im Schoße Abrahams – bei meinen Vätern. Du aber, Herr? Wohin entschwebst du? Ja, ich weiß es. Dein Ort ist dort, wo Jaweh selber thront.

<u>Chr.</u> Mein Ort ist dort. Doch ist d i e s nicht mein Weg. Dem

---

[46] Ps 91,11f; Hebr 1,14.

ganz Lebendigen muß ich das g a n z e Leben zurückerstatten. Ich darf den Tod nicht halb nur überwinden. Das Größte steht noch aus. Der Erde starb ich und der Erde muß neu ich leben – eh mich der Vater wieder zu sich nimmt. Doch hab ich eine kleine Weile noch und Sabbatruhe – bis Ostern anhebt und der dritte Tag. Ich gehe mich mit Abraham zu unterreden. Des darf kein Menschenohr mehr Zeuge sein. So führt ihn hin. Da wo du jetzt bist, bin ich bei dir, auch wenn ich gehe. *(Die Engel führen den Schächer nach hinten in den umwölkten Kreis. Christus schwebt in die Höhe.)*

8. SCENE

Im Mittelpunkt des Totenreiches. Ein höhlenartiger Raum. A d a m *in der Gestalt eines Greises von übermenschlichem Maß, an dem Rand eines räumigen Brunnens, in dem die stille Fläche metallisch schimmert. Er sitzt mit aufgestützten Armen tief über ihn gebeugt und schaut unverwandt hinein. Mit dem Rücken stützt er einen Pfeiler (ein roher Baumstamm), der seinerseits die Decke der Höhle trägt.*
<u>Christus</u> *erscheint, in seiner anfänglichen Hadesgestalt.*

Adam. *(ohne aufzublicken)* Ich sah dich kommen durch alle Sphären. Sah dich im dunklen Hades, im Elysium, am Rand der Hölle und bei den Seligen. Sah alles, was du tatest und hörte alles, was du sprachst. Als du zu Abraham dich wandtest, verschwandst du mir. Ich aber sehe dich nur im Spiegel. Denn ich vermag mich selbst nicht aufzurichten und mein Gesicht ist magisch hingebannt an diesen Brunnen.

Chr. Was zeigt es dir?

Adam. Mich selbst und sämtliche Gefilde des Todesreiches.

Chr. Was trägst du auf dem Rücken?

Adam. Den ganzen Hades. Es ward auf mich gelegt, als ich den irdschen Tod – als Erster – starb. Nun sitz ich hier seit tausenden von Jahren – inmitten aller Qualen der tiefsten Hölle, aller Seligkeiten des höchsten Himmels und aller Schauer des entleerten Todes. Ich muß sie alle sehen und alle leben.

Chr. Du kennst mich?

Adam. Der du verheißen warst von Anfang, hast jetzt gelebt.

Chr. Doch weißt du auch, weshalb ich komme?

Adam. Den Tod zu überwinden. Doch weiß ich nicht, wie es geschehen soll.

Chr. Wer hat den Tod in jene Welt gebracht?

Adam. Ich, Adam. Wehe mir.

Chr. Was warst du einst?

Adam. Der Herr der Erde. Und herrlich war ich von Leib und Wesen.

Chr. Gestaltet wie?

Adam. Mein Leib erbaut aus allen Elementen der Erde, geheimnisvoll hineingesiegelt in die verwobnen Bahnen der Gestirnwelt. Lebendges Spiegelbild des ganzen Kosmos. Doch wie ich Herr war über diesen, so Herr auch über meinen eignen Leib. Und seiner mächtig. Ich trug ihn wie ein herrliches Gewand, das mir gebührte; nicht trug er mich. Ich breitete mich machtvoll in ihm aus und war doch frei erhoben über ihn. Aus meinem eignen Lebensquell, der nicht versiegte, ward er gespeist – an mir und durch mich selbst verwurzelt zum Sitz des Geistes. Er wurzelte in mir, nicht ich in ihm.

Chr. Zu welcher Macht und Wissenschaft und welcher Weisheit warst du erschaffen?

Adam. Ich faßte die gesamte Erde in einem Blick. Und wo ich weilen wollte, da war ich auch. Ich ging durch Felsen und überquerte Meere. Denn in mir selbst war Kraft und Schwergewicht. Ich trug mich selbst – wie sollte Äußeres ein Hemmnis mir und Fährlichkeit bedeuten. Ich kannte alle Quellen und alle Kräfte und schaute jedes Ding in seiner Wurzel. Es lag der Himmel wie ein offenes Buch vor meinem Geist – mit seinen tausend und abertausend Sonnen und Planeten. Ich hätte Berge versetzen können und irdsche Sonne zum Stillstand bringen. Doch tat ichs nicht und störte nicht die heilge Ordnung.

Chr. Warst du allein?

Adam. Ich war allein noch. Erfüllt so ganz und gar von eignem Wesen, das meine Zeugungskraft zur Offenbarung mich noch nicht drängte. Doch ruhte sie in mir – ich selbst der Zeuger und z u g l e i c h der mütterliche Boden, aus dem ich zeugen konnte. Rund in mir selbst, im eignen Sein versiegelt. Herrlicher Söhne strahlendes Geschlecht wär mir entstiegen

– vollkommen durch die Zeugung selbst schon, nicht Kind zuerst und nur ein Anfang, mein ganzes Wesen aus Haupt und Geist, aus Seele und aus Leib in sich geprägt und mannigfaltig dennoch an Art und Gaben.

Chr. Was aber, Adam, war Aufgabe dir für dieses alles?

Adam. Die Welt, die unter meinem Fuß gebreitet lag und über meinem Haupt sich strahlend wölbte, von Ewigkeit zu Ewigkeit dem höchsten Herrn mit Jauchzen darzubringen. Mich selbst und alles, was mir eigen war, ihm der es alles schuf, auch ohne Makel ihm alles zu bewahren. Denn Satan wühlte in den Eingeweiden der neuen Erde. Ich aber war ihr Priester und ihr Arzt, ihr König und ihr Heiland worden. Zu opfern und zu dienen war königliche Pflicht mir und Heil und Seligkeit.

Chr. *(nach einem Schweigen)* Doch du verfielst demselben Satan, dem du gesetzt warst als Vertilger.

Adam. Zwiefachen Falles entsetzlichen Geschehnis hat mich vernichtet.

Chr. Du mußt mir künden jetzt, wie es geschah.

Adam. Satan versuchte mich, der Luzifer einst war. Er reizte mich zu Lust und Gier, die nur das Tier kennt. Es habe mir der Herr die höchste Wollust neidisch verwehrt. Er log mir. Denn alles Höhere hält alles Niedre in sich einbeschlossen, nur ohne Fehl. Doch in dem Nichts entweicht das Höhere.

Chr. Du aber – im Besitz von aller Macht und aller Weisheit – du ließest dich versuchen.

Adam. Frei war ich noch nach oben wie nach unten. Ich sollte mich – ein König in meinem königlichen Wesen frei bejahen. Ich aber ließ mich reizen, nach dem zu gieren, was niedrer war als ich.

Chr. Und was geschah?

Adam. Furchtbare Macht, die in mir selbst ich trug. Denn meine Lust ward zur Gestalt in mir. Ein Mensch nun und ein Tier, zwiespältiges Doppelwesen.

Chr. Also verlorst du selbst dich.

Adam. Also verlor ich selbst mich und meine Macht. Ich sank in meinen eignen Leib hinein und ward sein Sklave. Und mußte straucheln über jeden Baum. Die Erde aber, die mein Segen und meine Kraft gehütet hatte vor allem Bösen – ihr Pfleger ich und Heiland, Arzt und Priester – war jeglichem Verderben preisgegeben und ausgesetzt nun. Und es brach furchtbar an ihr aus.

Chr. Gott aber war dir gnädig, jetzt noch wie vorher?

Adam. Er war mir gnädig. Denn er bedeckte meine Schande vor meinen Augen. Er machte blind mich, daß ich nicht mehr wußte, was gut, was böse. Er pflanzte einen Garten und führte mich mit eigner Hand hinein.[47] Er bot Genüge an köstlich reiner Frucht und war geschützt vor allem Unheil. I c h   a b e r hab auch diesen mir verscherzt. W a s   g a b   e r   m i r   d a s   W e i b ?

Chr. Du weißt es wohl. D u   b r a u c h s t   d e n   G e f ä h r - t e n .[48] Jetzt warst du einsam. Der du dem Tiere nachgeäfft und tierisch worden, warst doch ein Mensch – dem Tiere ewig fremd an Seele wie auch an Leib. Du brauchtest die Gefährtin, in deren Schoß du dich vertrauensvoll einschmiegen konntest – der du dein Wesen abgebrochen hattest von Gottes Schoß. Und brauchtest auch das Weib, aus dem du deines Wesens Art dir zeugen konntest, der du die eigne Zeugungskraft verlorst.

Adam. *(noch einmal, leiser)* Was gabt Ihr mir das Weib?

Chr. Was ließest du vom Weibe dich verführen? Sie ist Gefäß nur und war aus dir.[49] Sie ist des Satans, läßt du ihr Macht. Doch hältst du unter deiner Hand sie still geborgen, ist sie voll Reinheit und voll Süßigkeit.

Adam. Ich ward zum zweiten Mal versucht. Es stand der Baum des Guten und des Bösen, der mir versagt war, in meinem Garten.[50] Gott hatte mich bedeckt vor eigner Schande. Doch schützte er mich vor Versuchung nicht.

Chr. Was frei sein soll, muß selber sich versiegeln und muß versucht sein. Du weißt auch das. Es war dein königliches Wesen vorher, das du bewahren solltest. Jetzt da du blind warst, war es dein Gehorsam. Hättst du gehorcht, dein vorges We-

---

[47] Gen 2,15.
[48] Gen 2,18–20.
[49] Gen 2,22.
[50] Gen 2,16f.

45

sen wär herrlich wie zuvor an dir entstanden. Und damals
schon der Ring geschlossen worden.

Adam. Ich aß und ich ward sehend. Die wir uns nicht geschämt, wir
sahen uns und wurden stumm vor Schande.[51] Wir zogen
selbst uns den Fluch herab, der jetzt das Paradies uns ewig
sperrte. Gehütet nicht mehr in uns selbst und vor dem Unheil der ganzen Erde. Ich, der ich aller Dinge Priester war,
ward nun ihr Knecht. Und mußte ackern, der ich segnen
konnte. Mein Weib gebar mit Schmerzen, was ich zeugte –
Schmerzbringer ich, der ich ein Heiland war.[52]

Chr. Das Paradies verschloß sich hinter euch.

Adam. Wir standen draußen. Es barg den Lebensbaum. Wir durften
nicht unsterblich sein und Göttern gleichen – die wir hierin
der Erde ganz verfallen sind. Es gab nun keine Frucht mehr
ohne Wurm, kein Wort mehr ohne Lüge und kein Gut, das
nicht sein eignes Gift schon in sich barg. Ich ging umher,
Bruchstücke noch von alter Weisheit in Haupt und Herzen.
Erinnerung an alte Macht und Kunst in den verstörten Sinnen – zerbrochener Spiegel und gestürzter Bau.

Chr. Das Schauervollste aber nennst du nicht?

Adam. Das Schauervollste aber ist der Tod. Wir werden abgerissen
von uns selbst und müssen sterben. Ich, der des Lebens
Quelle in sich trug, ich starb. Nun liegt auf mir der ganze
Hades.

Chr. Und alle diese, die du kommen siehst, sind deines Wesens.

Adam. Sind meines Bluts und meines Samens. O jammervolle Ströme, die sich fort und fort aus mir ergießen. Ich seh sie alle
kommen, mit ihrer Schuld noch hier befleckt, mit ihrer
Krankheit und mit ihrem Tod. Ich, ihr unseligster Erzeu-
ger.

Chr. Sie sind du selbst und du bist sie. Ihr habt einander nichts
vorzuwerfen.

Adam. Trostvolle Stimme, die so grausam frug. Wie lange Herr geht
dieses Zeugen fort?

Chr. Bis daß es alles erfüllt sein wird. Sie lernten bald, ihr Haupt
aufs Neue zu erheben. Sie suchten in den Sternen und

---

[51] Gen 3,6f.
[52] Gen 3,16–24.

forschten im Schoß der Erde. Sie machten fruchtbar, was jetzt fruchtlos war und fanden Heilung gegen Gift und Schäden. Ein mühsam Flickwerk – einzusammeln, was du zerstreut und wieder zu ergänzen, was du zerbrochen. Was einst lebendig aus sich selber quoll, durch Kunst und Pflege zur Frucht zu bringen. Was seine Ordnung in sich selber trug, durch Zwang und durch Gesetz jetzt einzudämmen. Was durch die königliche Macht des eignen Seins einst Dienste tat und dir zu Füßen lag, durch Kraft und Mut und durch Geschicklichkeit jetzt zu bezwingen. Und zu entdecken erst, was du besessen. Es erbte sich manch hehres Wissen fort, doch dunkel jetzt und der Ergänzung überall bedürftig. Weil dir das ganze eigen war, ward ihnen vieles auch wiederum zu eigen. D o c h n i e m a l s a l l e s. Es fehlt der lebensvolle Mittelpunkt, und Stückwerk bleibt, was dem zerbrochnen Geist sich neu verkündet. Wer in den Sternen sucht, vergißt die Erde. Wer auf der Erde wurzelt, vergißt, was drüber ist. Das ist der Fluch. Doch schreckensvoller noch des Menschen Tun. Wer frei sein will, muß die anderen zu seinen Sklaven machen. Wer König ist und wie ein König fühlt, dem ist der Weg mit Strömen ungerechten Bluts gezeichnet. Wer Schönes will, muß sein Gesicht verbergen, vor allem Kranken und Befleckten, das um ihn wuchert. Und wer besitzt, macht andere arm. Es frißt die Schuld den Menschen und den Völkern, die das erkennen, am kranken Herzen und macht unfähig sie zu frohem Tun. Und die es nicht erkennen, sind blind und grausam. Das ist der Fluch, der auf den Menschen liegt seit ihrem Fall. Und keine Weisheit, kein frommes Herz und kein gerechter Sinn kann nur ein Tüttelchen verändern an diesem allen.

Adam. O, Fluch, o Schuld. Und abermals unselig, der jene Siegel wiederum erbrechen will, mit denen dir die Welt entzogen ward. Der sich aus eigner Kraft erneuern möchte zum Priester und zum König geheimen Wesens. Das ist die größte und die furchtbarste Versuchung. Es hält nicht schwer, die Geister aufzuwecken für den, der will. Doch geb er acht, daß ihm nicht irgendwo Satan entgegengrinst. Denn es ist Lust und größte Kunst des dunkeln Herrn, dies brennende Verlangen nach früherer Herrlichkeit jetzt auszunützen.

Chr.   Ich aber kam und lehrte anderen Weg.

Adam. Ach, welchen Weg, Herr. Der Mensch muß suchen, was er verlor – muß Weisheit, Macht und Schönheit sich wieder suchen – und kann doch niemals finden.

Chr.   Drum soll er a l l e s geben und nichts behalten. Was doch zerbrach, er laß es völlig fahren. Er kann aus eigner Kraft zurück nicht bringen, was er verscherzt hat. Ein jeder Schritt sich selber und die Welt aufs Neue zu gewinnen, wird ihm zum Fluch und macht unseliger ihn. Nur der Lebendige kann das, was tot ist, lebendig wieder machen. Es m u ß d a s W e s e n v o n G r u n d a u f n e u a n i h m u n d a n d e r W e l t gesegnet werden. Die Wurzel selbst des irdschen Seins und alles Lebens bedarf der Heilung. Nur der, der schuf, kann neu die Quellen öffnen. Gott ward zum Menschen, damit der Mensch den Keim der Göttlichkeit, den er verlor, aufs neue berge. Doch niemand kann empfangen, der nicht das Alte erst an sich tilgte. Der Mensch, der halb sich brach, muß sich jetzt vollends brechen, für neuen Bau. Der halb das Licht verlor, er muß jetzt ganz und gar ins dunkle gehen, denn nur in Dunkelheit und in Bereitschaft wächst die Gestalt. Er reiße selbst sich von sich selber los – denn was an alter Wurzel krankt, ward in der neuen noch niemals kraftvoll. Er lasse sich zum zweiten mal gebären und werde Samen – wie dieser unscheinbar und ganz verloren. Und werde Kind, daß er die Fülle sich ertrinken kann.[53] Wer König ist, wird dienen.[54] Wer weise ist, wird seine Weisheit dem Scherben achten.[55] Und wer die Fülle hat, wird selber sich berauben.

Adam. Herr, wie ist das möglich?[56]

Chr.   Schwer ist es und ist so leicht doch. Es ist nicht leicht, das königliche Sein, auch wenn es Stückwerk ist und ganz verblichen, dahinzugeben. Die Menschen schämen sich, so bloß zu werden – sie – die einst Herren waren. Sie wissen und sie ahnen, daß ihn andres von Anfang an gebührt. Sie ahnen recht. Wer edel ist und stolzen Sinnes, dem sitzt der Wille zu

---

[53] Vgl. Mt 18,3 parr.
[54] Vgl. Ps 72,11.
[55] Vgl. Mt 11,25 parr.; 1 Kor 1.
[56] Vgl. Mt 19,25f parr.

glanzvoller Herrschaft tief in der Wurzel. Sein Weg ist
schwer und vieles wird er leiden. Wenn nicht im Leben, so
irgendwann doch. Denn einmal muß und wird geopfert
werden. Damit sich neues Sein in das veraltete und ganz und
gar verderbte ergießen kann. Ich ging voran. Es ist so herrlich niemand als ich bin. Ich ward entäußert zum niedrigsten
der Menschen. Ich hatte nicht mein Haupt nur hinzulegen
und ward gekreuzigt. Es rühme fortan niemand sich seiner
Blöße.

Adam. Herr, sieh ich weine. Und meine Tränen ziehen große Krei-
se in dem getrübten Brunnen.

Chr. Du weinst und lebst. Und ist so leicht doch, den Weg zu gehen. Es ist so süß sich zu entlasten von unselger Bürde.
Nicht mehr den Fluch auf Schritt und Tritt zu mehren. Die
Hände leicht und unbeschwert von Macht und Glanz dem
Kranken aufs Haupt zu legen. Nicht überdrüssig mehr zu
schleppen an eignem Wesen und an eigner Art. Und siehe, es
brechen Quellen voller Segen auf.[57]

Adam. Doch wann wird, Herr, die Erde neu sein und neu der
Mensch?

Chr. Das bleibt Geheimnis.[58] Jetzt ist es alles noch tief verborgen.
Es kommt ein Tag des großen Austrags. Da werden Leben-
de und Tote im Angesicht des Worts, das offenbar ist, sich
selber richten.[59] Jetzt gehe jeder seinen Weg. Es ist gesät und
wachsen muß, was gut ist.[60] Es gibt in diesem allen Zwang
nicht und nicht Gesetz. Nur Heil und Botschaft.

Adam. Der Hades ward mir leicht, Herr, seitdem du sprachst. Ich
schleppe nicht mehr allein die ganze Last. Du hast auf deine
Schultern sie genommen. Und meine Schuld fällt wie ein al-
tes Kleid von meinem Wesen.

Chr. Ich kann dich ganz von diesem Sitz noch nicht erlösen. Du
mußt es tragen, bis es alles einst eingebracht ist. Doch deine
Seele soll fortan – in Gott geborgen – mit Quellen immer
neuen und neuen Trostes dich überströmen. Sieh diese Male.
(Christus öffnet zum ersten Mal den Mantel, in den er

---

[57] Joh 7,38.
[58] Mt 24,36.
[59] Joh 12,48.
[60] Vgl. Mt 13,24–30.

während des ganzen Gesprächs unbeweglich eingehüllt gestanden hat.) Der Leib, der dir zur Schande ward, ist ein Gefäß geworden meines Opfers. Und so geheiligt.

Adam. So brauch ich, Herr, mich seiner nicht mehr zu schämen?

Chr. Er ist ein Tempel worden, in dem ich wohnte.[61] U n d
w i r d   l e b e n d i g   s e i n   u n d   g a n z   v e r k l ä r t.
D e n n   j e t z t   g e s c h i e h t,   w a s   n i e m a n d   f a s -
s e n   k a n n. Es schlägt die Stunde der Osterfrühe. Ich
werfe dieses Totenkleid von mir und stehe auf, ein Mensch
wie vordem – ein Mensch wie Adam war n a c h   s e i n e m
F a l l. Doch aus mir, selbst erneut und alle Quellen der
heiligen Kraft im eigenen Leibe. So werden einst die Menschen auferstehen, unselig oder selig nach ihren Wegen.
D a n n   k o m m t   e r s t   d i e   V e r w a n d l u n g   und das
Gericht. Dann wird erst Adam sein, wie er erschaffen, und
alles in ihn selbst zurückgebracht, was er verlor. *(Christus breitet die Arme in die Höhe)*: Jetzt gibt mir Kraft, mein Vater, für letztes Werk. Gib mir die Kraft, die Quellen meines
Seins, das mir auf Erden ward, zurückzusaugen und meinen
Leib, den noch die Erde birgt, mit ihnen neu und lauter zu
erfüllen.

(Christus breitet die Arme immer höher und entschwindet an derselben Stelle, an der er stand.)

Adam. *(nach einem längeren Schweigen)* Jetzt hält der Hades seinen
Atem an und selbst die Hölle.

(Plötzlich bricht ein breiter Spalt in der Decke der Höhle auf, unmittelbar über dem Brunnen. Man sieht in die irdische Welt. Christus steht in irdischer Gestalt, doch von unendlicher Zartheit, am Rande. Es ist dicht vor Anbruch des Morgens. Der Vollmond, schon vom Morgenlicht etwas überleuchtet, geht gerade im Westen, auf den man hinblickt, unter. Unmittelbar darauf ist alles von dem frühen Schein der Sonne überzogen, der immer stärker wird und dann in breiten Strahlen nach unten in den Hades fällt. Zugleich hört man von überallher verworrene Stimmen und ein Andrängen, als wäre der ganze Hades in Aufruhr. Und schon stürzen die Mengen der Schatten von allen Seiten herein mit erhobenen Händen und aufgereckten Köpfen. Die Wände der Höhle scheinen jetzt nur ein

---

[61] Joh 2,18–21.

dickes Gewölk, das sich allmählich zerteilt und den Hades sichtbar macht. Hinter den lichtleeren unteren Räumen und etwas höher sieht man das Elysium. Hier sind die Schatten – ebenfalls mit ausgebreiteten Armen – aufgestanden, doch ohne sich vom Platze zu rühren. Ganz in der Ferne und in der Höhe, durch den feurigen Spalt der Hölle vom Elysium getrennt, die verklärte Sphäre des Himmels mit den auch jetzt ruhenden Engeln und dem Trone Abrahams. Ihr überirdisches Licht contrastiert lebhaft mit dem irdischen.)

Die Schatten *(wie aus einem Munde).* Die Erde, die Erde, laßt uns
    hinauf.

Chr.   Ihr könnt mir jetzt nicht folgen. Doch was geschehen ist,
    geschah für euch nur. Das offenbare Ostern folgt dem verborgenen. Und es wird alles sein, wie es bestimmt ist von Anfang.

(Der Spalt schließt sich wieder. Sofort kehren die Schatten, von ihrem vorigen Traumleben umfangen, an ihre alten Stätten.)

Adam. Ich aber warte.

2. Biographie

Ulrich Dobhan

Vom »radikalen Unglauben« zum »wahren Glauben«[1]

Es ist inzwischen ein – auch in vielen Sprachen verbreiteter – Gemeinplatz, daß Edith Stein im Alter von 14 Jahren im Hause ihrer Schwester Else Gordon in Hamburg[2] ihren jüdischen Glauben aufgegeben habe und Atheistin geworden sei, aber in jener sagenumwobenen Nacht in Bergzabern im Sommer 1921 bei der zufällig gewählten Lektüre der Autobiographie der hl. Teresa von Ávila gläubig geworden sei und ausgerufen habe: »Das ist die Wahrheit«, daß also in diesem Moment aus der Atheistin eine christlich gläubige Frau geworden sei.[3] Dank eines viel besseren Informationsstandes wissen wir heute, daß es ein sehr viel differenzierterer Prozeß gewesen ist.[4]

---

[1] Dieses von Edith Stein zur Beschreibung der beiden extremen Pole ihres geistlichen Weges benutzte Wortpaar findet sich in ESGA 20,84 und in ESGA 1,350. Sie verwendet das Wort »Atheismus« oder »Atheistin« in bezug auf sich selbst aber nicht. In *Psychische Kausalität*, in den Grundzügen bereits im Sommer 1918 konzipiert, schreibt sie unter der Überschrift »Stellungnahmen, ihre Annahme und Ablehnung«: »Oder ein überzeugter Atheist wird in einem religiösen Erlebnis der Existenz Gottes inne. Dem Glauben kann er sich nicht entziehen, aber er stellt sich nicht auf seinen Boden, er läßt ihn nicht in sich wirksam werden, er bleibt unbeirrt bei seiner ›wissenschaftlichen Weltanschauung‹, die durch den unmodifizierten Glauben über den Haufen geworfen würde« (E. Stein, *Beiträge zur philosophischen Begründung der Psychologie und der Geisteswissenschaften. Eine Untersuchung über den Staat.* Tübingen ²1970, 2–116 (43f.)). Viele deuten diesen Text allerdings autobiographisch.
[2] Das war im Loehrsweg 5 (siehe ESGA 2, Brief 24, Anm. 17).
[3] Siehe den entsprechenden Bericht von Teresia Renata de Spiritu Sancto (Posselt), *Edith Stein. Lebensbild einer Philosophin und Karmelitin.* Nürnberg 1948, 28, auf die sich alle derartigen Darstellungen stützen, einschließlich der entsprechenden Aussagen in den Prozessen zur Seligsprechung.
[4] Siehe dazu auch Francisco Javier Sancho Fermín, *Loslassen – Edith Steins Weg von der Philosophie zur karmelitischen Mystik. Eine historische Untersuchung.* Stuttgart 2007, 56–71.

1. Leben in einer inneren Welt

Für die Frömmigkeit Edith Steins in ihrem Kindes- und Jugendalter war nicht ihre fromme Mutter die prägende Gestalt, sondern ihre eigene innere Welt. Das zeigt sich an folgenden Selbstzeugnissen von ihr, die zugleich auch beweisen, daß Edith Stein durchaus fromm war.

»In meinem Innern gab es noch eine verborgene Welt«

»Ich führte von frühester Kindheit an ein merkwürdiges Doppelleben und machte für den äußeren Betrachter unbegreifliche, sprunghafte Umwandlungen durch. In den ersten Lebensjahren war ich von einer quecksilbrigen Lebhaftigkeit, immer in Bewegung, übersprudelnd von drolligen Einfällen, keck und naseweis, dabei unbezähmbar eigenwillig und zornig, wenn etwas gegen meinen Willen ging. ... Das war es, was meine Angehörigen für gewöhnlich äußerlich an mir beobachten konnten. Aber in meinem Innern gab es noch eine verborgene Welt. Was ich am Tage sah und hörte, das wurde dort verarbeitet. Der Anblick eines Betrunkenen konnte mich tage- und nächtelang verfolgen und quälen. ... Wenn in meiner Gegenwart von einer Mordtat gesprochen wurde, lag ich nachts stundenlang wach, und das Grauen kroch aus allen dunklen Ecken auf mich zu. Ja, ein etwas derber Ausdruck, den meine Mutter einmal in meiner Gegenwart erregt aussprach, schmerzte mich so, daß ich die kleine Scene (eine Auseinandersetzung mit meinem ältesten Bruder) nie vergessen konnte. Von all diesen Dingen, an denen ich heimlich litt, sagte ich niemandem je ein Wort. Es kam mir gar nicht in den Sinn, daß man über so etwas sprechen könnte.«[5] Edith wußte schon als Kind, daß es, um mit Teresa von Ávila zu reden, »in uns noch etwas unvergleichlich Kostbareres gibt als das, was wir von außen sehen. Stellen wir uns doch nicht vor, wir seien innen hohl ...«[6]

---

[5] ESGA 1,47.
[6] *Weg der Vollkommenheit* Kodex von Escorial 48,2 [Kodex von Valladolid 28,10]. Man könnte auch auf Teresas Bekenntnis hinweisen, daß sie noch vor ihrem Eintritt ins Kloster (mit 20 Jahren) begann, »inneres Beten zu halten, ohne zu wissen, was das war« (*Leben* 9,4), also sehr stark in ihrem Inneren lebte.

Leben »aus einer mir selbst unbekannten Tiefe«

Der oben genannten »verborgenen Welt« in ihrem Inneren entspricht die Tatsache, daß durch eine veräußerlichte Frömmigkeit in ihrem Inneren, wo sie so eigentlich lebte, nichts in Bewegung oder Schwingung kam. Sie sagt von sich: »Ich konnte nicht handeln, solange kein innerer Antrieb vorhanden war. Die Entschlüsse stiegen aus einer mir selbst unbekannten Tiefe empor. Wenn so etwas einmal ins helle Licht des Bewußtseins getreten war und feste gedankliche Form angenommen hatte, dann ließ ich mich durch nichts mehr aufhalten; ja ich hatte eine Art sportlichen Vergnügens daran, scheinbar Unmögliches durchzusetzen.«[7] Diese Art von Frömmigkeit, die eine ausgeprägte innerliche Eigenständigkeit offenbart, hatte ihre Folgen, besonders für die Beurteilung der jüdischen Frömmigkeit in ihrer Umgebung.

2. Die Verabschiedung der Religiosität des Judentums

Dieser eigenständigen innerlichen Frömmigkeit entspricht es, daß Edith mit dem Judentum, so wie sie es damals wahrnahm,[8] nichts anfangen konnte, wie sie mehrfach selbst sagt.

»Etwas Tröstendes enthielten sie nicht«

So schreibt sie über die Beerdigung eines Onkels: »Der Rabbiner begann die Leichenrede. Ich habe viele solcher Reden gehört. Sie warfen einen Rückblick auf das Leben des Verstorbenen, hoben hervor, was er Gutes getan, und rührten damit den ganzen Schmerz der Angehörigen auf; etwas Tröstendes enthielten sie nicht. Es wurde zwar mit feierlich erhobener Stimme gebetet: ›Und wenn der Leib zu Staub zerfällt, so kehrt der Geist zu Gott zurück, der ihn gegeben.‹ Aber dahinter stand kein Glaube an ein persönliches Fortleben und an ein Wiedersehen nach dem Tod.«[9] Ähnlich schreibt sie über

---

[7] ESGA 1,112.
[8] Susanne Batzdorff, Edith Steins Nichte, merkt wohl zu Recht an, daß ihre Kenntnis des Judentums sehr lückenhaft war und ihr Urteil oft auf Vorurteilen beruhte. Siehe W. Herbstrith (Hg.), *Erinnere dich – vergiss es nicht. Edith Stein – christlich-jüdische Perspektiven.* Annweiler/Essen 1990, 54–59 (55).
[9] ESGA 1,53.

das Paschafest im Familienkreis: »Überhaupt litt die Weihe des Festes darunter, daß nur meine Mutter und die jüngeren Kinder mit Andacht dabei waren. Die Brüder, die anstelle des verstorbenen Vaters die Gebete zu sprechen hatten, taten es in wenig würdiger Weise. Wenn der ältere nicht da war und der jüngere die Rolle des Hausherrn übernehmen mußte, ließ er sogar deutlich merken, daß er sich innerlich über all das lustig machte.«[10] Außer an ihrer Mutter erlebte Edith Stein nur noch bei einer Tante, daß sie »den Glauben der Eltern bewahrt hatte und für die Erhaltung der Tradition sorgte, während bei den anderen der Zusammenhang mit dem Judentum von der religiösen Grundlage gelöst war. Sie stand einsam in ihrer andersgearteten Umgebung.«[11]

»Talmudistische Spitzfindigkeiten«

Darüber berichtet sie im Zusammenhang mit Eduard Metis, einem Studienkollegen: »Eines Tages, als ich mit ihm unterwegs war, hatte ich in einem Hause etwas zu erledigen. Ich gab ihm vor der Haustür schnell meine Aktenmappe zum Halten und ging hinein. Zu spät fiel mir ein, daß es Samstag sei und daß man am Sabbath nichts tragen dürfe. Im Torbogen fand ich ihn geduldig wartend. Ich entschuldigte mich, daß ich ihn in meiner Gedankenlosigkeit zu etwas Verbotenem genötigt hätte. ›Ich habe nichts Verbotenes getan‹, sagte er ruhig, ›nur auf der Straße darf man nichts tragen; im Hause ist es erlaubt.‹ Darum war er im Eingang stehen geblieben und hatte sich sorgfältig gehütet, einen Fuß auf die Straße zu setzen. Das war eine der talmudistischen Spitzfindigkeiten, die mich abstießen.«[12]

---

[10] AaO. 1,44. Auch ihre Erklärung der relativen Häufigkeit von Selbstmorden bei Juden zeigt ihr damals geringes Verständnis für die jüdische Religion: »Ich glaube, die Unfähigkeit, dem Zusammenbruch der äußeren Existenz ruhig ins Auge zu sehen und ihn auf sich zu nehmen, hängt mit dem mangelnden Ausblick auf ein ewiges Leben zusammen. Die persönliche Unsterblichkeit der Seele ist nicht Glaubenssatz. Das ganze Streben ist ein diesseitiges. Selbst die Frömmigkeit des Frommen ist auf Heiligung *dieses* Lebens gerichtet. Der Jude kann zähe, mühevolle, unermüdliche Arbeit und die äußersten Entbehrungen Jahr um Jahr ertragen, solange er ein Ziel vor Augen sieht. Nimmt man ihm dies, dann bricht seine Spannkraft zusammen; das Leben erscheint ihm nun sinnlos, und so kommt er leicht dazu, es wegzuwerfen. Den wahrhaft Gläubigen freilich wird die Unterwerfung unter den göttlichen Willen davon zurückhalten« (aaO. 1,54).
[11] AaO. 1,11.
[12] AaO. 1,165f.

Bei all diesen Bekenntnissen stellt man sich zu Recht die Frage, warum sie nicht wahrgenommen hat, wie ihre Mutter ihren Glauben sehr ernst genommen und daraus Kraft und Hoffnung für ihr Leben gewonnen hat. Edith Stein charakterisiert diese mit dem ihr zugeschriebenen Satz – für sie eine Art Gottesbeweis: »Ich kann mir doch nicht einbilden, daß ich alles, was ich erreicht habe, meiner eigenen Kraft verdanke.«[13] Die Antwort liegt u. a. darin, daß sie über das, was in dieser Tiefe vor sich ging, nicht einfach verfügen konnte, wie sie sagt, und das bedeutet, daß die religiöse Frage des entsprechenden Zeitpunkts bedarf. In diesem biographischen Kontext muß auch ihre Entscheidung gesehen werden, sich das Beten abzugewöhnen.

»Ich habe mir das Beten ganz bewußt und aus freien Stücken abgewöhnt«

Ausgehend von dieser inneren Welt, wo Edith verarbeitete, was sie am Tage sah und hörte, wo sich also ihr eigentliches Leben abspielte, ist ihre Entscheidung, »mir das Beten ganz bewußt und aus freiem Entschluß« abzugewöhnen, die sie als Mädchen mit 15 Jahren getroffen hatte, nachvollziehbar, ja geradezu folgerichtig. Sie berichtet: »Ich war auf einen sehr engen Kreis eingeschränkt und lebte noch viel ausschließlicher in meiner inneren Welt als zu Hause. So viel die häusliche Arbeit es erlaubte, las ich. Ich hörte und las auch manches, was mir nicht gut tat. Durch das Spezialfach meines Schwagers kamen manche Bücher ins Haus, die nicht gerade für ein Mädchen von 15 Jahren berechnet waren. Außerdem waren Max und Else völlig ungläubig, Religion gab es in diesem Hause überhaupt nicht. Hier habe ich mir auch das Beten ganz bewußt und aus freiem Entschluß abgewöhnt.«[14]

Auf dieser Bemerkung Edith Steins über sich selbst gründet ihr »Atheismus«, den man in fast allen Biographien findet, meines Erachtens völlig zu Unrecht. Susanne Batzdorff, Edith Steins Nichte, ordnet dieses Bekenntnis Edith Steins richtig ein: »Aus diesem einfachen Satz haben mehrere Biographen und Interpreten den Schluß gezogen, daß Edith Stein im Alter von fünfzehn Jahren Atheistin

---

[13] AaO 1,36. Siehe auch den Abschied Ediths von ihrer Mutter (aaO. 1,360).
[14] AaO. 1,109.

geworden sei. Meiner Meinung nach wird damit dieser kurzen Bemerkung viel zu viel Gewicht beigemessen. Zum einen sagt Edith nur, sie habe aufgehört zu beten. Wir wissen nicht, was für Gebete damit gemeint sind. Waren dies kindliche Gebete, welche nun plötzlich an Bedeutung verloren hatten oder für eine Jugendliche, die zum ersten Mal fern von zu Hause war, nicht mehr paßten? Zum anderen ist es ganz natürlich, daß ein junges Mädchen, das nach Wahrheit sucht, so wie es Edith ihr Leben lang getan hat, zwangsläufig mit Zweifeln und Ungewißheiten zu kämpfen hat. Während sie heranwuchs, mußte Edith zahlreiche Umbrüche in ihrer Gedankenwelt erleben. Daß eine Fünfzehnjährige nicht betet, kommt wahrscheinlich sehr viel häufiger vor, als daß sie diese Tatsache in sich selbst wahrnimmt und kommentiert.«[15] Meiner Meinung nach muß diese Entscheidung Edith Steins zu ihren Gunsten als Entwicklungsschub hin zu einer eigenständigen Persönlichkeit gedeutet werden, indem sie sich von dem in ihrer Kindheit erlernten, aber nie verinnerlichten Glauben und seinen Riten emanzipierte, als sie noch viel ausschließlicher in ihrer »inneren Welt als zu Hause lebte«. Dieser innerlichen Entwicklung entspricht die äußerliche: »Körperlich entwickelte ich mich rasch und kräftig; das schmächtige Kind entfaltete sich zu fast frauenhafter Fülle.«[16]

»Religiös nicht ergriffen«

Nachdem Edith Stein wieder nach Breslau zurückgekehrt war und ein glänzendes Abitur abgelegt hatte, immatrikulierte sie sich im April 1911 an der Alma Mater ihrer Heimatstadt. Da machte sie beim Studium des Althochdeutschen an der Breslauer Universität im Sommersemester 1912 ihre erste Bekanntschaft mit dem Evangelium: »Tatians Evangelienharmonien und etwas später Ulfilas Bibelübersetzung vermittelten mir die erste Bekanntschaft mit dem Evangelium (abgesehen von den Bruchstücken, die ich in den Schulandachten kennengelernt hatte). ... Ich wurde aber damals nicht religiös davon ergriffen. Auch bei Kaethe Scholz [eine protestantische Mitstudentin] habe ich nicht bemerkt, daß die Schrift für

---

[15] S. M. Batzdorff, *Edith Stein – meine Tante. Das jüdische Erbe einer katholischen Heiligen.* Würzburg, 2000, 51.
[16] ESGA 1,110. Siehe auch folgende Feststellung: »Die Zeit in Hamburg kommt mir, wenn ich jetzt darauf zurückblicke, wie eine Art Puppenstadium vor« (aaO. 1,109).

sie etwas Heiliges bedeutet hätte. Die Verschiedenheit der Konfession und Abstammung störte unsere Freundschaft nicht und wir hätten über religiöse Fragen ebenso offen wie über andere gesprochen, wenn sie uns bewegt hätten.«[17] Ein ähnlicher Mangel an Sensibilität für Religiöses klingt auch aus ihren Worten, mit denen sie ihren Weg zur Universität beschreibt: »Ich wählte gern den Weg über die Dominsel. Ich fühlte mich dort wie in einer Welt der Stille und des Friedens und wie in längst vergangene Jahrhunderte zurückversetzt. In die schönen Kirchen aber ging ich nicht hinein, vor allem nicht, wenn Gottesdienst war. Ich hatte ja dort nichts zu suchen und hätte es taktlos gefunden, andere in ihrer Andacht zu stören. Ein einziges mal war ich mit Julia Heimann während einer Freistunde in der Matthiaskirche, die an die Universität angrenzt und früher zu ihr gehörte.«[18] Wir können sagen: Solange Edith Stein in Breslau war, bewegte sich in ihrer religiösen Entwicklung kaum etwas. Sie lebte ihre Religiosität in ihrer eigenen inneren Welt, so daß das Aufgeben ihrer Kindergebete nur ein konsequenter Schritt war. So war sie nicht sensibel für das religiöse Vorbild ihrer Mutter – vielleicht auch, weil sie diese bei aller Bewunderung als »Matriarchin«[19] erlebte –, noch für andere religiöse Impulse aus ihrer alltäglichen Umgebung, die in Breslau, einer einst österreichischen Stadt mit reicher katholischer Tradition,[20] nicht fehlten.

3. Der »radikale Unglaube«

Während ihrer Exerzitien mit P. Johannes Hirschmann SJ vom 3. bis 11. September 1941 notiert Edith Stein für den 6. September unter dem Titel »Anregungen im Gebet« folgendes Bekenntnis: »Zustand meiner Seele vor der Konversion: Sünde des radikalen Unglaubens.

---

[17] AaO. 1,144.
[18] AaO. 1,159.
[19] Siehe zu diesem Ausdruck S. M. Batzdorff, *Edith Stein – meine Tante*, 55.
[20] Schlesien gehörte bis 1742 zu Österreich, als es im sog. ersten schlesischen Krieg durch den Sieg Friedrichs II. über die Kaiserin Maria Theresia zu Preußen kam. Siehe zur österreichischen Vergangenheit Breslaus besonders ESGA 1,158–160.

Rettung rein durch die Barmherzigkeit Gottes ohne eigenes Verdienst. Dies oft erwägen, um demütig[21] zu werden.«[22]

Wann war Edith Stein radikal ungläubig, und worin bestand ihr »radikaler Unglaube«[23]?

Es war wohl ab der Hamburger Zeit, also von Mitte April 1906 bis März 1907, bis in die Göttinger Zeit hinein, die mit ihrem Umzug dorthin am 17. April 1913 begann[24] und praktisch mit ihrem Staatsexamen am 14./15. Januar 1915 endete.[25]

»Alles an mir ist recht«

Worin bestand Edith Steins »radikaler Unglaube«? Sicherlich nicht in moralisch-sittlichen Verfehlungen,[26] sondern in einem Verhalten, das sie mit eigenen Worten so beschreibt: »Ich war an gar keinen Tadel mehr gewöhnt. Zu Hause wagte mir kaum noch jemand etwas zu sagen;[27] meine Freundinnen hingen mit Liebe und Bewunderung an mir. So lebte ich in der naiven Selbsttäuschung, daß alles an mir recht sei: wie es bei ungläubigen Menschen mit einem hochgespannten ethischen Idealismus häufig ist. Weil man für das Gute begeistert ist, glaubt man selbst gut zu sein. Ich hatte es auch immer als mein gutes Recht angesehen, auf alles Negative, was mir auffiel, auf Schwächen, Irrtümer, Fehler anderer Menschen schonungslos den Finger zu legen, oft in spottendem und ironischem Ton.[28] Es gab

---

[21] Unter Demut versteht sie um diese Zeit folgende Haltung: »Nur wer sich selbst für nichts achtet, wer in sich nichts mehr findet, was wert ist, verteidigt und ›durchgesetzt‹ zu werden, in dem ist Raum für das schrankenlose Walten Gottes« (ESW XII, 171), was dem damals gängigen Demutsideal entspricht.

[22] ESGA 20,84.

[23] Meines Erachtens muß »radikal« hier in seiner Grundbedeutung verstanden werden: Unglaube »in den Wurzeln« menschlichen Verhaltens.

[24] ESGA 1,189.

[25] AaO. 1,254–261, bes. 257.

[26] Als Studentin in Breslau (1911–1913) regte sie sich sehr auf, weil sie in der »Besprechung eines Novellenbandes erotische Dinge in etwas frivolem Tone behandelt« sah (aaO. 165).

[27] Das bestätigt sie später: »Ich habe berichtet, wie ich meinen Kinderglauben verlor und etwa um dieselbe Zeit anfing, mich als ›selbständiger Mensch‹ aller Leitung durch Mutter und Geschwister zu entziehen« (aaO. 101f.).

[28] Darauf kommt sie noch in einem Brief vom 25. Januar 1920 an Fritz Kaufmann zu sprechen: »Es ist ein alter Fehler von mir, daß ich – sachlich wie persönlich – Kritik zu üben pflege, ohne mir lange zu überlegen, ob ich denn das Recht dazu habe. Ich habe mir schon manchmal nachträglich gedacht, daß die Leute ... mich leicht für größenwahnsinnig halten könnten« (ESGA 2, Brief 27).

Leute, die mich ›entzückend boshaft‹ fanden.«[29] Von diesem Hochmut war sogar ihre Mutter nicht ausgeschlossen, denn sie gesteht: »Ja, ich war so albern, daß ich mich der Arbeitskleidung und der harten Arbeitshände meiner lieben Mutter schämte, wenn sie gerade vom Holzplatz heimkam.«[30] Und über ihre Mitstudenten bemerkt sie: »Die Masse der Studenten betrachtete ich als quantité négligeable. Ich ging durch die Hörsäle, ohne auf sie zu achten, und wählte möglichst einen Platz in der ersten Reihe, um ungestört der Vorlesung folgen zu können.«[31] Dieser Hochmut war so stark geworden, daß ihr vor ihrer Abreise nach Göttingen von einem von ihr »hochgeschätzten Mann« gesagt wurde: »Nun wünsche ich Ihnen, daß Sie in Göttingen Menschen treffen möchten, die Ihnen recht zusagen. Denn hier sind Sie doch etwas gar zu kritisch geworden.«[32]

»Die Vorzüge des preußischen Wesens«

Diese Haltung persönlichen Hochmuts ging im Verein mit anderen geradezu in Allmachtsideen über: »Aber wenn wir unsere ganze Kraft einsetzten, die kleine Schar von Freunden, auf die ich mich verlassen konnte, und ich – dann würden wir schon mit allen ›Teufeln‹ fertig werden.«[33] Von daher war es für Edith Stein überhaupt keine Frage, auf ihre Art auch am Krieg teilzunehmen, sich nämlich zum Lazarettdienst zu melden, denn »warum sollte ich es besser haben als sie?«[34] Sie war ja überzeugt: »Ich habe jetzt kein eigenes Leben mehr. ... Meine ganze Kraft gehört dem großen Geschehen. Wenn der Krieg vorbei ist und wenn ich dann noch lebe, dann darf ich wieder an meine privaten Angelegenheiten denken.« ... Und so »verfolgten wir im Siegesjubel den Vormarsch unserer Armeen in Frankreich, bezeichneten sie mit bunten Stecknadelköpfen auf unsern Landkarten und warteten auf den Tag, wo ›wir‹ in Paris einrücken könnten. Es war wie eine glanzvollere Wiederholung des Feldzugs von 1870, den wir aus den Schulbüchern im Kopf hatten

---

[29] ESGA 1,151.
[30] AaO. 1,167.
[31] AaO. 1,157.
[32] AaO. 1,151. Sie sagt zu diesen Worten: »Ich schüttelte sie nicht als ungerechten Vorwurf ab. Sie waren wie ein erster Weckruf, der mich nachdenklich machte.«
[33] AaO. 1,169.
[34] AaO. 1,263.

und unsere Eltern aus eigenem Miterleben. Ganz unfaßlich war der große Rückschlag der ersten Marneschlacht.«[35] Eingebettet in einen sich überlegen dünkenden preußischen Nationalismus, war da ein regelrechter Stolz entstanden, der keine andere Größe mehr anerkannte. So erklärt es sich leicht, daß »ich mir« in Göttingen »mehr als daheim der Vorzüge des preußischen Wesens bewußt und ... in meinem Preußentum bestärkt [wurde]«[36]. Mit dieser Haltung war Edith Stein damals gewiß keine Ausnahme, aber es ist voll gerechtfertigt, wenn sie von »radikalem Unglauben« spricht, jener Haltung der Selbstherrlichkeit, der »Willkür und Hoffart im Erkennen«[37]; eine höhere Instanz oder eine transzendentale Größe ist da nicht nötig, wird eher belächelt. Im Grunde geht es um die Urversuchung des Menschen schlechthin: sein zu wollen wie Gott.

4. GRENZERFAHRUNGEN

»Die unerbittliche Wand«

Im Wintersemester 1913, also bereits in ihrem zweiten Göttinger Semester, begann sie neben ihrer Vorbereitung auf das Staatsexamen mit ihrer Doktorarbeit, wozu sie niemand gezwungen hatte. Dabei geriet sie in die größte Krise ihres Lebens: »Dieses Ringen um Klarheit vollzog sich nun in mir unter großen Qualen und ließ mir Tag und Nacht keine Ruhe. Damals habe ich das Schlafen verlernt, und

---

[35] AaO. 1,243, 245.

[36] AaO. 1,216.

[37] Um 1932 beschreibt sie – im Rückblick – diese Haltung »radikalen Unglaubens«, dem sie damals verfallen war: »Von Husserl ist zu sagen, daß die Art, wie er auf die Sachen selbst hinlenkte und dazu erzog, sie in aller Schärfe geistig ins Auge zu fassen und nüchtern, treu und gewissenhaft zu beschreiben, von Willkür und Hoffart im Erkennen befreite, zu einer schlichten, sachgehorsamen und darin demütigen Erkenntnishaltung hinführte. Sie führte auch zu einer Befreiung von Vorurteilen, zu einer unbefangenen Bereitschaft, Einsichten entgegenzunehmen. Und diese Einstellung, zu der er bewußt erzog, hat viele von uns auch frei und unbefangen gemacht für die katholische Wahrheit, so daß eine ganze Reihe von Schülern es ihm mitverdanken, wenn sie den Weg zur Kirche fanden, den er selbst nicht gefunden hat« (ESW VI [Welt und Person] 15f.). Auf diesen intellektuellen Stolz weist sie auch in einem Brief vom 8. November 1927 an Roman Ingarden hin: »Wer zu stolz ist, durch dies enge Pförtchen zu gehen, der kommt nicht hinein. Wer aber hindurchgeht, der gelangt schon in diesem Leben zu immer hellerer Klarheit und erfährt die Berechtigung des credo ut intelligam« (ESGA 4, Brief 117).

es hat viele Jahre gedauert, bis mir wieder ruhige Nächte geschenkt wurden. Nach und nach arbeitete ich mich in eine richtige Verzweiflung hinein. Es war zum erstenmal in meinem Leben, daß ich vor etwas stand, was ich nicht mit meinem Willen erzwingen konnte. Ohne daß ich es wußte, hatten sich die Kernsprüche meiner Mutter: ›Was man will, das kann man‹ und ›Wie man sich's vornimmt, so hilft der liebe Gott‹ ganz tief in mir festgesetzt.[38] Oft hatte ich mich damit gerühmt, das mein Schädel härter sei als die dicksten Mauern, und nun rannte ich mir die Stirn wund, und die unerbittliche Wand wollte nicht nachgeben. Das brachte mich so weit, daß mir das Leben unerträglich schien. ... Ich konnte nicht mehr über die Straße gehen, ohne zu wünschen, daß ein Wagen über mich hinwegführe. Und wenn ich einen Ausflug machte, dann hoffte ich, daß ich abstürzen und nicht lebendig zurückkommen würde. Es ahnte wohl niemand, wie es in mir aussah. In der Philosophischen Gesellschaft und in Reinachs Seminar war ich glücklich bei der gemeinsamen Arbeit; ich fürchtete nur das Ende dieser Stunden, in denen ich mich geborgen fühlte, und den Wiederbeginn meiner einsamen Kämpfe. Einige mal im Semester verlangte Husserl Rechenschaft über den Fortgang meiner Arbeit. Ich mußte dann abends zu ihm kommen. Aber eine Erleichterung brachten diese Gespräche nicht. ... Ich ging fort und konnte mir sagen, daß ich manches gelernt hatte – aber wenig für meine Arbeit.«[39] Dafür half ihr Adolf Reinach weiter. Nach zwei Besuchen bei ihm »war ich wie neugeboren. Aller Lebensüberdruß war verschwunden. Der Retter aus der Not erschien mir wie ein guter Engel. Es war mir, als hätte er durch ein Zauberwort die ungeheuerliche Ausgeburt meines armen Kopfes in ein klares und wohlgeordnetes Ganzes verwandelt.«[40] Adolf Reinach hat sie von ihrem Lebensüberdruß und ihren Todessehnsüchten befreit und ihr das Selbstvertrauen wiedergegeben, so daß sie Ende 1913 unbeschwert in die Ferien fahren konnte.

---

[38] Ein interessantes Detail des Gottesbildes von Edith Steins Mutter. Teresas Bild von Gott, das Edith Stein dann einige Jahre später so beeindrucken wird, ist ganz anders.
[39] ESGA 1,226f.
[40] AaO. 1,232. Zu Edith Stein und Adolf Reinach siehe B. Beckmann-Zöller, *Adolf und Anne Reinach – Edith Steins Mentoren im Studium und auf dem Glaubensweg*, in: Edith Stein Jahrbuch 13 (2007) 77–101, bes. 97–101.

»Absolute Machtlosigkeit«

Von einer weiteren absoluten Grenzerfahrung berichtet Edith Stein in einem Brief vom 12. Februar 1918 an Roman Ingarden: »Die lebhafte Vorstellung Ihrer – mir nur zu gut verständlichen – trostlosen Stimmung zusammen mit dem Gefühl des Unvermögens, Ihnen etwas zu sein: das war ein bißchen zu viel für mein immer noch etwas labiles seelisches Gleichgewicht. Dieses Gefühl der absoluten Machtlosigkeit ist etwas, worein ich mich gar zu schwer finden kann. Vielleicht weil ich anderen gegenüber mit sehr viel geringerem Einsatz etwas ausgerichtet habe. Aber man muß wohl mal die eigene Ohnmacht recht nachdrücklich zu Gemüte geführt bekommen, um von dem grenzenlosen naiven Vertrauen auf sein Wollen und Können, wie ich es früher besaß, geheilt zu werden.«[41] Möglicherweise denkt Edith Stein an ihre früheren »Allmachtsideen«; doch ist dieser Brief nach dem Tod von Adolf Reinach am 16. November 1917 und seiner Beerdigung am 31. Dezember 1917, an der Edith Stein teilgenommen hatte, geschrieben. Roman Ingarden erinnert sich: »Ich habe ihre Reaktion nach seinem Tod gesehen. Was für einen schrecklichen Eindruck hat Reinachs Tod auf sie gemacht! Ich bin der Meinung, daß es der Anfang gewisser Wandlungen war, die sich in ihr später vollzogen.«[42] Das bedeutet, daß »diese absolute Machtlosigkeit« auch darin begründet ist. Immerhin sieht sie jetzt schon ein, daß es der »eigenen Ohnmacht« bedarf, um vom »naiven Vertrauen ... geheilt zu werden«. Ich glaube aber nicht, daß erst der Tod Adolf Reinachs der Anfang gewisser Wandlungen war, sondern daß damit ein Prozeß vorangebracht wurde, der durch die Begegnung mit der Phänomenologie angestoßen worden war.

---

[41] ESGA 4, Brief 27. Ähnlich im Brief vom 24. Dezember 1917: »Unter allem, was mich gegenwärtig bedrückt, steht an 1. Stelle, daß ich nicht die Kraft hatte, Dir mein Leid zu verbergen. ... Was ich jetzt suche, ist Ruhe und Wiederherstellung meines völlig gebrochenen Selbstbewußtseins« (ESGA 4, Brief 25). Es ist der einzige Brief, in dem Edith Stein Roman Ingarden mit Du anredet.
[42] R. Ingarden, *Über die philosophischen Forschungen Edith Steins,* in: W. Herbstrith (Hg.), *Edith Stein – eine große Glaubenszeugin. Leben. Neue Dokumente. Philosophie.* Annweiler 1986, 203–229 (208).

5. Die Welt der Phänomene

Am 17. April 1913 zog Edith Stein nach Göttingen, zunächst nur für ein Semester, wie sie dachte, im tiefsten Herzen hatte sie aber »eine geheime Ahnung, daß es ein schärfer einschneidender Abschied sei«[43]. Edith hatte in ihrem vierten Semester den Eindruck bekommen, »daß Breslau mir nichts mehr zu bieten hätte und daß ich neue Anregungen brauchte«[44]. Ihre Überzeugung, die sie sich durch die Lektüre von Husserls *Logischen Untersuchungen* gebildet hatte, daß »Husserl *der* Philosoph unserer Zeit sei«[45], ließ ihre Wahl auf Göttingen fallen.

»Ein erster Blick in eine ganz neue Welt«

Ganz anders als in Breslau, wo Edith Stein in ihrer eigenen Welt lebte und von da aus ihre Entscheidungen traf, ist sie hier offen für Begegnungen, die ihr weiterhalfen, sobald der richtige Zeitpunkt dafür gekommen war. Die Begegnung mit der Phänomenologie, die Edith Stein als »neue Scholastik« bezeichnet, »weil der Blick sich vom Subjekt ab- und den Sachen zuwendete: die *Erkenntnis* schien wieder ein *Empfangen*, das von den Dingen sein Gesetz erhielt, nicht ... ein *Bestimmen*, das den Dingen sein Gesetz aufnötigte«[46], diese Begegnung bewirkte einen Wandel in ihr, allerdings nicht mittels der Lektüre der »Logischen Untersuchungen« Husserls, wiewohl ihre religiöse Entwicklung ohne ihn undenkbar ist, sondern vermittelt durch Adolf Reinach und vor allem durch Max Scheler. Über ihre Begegnung mit Adolf Reinach schreibt sie: »Ich war nach dieser ersten Begegnung sehr glücklich und von einer tiefen Dankbarkeit erfüllt. Es war mir, als sei mir noch nie ein Mensch mit einer so reinen Herzensgüte entgegengekommen. Daß die nächsten Angehörigen und Freunde, die einen jahrelang kennen, einem Liebe erweisen, schien mir selbstverständlich. Aber hier lag etwas ganz anderes vor. Es war wie ein erster Blick in eine ganz neue Welt«[47], fast etwas Religiöses. Und über ihre erste Begegnung mit Max Scheler lesen wir:

---

[43] ESGA 1,171f.
[44] AaO. 1,169.
[45] AaO. 1,171.
[46] AaO. 1,200.
[47] AaO. 1,199.

»Der erste Eindruck, den Scheler auf mich machte, war faszinie-
rend. Nie wieder ist mir an einem Menschen so rein das ›Phänomen
der Genialität‹ entgegengetreten. Aus seinen großen blauen Augen
leuchtete der Glanz einer höheren Welt«,[48] auch hier Anklänge an
Religiöses. Die Begegnung mit diesen drei großen Gestalten – Husserl, Reinach, Scheler – hat in Edith Stein die Sensibilität für das Religiöse geweckt.

»Die Welt des Glaubens stand plötzlich vor mir«

Mit folgenden Worten schreibt sie über dieses Neue in ihrem Leben:
»Das war meine erste Berührung mit dieser mir bis dahin völlig unbekannten Welt. Sie führte mich noch nicht zum Glauben. Aber sie
erschloß mir einen Bereich von ›Phänomenen‹, an denen ich nun
nicht mehr blind vorbeigehen konnte. Nicht umsonst wurde uns be-
ständig eingeschärft, daß wir alle Dinge vorurteilsfrei ins Auge fassen, alle ›Scheuklappen‹ abwerfen sollten. Die Schranken der ratio-
nalistischen Vorurteile, in denen ich aufgewachsen war, ohne es zu
wissen, fielen, und die Welt des Glaubens stand plötzlich vor mir.
Menschen, mit denen ich täglich umging, zu denen ich mit Bewunderung aufblickte, lebten darin. Sie mußten zumindest eines ernsten
Nachdenkens wert sein. Vorläufig ging ich noch nicht an eine systematische Beschäftigung mit den Glaubensfragen; dazu war ich noch
viel zu sehr von andern Dingen ausgefüllt. Ich begnügte mich damit,
Anregungen aus meiner Umgebung widerstandslos in mich aufzunehmen, und wurde – fast ohne es zu merken – dadurch allmählich
umgebildet.«[49] Breslau hatte ihr nichts mehr zu bieten, denn da lebte sie in ihrer eigenen Welt, in einer gewissen »Selbstverfangenheit«;[50] ihr Drang, Neues zu erfahren und kennenzulernen – ihre
Suche nach der Wahrheit, sagen wir heute – wurde ihr zum glückli-

---

[48] AaO. 1,210. Zu Max Scheler in seiner katholischen Zeit siehe J. Schaber, *Phänomenologie und Mönchtum. Max Scheler, Martin Heidegger und die Erzabtei Beuron,* in:
S. Loos / H. Zaborowski (Hg.), *Leben, Tod und Entscheidung. Studien zur Geistes-
geschichte der Weimarer Republik.* Berlin 2003, 71–100, bes. 73–81.
[49] ESGA 1,211.
[50] Davon spricht auch Teresa, natürlich in der religiösen Terminologie ihrer Zeit:
*»Herr meiner Seele! Wer hat denn Worte, um verständlich zu machen, was du denen
schenkst, die auf dich vertrauen, und was diejenigen verlieren, die bis zu dieser Verfassung gelangen und dann in Selbstverfangenheit verbleiben! Möge doch das nicht
dein Wollen sein, Herr!«* (*Leben* 22,17).

chen Verhängnis. Mit diesen Eindrücken geht sie 1914 nach dem Wintersemester in die Semesterferien.[51]

Aus dieser Zeit ihres Lebens, 1913–1916, als sie durch die Phänomenologie lernte, »alle Dinge vorurteilsfrei ins Auge« zu fassen, haben wir einige wertvolle Zeugnisse für den religiösen Prozeß, den sie gerade durchmachte. So bekennt sie, daß drei windzerzauste Bäume auf einem kahlen Hügel in der Umgebung von Göttingen »mich immer an die drei Kreuze auf Golgotha erinnerten«[52], daß sie das dreimalige Läuten der Glocke von St. Albani wahrnahm, ohne dessen Bedeutung zu kennen,[53] daß sie in der Christnacht 1915 sogar das Angebot einer Mitstudentin, sie in Göttingen zur Christnacht mitzunehmen, freudig angenommen hat, auch wenn sie dann vor verschlossenen Türen stand, da um Mitternacht kein Gottesdienst war;[54] daß »ich in Göttingen Ehrfurcht vor Glaubensfragen und gläubigen Menschen gelernt hatte« und »sogar mit meinen Freundinnen manchmal in eine protestantische Kirche ging ..., aber ich hatte den Weg zu Gott noch nicht wiedergefunden.«[55]

Ein persönlicher Gott?

An was für einen »Gott« denkt sie da wohl? Eine Bemerkung über ihren Studienkollegen Eduard Metis, dem sie in ihrer Autobiographie erstaunlich viel Platz einräumt, ist da aufschlußreich: »Als ich später in Göttingen anfing, mich mit religiösen Fragen zu beschäftigen, fragte ich ihn einmal brieflich nach seiner Gottesidee: ob er an einen persönlichen Gott glaube. Er antwortete kurz: Gott ist Geist. Mehr sei darüber nicht zu sagen. Das war mir, als ob ich einen Stein statt Brot bekommen hätte.«[56]

Auch beim Lazarettdienst in Mährisch-Weiskirchen 1915 zeigt sich diese Offenheit für religiöse »Phänomene«: »Als ich die paar Habseligkeiten ordnete, fiel mir aus dem Notizbuch des Verstorbenen [eines Soldaten] ein Zettelchen entgegen: es stand ein Gebet um Er-

[51] So bei A. U. Müller/M. A. Neyer, *Edith Stein. Das Leben einer ungewöhnlichen Frau*. Düsseldorf 2002, 80.
[52] ESGA 1,192.
[53] AaO. 1,190. Sie meint das dreimalige Läuten zum »Angelus«, den sog. englischen Gruß, früh, mittags und abends.
[54] AaO. 1,316.
[55] AaO. 1,260.
[56] AaO. 1,116.

haltung seines Lebens darauf, das ihm seine Frau mitgegeben hatte. Das ging mir durch und durch. Ich empfand jetzt erst, was dieser Todesfall menschlich zu bedeuten hatte.«[57] Den Weg zu Gott hatte sie noch nicht gefunden, aber die Sehnsucht danach war da, offensichtlich nach einem persönlichen Gott und nicht nur nach einer religiösen Idee.

Ihre Doktorarbeit hatte sie im Frühjahr 1916 mit einem »non liquet« abgeschlossen,[58] doch zeigen sich in ihr bereits »die Prämissen für eine Öffnung auf das Göttliche«.[59] In der religiösen Praxis oder Sehnsucht war sie um diese Zeit wohl schon weiter, wie ihre Begegnung mit Hans Lipps im Juli 1916 in Dresden[60] und die Begegnung mit jener unbekannten Frau im sog. Frankfurter Dom, der St.-Bartholomäus-Kirche, zeigen, wohin Pauline Reinach[61] sie begleitet hat,[62] wie auch der Besuch im Liebigschen Institut.[63]

---

[57] AaO. 1,279.

[58] ESGA 5, 136: »Indessen überlasse ich die Beantwortung der aufgeworfenen Fragen weiteren Forschungen und bescheide mich hier mit einem *non liquet* [= es ist jetzt nicht zu klären].«

[59] C. Rastoin, *Edith Stein (1891–1942). Enquête sur la Source.* Paris 2007, 109.

[60] »Wir tauschten Nachrichten über unseren Kreis aus. Dabei fragte er: ›Gehören Sie auch zu diesem Klub in München, der alle Tage in die Messe geht?‹ Ich mußte über seine drollige Ausdrucksweise lachen, obgleich ich den Mangel an Ehrfurcht lebhaft empfand. Er meinte Dietrich von Hildebrand und Siegfried Hamburger, die konvertiert hatten und nun einen großen Eifer zeigten. Nein, ich gehörte nicht dazu. Fast hätte ich gesagt: ›*Leider* nein.‹ ›Was ist das eigentlich, Fräulein Stein? Ich verstehe gar nichts davon.‹ Ich verstand ein wenig, aber ich konnte nicht viel darüber sagen« (ESGA 1,330).

[61] B. Beckmann-Zöller, *Adolf und Anne Reinach,* 100.

[62] »Während wir in ehrfürchtigem Schweigen dort verweilten, kam eine Frau mit ihrem Marktkorb herein und kniete zu kurzem Gebet in einer Bank nieder. Das war für mich etwas ganz Neues. In die Synagogen und in die protestantischen Kirchen, die ich besucht hatte, ging man nur zum Gottesdienst. Hier aber kam jemand mitten aus den Werktagsgeschäften in die menschenleere Kirche wie zu einem vertrauten Gespräch. Das habe ich nie vergessen können« (ESGA 1,332).

[63] »Aber ehe wir zu ihr [Myrons Athena] gelangten, kamen wir in einen Raum, wo von einer Flämischen Grablegung aus dem 16. Jahrhundert vier Figuren ausgestellt waren: die Mutter Gottes und Johannes in der Mitte, Magdalena und Nikodemus an den Seiten. Das Corpus Christi war nicht mehr vorhanden. Diese Figuren waren von so überwältigendem Ausdruck, daß wir uns lange nicht davon losreißen konnten. Und als wir von dort zur Athena kamen, fand ich sie nur überaus anmutig, aber sie ließ mich kalt.« Das bedeutet, daß Edith Stein in diesem Moment geradezu Hunger nach religiösen Phänomenen hatte, denn, so sagt sie: »Erst viele Jahre später habe ich bei einem erneuten Besuch den Zugang zu ihr gefunden«. Diesen Hunger nach religiösen Phänomenen bestätigt auch der Eindruck, den eine Simultankirche in Heidelberg auf sie machte, »was sich tiefer eingeprägt hat« als dieses Weltwunder [die Minnesängerhandschriften der Universitätsbibliothek]« (ESGA 1,332).

6. Der Durchbruch

Durch diese Erfahrungen gleichsam vorbereitet hat die Begegnung mit der jungen Witwe Anne Reinach in Edith eine tiefgreifende Wirkung ausgelöst.

»Erweis der Wahrheit der christlichen Religion«

Gegen Ende März 1918, zu Beginn der Karwoche,[64] kam sie nach Göttingen, um zusammen mit Anne Reinach den Nachlaß von Adolf Reinach zu sichten. Mehr als die Philosophie beeindruckte sie allerdings seine junge Witwe, doch war sie auf die religiöse Welt der Reinachs schon vorbereitet, denn einige Tage vorher, am 9. März 1918, schreibt sie an R. Ingarden: »Vor einiger Zeit ... bekam ich eine Abschrift von Reinachs religions-philosophischen Notizen aus den letzten beiden Jahren, sehr schöne Sachen. Ein paar Ausführungen sind so schön, daß man sie vielleicht als Fragment drucken könnte.«[65] Außerdem hat sie am Karfreitag an der Taufe von Pauline Reinach teilgenommen.[66] Über den Eindruck, den Anne Reinach auf sie machte, berichtet als erster P. Johannes Hirschmann SJ in einem Brief vom 13. Mai 1950 an Schw. Teresia Renata Posselt: »Der entscheidendste Anlaß zu ihrer Konversion zum Christentum war, wie sie mir erzählte, die Art und Weise, wie die ihr befreundete Frau Reinach in der Kraft des Kreuzesgeheimnisses das Opfer brachte, das ihr durch den Tod ihres Mannes an der Front des ersten Weltkrieges auferlegt war. In diesem Opfer erlebte sie den Erweis der Wahrheit der christlichen Religion und ward ihr geöffnet. Sie weilte damals nach dem Tode von Reinach in dessen Haus, um seinen Nachlaß durchzusehen.«[67] So ist es bei aller Bemühung Edith Steins

---

[64] Palmsonntag war in jenem Jahr der 24. März.

[65] ESGA 4, Brief 6.

[66] A. U. Müller/M. A. Neyer, *Edith Stein*, 120f.

[67] Edith-Stein-Archiv, Köln, Signatur GIJ/Hi. In der 5. Auflage ihrer Biographie von 1950, also nach P. Hirschmanns Besuch, läßt Teresia Renata Posselt Edith Stein darüber so berichten: »Es war dies meine erste Begegnung mit dem Kreuz und der göttlichen Kraft, die es seinen Trägern mitteilt. Ich sah zum erstenmal die aus dem Erlöserleiden Christi geborene Kirche in ihrem Sieg über den Stachel des Todes handgreiflich vor mir. Es war der Augenblick, in dem mein Unglaube zusammenbrach, das Judentum verblaßte und Christus aufstrahlte: Christus im Geheimnis des Kreuzes« (S. 65). Der Hang zur Ausschmückung des Berichtes ist unübersehbar, wodurch er allerdings auch ungenau wird, denn das Judentum Ediths war schon längst

um philosophische Erkenntnis und Vertiefung wieder eine Person –
ein gläubiger Mensch –, die ihr weitergeholfen hat. Wie recht hat sie
mit ihrer Notiz von 1941: »Rettung rein durch die Barmherzigkeit
Gottes ohne eigenes Verdienst«! Sie geht voll Angst nach Göttingen,
»durch das Leiden gelähmt, alles erschien ihr aussichtslos und nich-
tig«[68] und erlebt eine durch den christlichen Glauben gestärkte
Frau.

Begegnung mit den Heiligen des Karmel

Es ist bisher nicht geklärt, wann Edith Stein zum ersten Mal von
den Heiligen des Karmel, Teresa von Ávila und Johannes vom
Kreuz, gehört oder gelesen hat. Vieles spricht für Sommer 1918, als
Edmund Husserl Rudolf Ottos Buch *Das Heilige* gelesen hat, in
dem Teresa von Ávila einmal erwähnt[69] und Johannes vom Kreuz
dreimal zitiert wird.[70] Husserl ist von diesem Buch begeistert.[71] Sollte Edith Stein, die zu diesem Zeitpunkt zwar nicht mehr Husserls
wissenschaftliche Assistentin,[72] aber weiterhin in Freiburg war und

---

verblaßt. Diesen Text hat Teresia Renata Posselt erst in die 5. Auflage (und alle folgenden) ihrer Biographie, die 1950 herauskam, eingefügt, nachdem sie den Brief von
P. Hirschmann erhalten hatte, denn in der 4., ebenfalls 1950 herausgekommenen Auflage steht noch nichts davon. Ihr Informant ist also P. Hirschmann, der darüber direkt von Edith Stein unterrichtet worden ist. Vgl. auch die Aussage von Pauline
Reinach im Seligsprechungsprozeß, die bei dieser Begegnung im Hause Reinach dabei war: »Ich konnte feststellen, wie die Dienerin Gottes erschüttert war, als sie sah,
wie meine Schwägerin den Tod ihres Gatten mit großer Kraft und Ergebung annahm.
Sie sah damals, wie das Christentum groß und göttlich war. Zu dieser Zeit war meine Schwägerin noch protestantisch« (Canonizationis Servae Dei Teresiae Benedictae
a Cruce Positio super Causae introductione. Romae 1983, 438).
[68] A. U. Müller/M. A. Neyer, *Edith Stein,* 121.
[69] R. Otto, *Das Heilige. Über das Irrationale in der Idee des Göttlichen und sein Verhältnis zum Rationalen.* Gotha, [16]1927, 41, Anm. 2: »In der Tat, man kann das Höchste nicht immer duzen. Die heil. Teresa sagt zu Gott ›Ew. Majestät‹ und die Franzosen gern Vous.« Die erste Auflage dieses Buches war 1917 in Breslau herausgekom-
men.
[70] R. Otto, *Das Heilige,* 140.
[71] »Es hat stark auf mich gewirkt wie kaum ein anderes Buch seit Jahren. Es ist ein erster Anfang für eine Phänomenologie des Religiösen, mindestens nach all dem, was
eben nicht über eine reine Deskription und Analyse der Phänomene selbst hinaus-
geht« (K. Schuhmann, *Husserl-Chronik. Denk- und Lebensweg Edmund Husserls.*
Den Haag, 1977, 230).
[72] Edith Stein begann ihre Tätigkeit als Assistentin Husserls am 1. Oktober 1916:
»... ab 1. Oktober 1916: Edith Stein arbeitet für knapp zwei Jahre bei Husserl« (K.
Schuhmann, *Husserl-Chronik,* 202); sie beendete diese Tätigkeit Ende Februar 1918

mit ihm in regem Austausch stand, von dieser Auseinandersetzung ihres Meisters mit Rudolf Otto, der so ganz selbstverständlich Teresa von Ávila und Johannes vom Kreuz zitiert, nichts mitbekommen haben? Noch im Oktober 1918 half sie bei der Pflege Husserls mit, als er an einer schweren Grippe erkrankt war.[73] Eine Bestätigung dieser Vermutung könnte der sog. »religionsphilosophische Spaziergang« am 8. Juni 1918 mit Edmund Husserl und Martin Heidegger sein, von dem sie in einem Brief vom gleichen Tag an Roman Ingarden berichtet.[74] Andreas Uwe Müller und M. Amata Neyer mutmaßen in ihrer Biographie: »Man darf wohl annehmen, daß Edith Stein Reinachs religionsphilosophische Notizen erwähnt,[75] und daß Husserl über Rudolf Otto berichtet und über seinen Wunsch, durch die Phänomenologie die religiösen Ursprünge wieder freizulegen. Auch Martin Heideggers Gedanken gingen damals in diese Richtung. ... Er will seine Studenten dahin führen, das Wunder zu gewahren, daß es überhaupt etwas gibt. Und gegen die ›gewaltsam unechte Religiosität‹ des Dogmatischen und der theoretischen Überformung will er die ursprüngliche Dimension des Religiösen im Leben wieder aufdecken. Dazu dienen ihm die Mystiker als geschichtlicher Anhaltspunkt, denn hier sind die Zurückwendung auf die eigene Erlebnissphäre und das Hinhören auf die Kundgabe des eigenen Bewußtseins ... lebendig greifbar: Ein Verlangen und ein Sich-Mühen um die lebendige Gegenwart Jesu. Echte Religion lasse sich, wie er in einem Vortrag im August 1917 ausführt, nicht er-philosophieren, sondern beginne und ende mit der Geschichte. Mit Meister Eckhart, Teresa von Ávila und Bernhard von Clairvaux will er zum Ursprung zurück. ... Von hier aus hatte er sich Rudolf Ottos Buch *Das Heilige* und – wie Reinach – der Religionsphilosophie Schleiermachers zugewendet.«[76] Auch Edith Steins Interesse galt von nun an verstärkt Schleiermacher, denn zu ihrem Ge-

---

(Brief vom 28. Februar 1918 an R. Ingarden: »Der Meister hat meinen Rücktritt in Gnaden genehmigt.« ESGA 4, Brief 29). Nach Breslau ist sie allerdings erst im November 1918 zurückgekehrt (Brief vom 12. November 1918 an R. Ingarden: »Ich bin unterwegs nach Breslau. Ganz plötzlich habe ich mich zur Abreise entschlossen.« ESGA 4, Brief 58).

[73] Brief vom 29. Oktober 1918 an Roman Ingarden (ESGA 4, Brief 56).

[74] »Wir machten ... zu dritt einen – übrigens sehr hübschen – religionsphilosophischen Spaziergang, der sich bis eben ($^3/_4$ 12) hinzog« (ESGA 4, Brief 36).

[75] Sie war ja im März in Göttingen gewesen.

[76] A. U. Müller/M. A. Neyer, *Edith Stein*, 124.

burtstag am 12. Oktober 1918 ließ sie sich die gesammelten Predigten Schleiermachers schenken.[77] Offensichtlich hat sich in ihr im
Sommer 1918 etwas in Richtung auf die religiöse Frage bewegt, so
daß sie für die von Rudolf Otto erwähnten Mystiker des Karmel,
Teresa von Ávila und Johannes vom Kreuz, durchaus sensibilisiert
gewesen sein könnte.

Edith Stein als eine Suchende

In einem 1984 gegebenen Interview erzählt Philomena Steiger[78] von
ihrer Begegnung mit Edith Stein in den Jahren 1916–1919 in Freiburg.[79] Sie nennt sie eine »Suchende« und spricht mit ihr ausführlich
über den Geist des Karmel, speziell den Propheten Elija: »Und in
der Kraft dieser Speise ... ist Elija dann gewandert bis zum Berg Ho-
reb. ... Und er war eigentlich dann der Begründer von den Karmel-
klöstern. ... Aber wir haben Karmelklöster nicht nur im Karmelgebirge und am Hermon und am Hebron, sondern auch hier. Und Elija war eigentlich der tiefste Begründer ...«[80] Ähnlich auch in dem
Bericht bei W. Herbstrith; da heißt es noch: »Edith Stein hörte still
zu, und mit ihren großen dunklen Augen schaute sie mich unent-
wegt an.«[81] M. E. müssen diese Berichte mit Vorbehalt aufgenommen werden, da sie erst 1984 entstanden sind, also mehr als 65 Jahre nach der Begegnung; Philomena Steiger gibt auch an, daß sie inzwischen viel von und über Edith Stein gelesen habe, so daß sich die
Eindrücke leicht vermischt haben könnten.[82] Die Information über
die Karmelklöster auf dem Hermon und dem Hebron stimmt je-

---

[77] Im Brief vom 10. Oktober 1918, dem ein weiterer vom 12. Oktober (ihrem Geburtstag) beigefügt ist, schreibt sie: »Vor mir liegt ein Stoß Briefe und eine ganze Bibliothek: 4 Bände Schleiermacher-Predigten (Original-Ausgabe) ...« (ESGA 4, Brief
53).
[78] Philomena Steiger (1896–1985), katholische Christin aus Freiburg, Ehrenbürgerin
dieser Stadt.
[79] Siehe die Berichte darüber bei E. Otto, *Welt, Person, Gott. Eine Untersuchung zur
theologischen Grundlage der Mystik bei Edith Stein.* Vallendar-Schönstatt 1990, 183–
185, und W. Herbstrith, *Edith Stein. Jüdin und Christin.* München 1995, 53–55. Eine
ausführliche Würdigung dieser Berichte siehe bei M. Paolinelli, *Lo splendore del Carmelo* in *S. Teresa Benedetta della Croce,* in: Quaderni Carmelitani 15 (1998) 157–172.
A. U. Müller/M. A. Neyer, *Edith Stein,* 122, datieren sie in den Sommer 1918.
[80] E. Otto, *Welt, Person, Gott,* 183f.
[81] W. Herbstrith, *Edith Stein. Jüdin und Christin,* 54.
[82] Das merkt auch M. Paolinelli, *Lo splendore,* 161, zu Recht an.

denfalls nicht, denn dort und auch »im Karmelgebirge« gab und gibt es keine, wohl aber oberhalb Haifas; auch die Bezeichnung Edith Steins als »Atheistin« kommt mir wenig glaubhaft vor;[83] außerdem hatte Edith Stein keine dunklen, sondern graue Augen.[84] Zu Recht kann man sich auch fragen, warum Steiger keine Aussage für den Seligsprechungsprozeß gemacht hat.[85]

»Ein positives Christentum«

In ihren Briefen aus dieser Zeit spürt man eine allmähliche Veränderung; so schreibt sie am 6. Juli 1918 an ihre Schwester Erna: »Es tut mir wirklich weh, bei Dir und bei Rosa so pessimistische Wendungen zu finden. Ich möchte Euch so gerne etwas von dem einflößen, was mir nach jedem neuen Schlag wieder frische Kraft gibt. Ich kann nur sagen, daß ich nach allem, was ich im letzten Jahr durchgemacht habe, das Leben stärker bejahe denn je.«[86] Und am 23. Juli 1918: »Man ist auf der Welt, um zu leben, und soll das Schöne, was es gibt, dankbar hinnehmen. Man soll nur nicht verzweifeln, wenn es anders geht, als man sich's gedacht hat. Man soll dann an das denken, was einem noch bleibt, und auch daran, daß man hier doch schließlich zu Besuch ist und daß alles, was einen jetzt so schrecklich bedrückt, am Ende gar nicht so wichtig ist oder doch eine ganz andere Bedeutung hat, als man jetzt erkennen kann.«[87] Damit versucht sie, ihre Schwester zu trösten und ihr Mut zuzusprechen.

Und in einem Brief an Roman Ingarden vom 10. Oktober 1918 ist sogar vom Christentum die Rede: »Glück wünschen in *Ihrem* Sinn werden Sie mir niemals. Aber in einem anderen Sinne dürfen Sie es schon heute. Ich weiß nicht, ob Sie es aus früheren Äußerungen schon entnommen haben, daß ich mich mehr und mehr zu einem

---

[83] Ich halte mich dabei lieber an die Meinung ihrer Nichte Susanne Batzdorff (*Edith Stein – meine Tante. Das jüdische Erbe einer katholischen Heiligen*. Würzburg, 2000, 51). Auch der Satz Edith Steins: »Wenn ich glauben könnte, daß dieser Jesus der Messias wäre, ich würde mein Leben hingeben als Opfer für mein Volk«, scheint mir eine Aussage aus dem Rückblick zu sein.
[84] ESGA 1,37; Brief vom 3. August 1930 an die Polizeidirektion Speyer (ESGA 2, Brief 99).
[85] M. Paolinelli, *Lo splendore*, 157.
[86] ESGA 2, Brief 10.
[87] AaO. Brief 11.

durchaus positiven Christentum durchgerungen habe. Das hat mich von dem Leben befreit, das mich niedergeworfen hatte und hat mir zugleich die Kraft gegeben, das Leben aufs neue und dankbar wieder aufzunehmen. Von einer ›Wiedergeburt‹ kann ich also in einem tiefsten Sinne sprechen.«[88]

»Ich empfand katholisch«

In einem Brief an Roman Ingarden vom 29. November 1925, also im Rückblick, schreibt sie über diese Freiburger Zeit des Jahres 1918: »Natürlich kann ich an Freiburg nicht mit Freude zurückdenken. Erinnern Sie sich, daß Sie mir damals sagten, ich sei ›zu katholisch‹? Ich verstand es damals nicht. Heute verstehe ich es und weiß, wie weit Sie recht hatten. Ich empfand in der Tat katholisch. Aber weil mir das katholische Dogma mit seinen praktischen Konsequenzen fremd war, konnte ich das nicht rechtfertigen, was ich empfand, und so verbanden sich der Kopf und die Sinne, um dem Herzen Gewalt anzutun. Was dabei herauskam, wissen Sie.«[89] Damit gibt sie wohl einen der wichtigsten Gründe an, warum es ihr damals so schlecht ging. Sie stand mit sich selbst im Zwiespalt, der durch ihr Bestreben nach Wahrhaftigkeit eher verstärkt wurde.

»Eine geistige Wiedergeburt«

Diese neue Religiosität findet auch in den Schriften aus jener Zeit ihren Niederschlag. In *Individuum und Gemeinschaft* finden sich Hinweise auf ihr inneres Ringen und erste seelische Umformungen, und in *Psychische Kausalität*,[90] beides 1918/19 entstanden,[91] ist explizit von Gott die Rede: »Es gibt einen Zustand des Ruhens in Gott der völligen Entspannung aller geistigen Tätigkeit, in dem man keinerlei Pläne macht, keine Entschlüsse faßt und erst recht nicht handelt, sondern alles Künftige dem göttlichen Willen anheim stellt,

---

[88] ESGA 4, Brief 53.
[89] AaO. Brief 94.
[90] Bezüglich *Psychische Kausalität* schreibt sie am 25. August 1918 an Fritz Kaufmann, daß sie den Beitrag »in den Grundzügen fertig« hat, ihn aber »noch gründlich überarbeiten muß« (ESGA 2, Brief 12).
[91] B. Beckmann, *Phänomenologie des religiösen Erlebnisses. Religionsphilosophische Überlegungen im Anschluss an Adolf Reinach und Edith Stein.* Würzburg 2003, 163.

sich gänzlich ›dem Schicksal überläßt‹. Dieser Zustand ist mir etwa zuteil geworden, nachdem ein Erlebnis, das meine Kräfte überstieg, meine geistige Lebenskraft völlig aufgezehrt und mich aller Aktivität beraubt hat. Das Ruhen in Gott ist gegenüber dem Versagen der Aktivität aus Mangel an Lebenskraft etwas völlig Neues und Eigenartiges. Jenes war Totenstille. An ihre Stelle tritt nun das Gefühl des Geborgenseins, des aller Sorge und Verantwortung und Verpflichtung zum Handeln Enthobenseins. Und indem ich mich diesem Gefühl hingebe, beginnt nach und nach neues Leben mich zu erfüllen und mich – ohne alle willentliche Anspannung – zu neuer Betätigung zu treiben. Dieser belebende Zustrom erscheint als Ausfluß einer Tätigkeit und einer Kraft, die nicht die meine ist und, ohne an die meine irgendwelche Anforderungen zu stellen, in mir wirksam wird. Einzige Voraussetzung für solche geistige Wiedergeburt scheint eine gewisse Aufnahmefähigkeit zu sein, wie sie in der dem psychischen Mechanismus enthobenen Struktur der Person gründet.«[92] Edith Stein spricht darin eine Erfahrung an, die an das von Teresa von Ávila beschriebene Gebet der Ruhe erinnert.[93] Das zeugt nicht nur von einer Sensibilität für das Religiöse, sondern ist eine religiöse Erfahrung. Zum anderen spricht sie von einem »Erlebnis, das meine Kräfte überstieg, meine geistige Lebenskraft völlig aufgezehrt und mich aller Aktivität beraubt hat«. Was für ein Erlebnis meint sie?

Vielleicht war es die Enttäuschung über das Scheitern ihrer Beziehung zu Hans Lipps und der Zusammenarbeit mit Husserl, für den sie Hunderte von Seiten aus stenographischen Aufzeichnungen

---

[92] Zitiert bei C. M. Wulf, ESGA 8,XIXf. (*Psychische Kausalität*, in: *Beiträge zur philosophischen Begründung der Psychologie und der Geisteswissenschaften. Eine Untersuchung über den Staat.* Tübingen, ²1970, 76). Eine detaillierte Untersuchung dieses Textes in seiner Bedeutung für Edith Steins Konversion siehe bei M. Paolinelli, *Esperienza mistica e conversione. Note a proposito di alcuni testi di Edith Stein*, in: Teresianum 49 (1998) 517–605 (533–543).

[93] Siehe *Leben* 14,3: »Hier beginnt die Seele sich zu sammeln und rührt dabei schon an etwas Übernatürliches, das sie allerdings in keiner Weise selbst erreichen kann, so viele Anstrengungen sie auch vollbringt. ... Das bedeutet eine Sammlung der Seelenvermögen in sich hinein, um von dieser Beglückung mit noch mehr Wohlbehagen zu genießen; doch gehen sie nicht verloren, noch schlafen sie ein. Nur das Empfindungsvermögen [Wille] ist derart beschäftigt, daß es sich, ohne zu wissen wie, gefangen nehmen läßt, das heißt, es gibt nur seine Zustimmung, damit Gott es einkerkert, wie jemand, der sehr wohl weiß, daß er der Gefangene dessen ist, den er liebt.« Siehe auch *Weg der Vollkommenheit* [Kodex von Valladolid] 31; 4. *Wohnung* 2,2.

übertragen hat, bei ihm aber nur auf Desinteresse gestoßen ist,[94] oder auch die Zurückweisung ihres Habilitationsversuches in Freiburg[95] oder noch etwas ganz anderes.[96] C. M. Wulf schreibt dazu: »Die Enttäuschung saß tief. Im Manuskript des Aufsatzes *Die ontische Struktur der Person und ihre erkenntnistheoretische Problematik* findet man eine markante Änderung: Vierfach, die Feder fest aufgedrückt, strich Stein die Worte ›die liebende Hingabe‹ aus. Die sich im Schriftbild zeigende Emotionalität der Streichung und die Tatsache, daß sie sachlich nicht begründet ist, legen nahe, daß Stein hier ihrer Enttäuschung Ausdruck gibt.«[97]

Im September 1921, nachdem sie durch die Lektüre der Autobiographie Teresas von Ávila völlige Klarheit erreicht hat, wird sie über diese Arbeiten zwar sagen: »Sie sind mir etwa so, wie einer Schlange ihre abgestreifte Haut sein mag. Ich sehe sie am liebsten gar nicht mehr an«[98], aber für ihren Weg vom »radikalen Unglauben« zum »wahren Glauben« sind sie ein Meilenstein; die darin geschilderten Erfahrungen sind eine »Wiedergeburt« für sie.

7. DER WEG ZUR KONVERSION IN DIE KATHOLISCHE KIRCHE[99]

Ende 1918 hatte sich Edith Stein den religiösen Phänomenen geöffnet und zu einem positiven Christentum durchgerungen. Damit war ihre innerliche Auseinandersetzung aber noch nicht zu Ende. Falls sie Christin werde wollte, sah sie sich mit der Frage konfrontiert, ob sie evangelisch oder katholisch werden sollte.

---

[94] H. B. Gerl, *Unerbittliches Licht. Edith Stein – Philosophie, Mystik, Leben*. Mainz 1991, 23.
[95] Siehe dazu F. Maier, *Edith Stein in Freiburg – Wissenschaftlerin und Gläubige aus Leidenschaft*, in: B. Jeggle-Merz / A. Kaupp / U. Nothelle-Wildfeuer (Hg.), *Frauen bewegen Theologie. Das Beispiel der Theologischen Fakultät der Albert-Ludwigs-Universität Freiburg*. Leipzig 2007, 220–231 (226–228).
[96] Siehe dazu M. Paolinelli, *Esperienza mistica e conversione*, 562f.
[97] C. M. Wulf, ESGA 8,XVIII. Sie meint, daß es das Scheitern der Beziehung zu Roman Ingarden war.
[98] Brief vom 22. September 1921 an Roman Ingarden (ESGA 4, Brief 27).
[99] Siehe dazu F. M. Schandl, *Stein des Anstoßes oder Prüfstein der Dialogkultur?*, in: Edith Stein Jahrbuch 13 (2007) 125–202, bes. 134–150.

Die christlichen Klassiker

Hilfen auf diesem Weg sind für sie die Lektüre des Neuen Testaments,[100] sodann Augustinus, was sie bereits in einem Brief vom 20. Februar 1917 Roman Ingarden vorschlägt: »Es ist unmöglich, eine Lehre von der Person abzuschließen, ohne auf Gottesfragen einzugehen, und es ist unmöglich zu verstehen, was Geschichte ist. ... Es sind *die* Fragen, die mich interessieren. Vielleicht lesen wir zusammen Augustin, wenn Sie wiederkommen?«[101] Daß sie tatsächlich Augustinus gelesen hat, bezeugt Pauline Reinach im Seligsprechungsprozeß.[102] Von Erich Przywara SJ wissen wir, daß sie Ignatius von Loyola gelesen hat,[103] und sie selbst bezeugt ihre große Verehrung für den hl. Franz von Assisi.[104]

Studium der evangelischen und katholischen Dogmatik

Eine gewisse Hilfe bei ihrem Entscheidungsprozeß war auch Johann Adam Möhler mit seiner *Symbolik*[105] der »einen gewissen Eindruck auf mich gemacht hat,« wie sie am 8. November 1927 an Roman Ingarden schreibt, als sie ihm ihren Weg näherbringen möchte. In diesem Brief verrät sie etwas von ihrem eigenen Weg: »Es scheint, als müßten Sie erst auf intellektuellem Weg bis an die Grenzen der ratio und damit an die Pforten des Mysteriums kommen.«[106] Einige Tage später schreibt sie ihm: »Das wird von uns verlangt: uns zu

---

[100] Das bezeugt Adelgundis Jaegerschmid in: *Gespräche von Sr. Adelgundis Jaegerschmid OSB mit Edmund Husserl*, W. Herbstrith (Hg.), *Edith Stein. Wege zur inneren Stille*. Aschaffenburg 1987, 203–239 (218). Husserl berichtet: »Als ich vor vielen Jahren sehr krank war, hat Schwester Benedicta, an meinem Krankenbett sitzend mir daraus [aus dem Neuen Testament] vorgelesen.« Dieses Gespräch fand am 31. Dezember 1934 statt, Edith Stein war schon Novizin im Kölner Karmel; die schwere Krankheit Husserls war wahrscheinlich die Grippe, bei der ihn Edith Stein gepflegt hat. Siehe Brief vom 29. Oktober 1918 an Roman Ingarden (ESGA 4, Brief 56).
[101] ESGA 4, Brief 9.
[102] *Beatificationis et Canonizationis Servae Dei Edith Stein. Summarium super dubio: An eius Causa introducenda sit.* Roma, 1983, 438f.
[103] So bei E. Przywara, *In und gegen. Stellungnahmen zur Zeit.* Nürnberg 1955, 64.72.
[104] Ein Bild des hl. Franziskus von Cimabue hing bei der Trauung von Edith Steins Schwester Erna am 5.12.1920 »zufällig« über deren Kopf: »Es war mir ein großer Trost, daß er da war«, sagt sie (ESGA 1,188).
[105] *Symbolik oder Darstellung der dogmatischen Gegensätze der Katholiken und Protestanten nach ihren öffentlichen Bekenntnisschriften.* Mainz 1832.
[106] ESGA 4, Brief 115.

entscheiden ohne einen Garantieschein. Das ist das große Wagnis des Glaubens. Der Weg geht vom Glauben zum Schauen, nicht umgekehrt. Wer zu stolz ist, durch dies enge Pförtchen zu gehen, der kommt nicht hinein. Wer aber hindurchgeht, der gelangt schon in diesem Leben zu immer hellerer Klarheit und erfährt die Berechtigung des credo ut intelligam.«[107] Was sie da im Rückblick Ingarden nahelegt, ist ihr eigener Weg, denn in ihren Studien ging sie bis an die Grenzen der ratio, doch eine Entscheidung bewirkte das nicht. Scheebens *Mysterien des Christentums* lernte sie erst später kennen, doch hat offensichtlich auch Søren Kierkegaard mit seiner *Einübung ins Christentum* eine gewisse Wirkung auf sie gehabt, obwohl sie ihn namentlich nicht erwähnt.[108]

»Seelische Kämpfe«

Diese ganze Auseinandersetzung führte 1920 zu einer tiefen seelischen Krise, die bis Anfang 1921 andauerte:»Während dieses ganzen Jahres war ich in Breslau. Es brannte mir zwar dort der Boden unter den Füßen. Ich befand mich in einer inneren Krisis, die meinen Angehörigen verborgen war und die in unserem Haus nicht gelöst werden konnte. ... Mir ging es damals gesundheitlich recht schlecht, wohl infolge der seelischen Kämpfe, die ich ganz verborgen und ohne jede menschliche Hilfe durchmachte.«[109] In einem Text aus *Wege der Gotteserkenntnis* von 1941 könnte dieser Kampf durchscheinen, wo sie unter der Überschrift »Über-natürliche Gotteserfahrung, Glaube und natürliche Gotteserkenntnis« folgendes schreibt:»Denken wir uns aber den Übergang von der natürlichen Gotteserkenntnis zur übernatürlichen Gotteserfahrung ohne Vermittlung durch den Glauben, d. h. als Begnadung eines zuvor Ungläubigen, und wird diese Erfahrung ›angenommen‹, so werden sich die verschiedenen Arten der Erfüllung darin verbinden, und das Ganze wird viel stärker den Charakter einer inneren Erschütterung und Umwandlung haben.«[110] Doch sicherlich haben die schwierige Verlobungszeit ihrer Schwester Erna mit Hans Biberstein und alles,

---

[107] AaO. Nr. 117 (20. November 1927).
[108] F. M. Schandl, *Stein des Anstoßes*, S. 148 (in Anm. 34, Buchstabe e kurz zusammengefaßt).
[109] ESGA 1,185f.187.
[110] ESGA 17,48f. Vgl. dazu M. Paolinelli, *Esperienza mistica e conversione*, 569–581.

was dieser für sie bedeutete,[111] auch zu ihrer Krise beigetragen, denn nachdem die Verlobten am 5. Dezember 1920 endlich geheiratet hatten, ging es Edith Stein auch wieder besser.[112]

Teresa von Ávila

Zu diesem ihrem Bemühen um eine Entscheidung, die nicht einfach ein rationaler Vorgang, sondern ein existentielles Geschehen mit weitreichenden Folgen für ihr persönliches Leben sein würde, gehört auch ihre Begegnung mit Teresa von Ávila. Edith Stein steht unter Entscheidungsdruck; rational war sie an ihre Grenzen gekommen, doch nun geht es darum, sich »zu entscheiden ohne einen Garantieschein«.

Am 10. März 1921 schreibt sie an Roman Ingarden, daß sie eine Reise nach Göttingen plane, evtl. auch nach Bergzabern. Offensichtlich ahnte sie, was ihr bevorstand, denn ihren Rückblick auf die glücklichen Göttinger Jahre leitet sie so ein: »Es war ein weiter Weg, den ich zurückgelegt hatte von jenem Apriltage im Jahre 1913, an dem ich zum erstenmal nach Göttingen kam, bis zum März 1921, als ich wieder einmal dorthin fuhr – der größten Entscheidung meines Lebens entgegen.«[113] Dabei ging es nicht nur um die Frage der Konversion zum Christentum, sondern auch darum, ob sie wie fast alle ihre Freunde protestantisch oder aber katholisch werden sollte. »Eine kurze Zeit schien der Protestantismus die ›normale‹ christliche Konfession für die Intellektuellen zu sein«, schreibt H.-B. Gerl.[114] In ihrer Göttinger Zeit, so Edith Stein, »ging ich mit meinen Freundinnen sogar manchmal in eine protestantische Kirche (die Vermischung von Religion und Politik, die dort in den Predigten vorherrschte, konnte mich freilich nicht zur Kenntnis eines reinen Glaubens führen und stieß mich auch oft ab)«.[115] Zu Hedwig Conrad-Martius sagte sie nach einem Besuch der protestantischen Kirche von Berg-

---

[111] ESGA 1,83–88;138;178;181;184–187.

[112] Sie resümiert: »Nun war ich beruhigt und fühlte mich frei, für mich selbst Sorge zu tragen« (aaO. 188).

[113] ESGA 1,189. Sie ist vom 22. März bis 27. Mai 1921 in Göttingen polizeilich gemeldet (aaO. Anm. 1).

[114] H. B. Gerl, *Unerbittliches Licht*, 22. Husserl war bei seiner Eheschließung Protestant geworden, Heidegger hatte 1919 die Konversion erwogen, Adolf Reinach ließ sich mit seiner Frau 1916 protestantisch taufen.

[115] ESGA 1,260.

zabern, offensichtlich im Sommer 1921: »Im Protestantismus ist der Himmel geschlossen, im Katholizismus ist er offen.«[116] In dieses biographische und seelische Umfeld Edith Steins gehört nun die Aussage von Pauline Reinach, die sie am 18. August 1965 für den Seligsprechungsprozeß machte: »Im Lauf des Sommers 1921, als die Dienerin Gottes im Begriffe war, von uns wegzugehen, luden sie meine Schwägerin und ich ein, ein Buch aus unserer Bibliothek auszuwählen. Ihre Wahl fiel auf eine Biographie der hl. Teresa von Ávila, von ihr selbst geschrieben. Über dieses Detail bin ich mir absolut sicher.«[117] Das war Ende Mai, als Edith Stein von Göttingen nach Bergzabern ging.[118] Mit dem Nachsatz weist Pauline Reinach die überall verbreitete Version von Teresia Renata Posselt zurück, daß Edith Stein dieses Buch in Bergzabern *aufs Geratewohl* in die Hände gefallen sei und sie es in einer Nacht gelesen habe.[119] Sie nahm das Buch vielmehr von Göttingen nach Bergzabern mit[120] und hat vielleicht schon während der damals stundenlangen Bahn-

---

[116] Aus einem Bericht aus dem Jahre 1948 in: W. Herbstrith (Hg.), *Erinnere dich – vergiss es nicht*, 307.

[117] *Beatificationis et Canonizationis Servae Dei Edith Stein. Summarium super dubio: An eius Causa introducenda sit.* Roma, 1983, Teil 3, 437. Elisabeth de Miribel berichtet in ihrem bereits 1954 erschienenen Büchlein davon, daß Edith Stein sich 1921 bei den Reinachs in Göttingen Teresas Autobiographie ausgesucht habe:»Mais en 1921, à l'occasion d'une visite d'Edith, Anna et Pauline la prièrent de choisir un livre dans leur bibliothèque. C'est alors qu'elle avec la main sur la *Vie* de sainte Thérèse, qu'elle devait emporter et lire d'un trait« (*Edith Stein. 1891–1942.* Paris 1954, 60).

[118] Edith Stein ist bis 27. Mai 1921 in Göttingen polizeilich gemeldet; im Gästebuch ihrer Gastgeber in Bergzabern ist ihre Ankunft für den 28. Mai 1921 eingetragen, das polizeiliche Melderegister gibt den 30. Mai an (ESGA 4, Brief 73, Anm. 1).

[119] Teresia Renata de Spiritu Sancto (Posselt). *Edith Stein*, 28. Als Pauline Reinach ihre Aussage am 18. August 1965 machte, waren von dieser Biographie (Teresia Renata de Spiritu Sancto, *Edith Stein*) bei Glock und Lutz in Nürnberg (von 1948 bis 1954) sieben Auflagen und bei Herder in Freiburg neun erschienen, die erste im Juli 1957, die neunte im September 1963. Da es sich um eine billige Taschenbuchausgabe handelte, fand dieses Buch mit seiner Version, daß Edith Stein Teresas *Vida* im Haus der Hedwig Conrad-Martius *aufs Geratewohl* in die Hände gefallen sei, weiteste Verbreitung, und diese Version wurde auch übersetzt und hält sich bis heute hartnäckig in den meisten Veröffentlichungen. Angesichts des Umfangs der *Vida* Teresas ist es auch nicht möglich, sie in einer Nacht ganz zu lesen.

[120] Somit wird auch klar, was Hedwig Conrad-Martius in einem Brief von 1960 behauptet, nämlich dieses Buch nicht besessen zu haben (vgl. M. A. Neyer, *Edith Stein und Teresa von Ávila. Versuch einer Dokumentation*, in: Christliche Innerlichkeit 17 (1982) Heft 2–4, 183–197 [184.188]). M. A. Neyer behauptet zwar in diesem Artikel, daß Teresas *Vida* Edith Stein im Hause Conrad-Martius »im Juni oder Juli 1921« in die Hände gefallen sei (185f.188), wie das damals allgemein angenommen wurde, da die Zeugenaussage von Pauline Reinach erst 1983 in der *Positio* zur Seligsprechung

fahrt mit der Lektüre begonnen! Die Entscheidung, sich in der katholischen Kirche taufen zu lassen, fiel allerdings in Bergzabern, offensichtlich auch in Gesprächen mit Hedwig Conrad-Martius, ihrer Freundin und Gastgeberin, die darüber berichtet: »Als Edith Stein zum letzten Mal bei uns war, befanden wir uns beide in einer religiösen Krise. Wir gingen beide wie auf einem schmalen Grate dicht nebeneinander her, jede in jedem Augenblick des göttlichen Rufs gewärtig. Er geschah, führte uns aber nach konfessionell verschiedenen Richtungen. Hier ging es um Entscheidungen, in denen sich die letzte Freiheit des Menschen, durch die er eben schöpfungsmäßig zur Person geadelt ist, mit der Berufung Gottes, der man zu gehorchen hat, für menschliche Augen unentwirrbar ineinanderknüpft. Es gab jedoch kein Ausweichen. Und wie es bei den Anfangsschritten, nachdem uns die Gnade ergriffen hatte, zu sein pflegt: es kam eine gewisse, wenn auch immer nur in kurzen Gesprächen und Worten leise geäußerte gegenseitige Aggression in unseren Verkehr. In *diesem* Zusammenhang fiel das erwähnte Wort: Secretum meum mihi.[121] Es war eine etwas schroffe Geste der Abwehr mir gegenüber. Ähnliches geschah aber auch umgekehrt.«[122] Diese freundschaftliche Auseinandersetzung zeigt, daß Edith Steins Entscheidung zugunsten der Taufe in der katholischen Kirche doch nicht so glatt ablief, wie das der Bericht von Teresia Renata Posselt suggeriert.

Edith Stein selbst schreibt über ihre Begegnung mit Teresa von Ávila in ihrer autobiographischen Schrift *Wie ich in den Kölner Karmel kam* (18. Dezember 1938): »Seit zwölf Jahren [bezogen auf das Ende ihrer Münsteraner Tätigkeit Ende April 1933] war der Karmel mein Ziel. Seit mir im Sommer 1921 das ›Leben‹ unserer hl. Mutter Teresia in die Hände gefallen war und meinem langen Suchen nach

---

veröffentlicht wurde, doch Neyers Artikel erschien schon 1982, also noch vor der Veröffentlichung der Aussage von Pauline Reinach. Es stimmt also, daß Hedwig Conrad-Martius Teresas *Leben* nicht persönlich erworben hat, sondern daß dieses Buch durch Edith Stein in ihr Haus kam. Das weitere, interessante Schicksal dieses Buches, das heute im Pfarramt von Bad Bergzabern aufbewahrt wird, hat M. A. Neyer in dem zitierten Artikel dokumentiert.
[121] Siehe zu diesem Wort H. Klueting, »*Secretum meum mihi*«. *Eine Anmerkung zu Edith Stein*, in: Edith Stein Jahrbuch 11 (2005) 65–75.
[122] E. Stein, *Briefe an Hedwig Conrad-Martius*. Mit einem Essay über Edith Stein herausgegeben von Hedwig Conrad-Martius. München 1960, 72f. Als Vortrag bei der Gesellschaft für christlich-jüdische Zusammenarbeit gehalten und zum ersten Mal veröffentlicht in Hochland 51 (1958/59) 38–46.

dem wahren Glauben ein Ende gemacht hatte.«[123] Sie spricht vom »wahren Glauben«, die Worte »Das ist die Wahrheit« stehen bei Teresia Renata Posselt.[124] Da sie bereits entschlossen war, Christin zu werden, geht es hier nicht um den Gegensatz Atheismus – Wahrheit, sondern um die Alternative zwischen katholischer und protestantischer Konfession.[125] Mit dem Ausdruck »wahrer Glaube« benutzt

---

[123] ESGA 1,350. In der italienischen Übersetzung (*Edith Stein*. Brescia, 1952, 171; [2]1959, 197) hat sich ein *improvvisamente – plötzlich* eingeschlichen, außerdem heißt es *verità – Wahrheit,* wodurch einem falschen Verständnis Vorschub geleistet wird. Die Übersetzung von 1998 (*Come giunsi al Carmelo di Colonia.* Monza – Roma) ist korrekt (20). Ähnlich nüchtern wie Edith Stein ist auch J. Hirschmann in seinem Brief vom 13. Mai 1950 an Teresia Renata Posselt. Im ersten Teil sagt er, daß der Grund für ihre Bekehrung zum Christentum die heroische Haltung von Frau Reinach angesichts des Todes ihres Mannes gewesen sei. Im zweiten Teil heißt es: »Der Grund, warum sie, dem Christentum gewonnen, nicht wie ihr Lehrer Husserl, ihre Freundin Hedwig Conrad-Martius oder wie Frau Reinach selbst evangelisch wurde, sondern katholisch, war unmittelbar die Lesung des Lebens der heiligen Theresia. Sie glaubte aber, daß der Schritt vorbereitet war durch den Einfluß Schelers, durch den sie besonders in seiner katholischen Zeit angesprochen wurde.« Zum richtigen Verständnis dieses Textes muß man sich vor Augen halten, was J. Hirschmann am Anfang seines Briefes sagt: »Gern füge ich noch die paar Anmerkungen bei, über die wir letztes Mal sprachen« (Edith-Stein-Archiv, Kölner Karmel, GI7/Hi); Teresia Renata Posselt war also auf der Suche nach Material zur Ergänzung ihrer Biographie. Um ein Beispiel dafür zu nennen: In der ersten Auflage von 1948 finden wir nichts von der Begegnung Edith Steins mit Anne Reinach, obwohl sie Adolf Reinachs Heldentod 1917 erwähnt (22), ebensowenig in der 2. und 3. Auflage aus dem Jahre 1949 und auch nicht in der 4. aus dem Jahre 1950. Erst in der 5., die nach dem Besuch von J. Hirschmann im Kölner Karmel auch noch 1950 herauskam, wurde diese Lücke geschlossen. Teresia Renata Posselt, deren Version über die Begegnung Edith Steins mit Teresas *Vida* weltberühmt wurde und bis heute die Vorstellung von Edith Steins Begegnung mit Teresa prägt, legt jene Worte Edith Stein in den Mund, so als sei es ein autobiographischer Bericht. Durch den Vergleich dieser beiden Berichte – der von J. Hirschmann in seinem Brief vom 13. Mai 1950 und der von T. R. Posselt (in der Ausgabe von 1948 auf S. 28) – wird bestätigt, was M. A. Neyer in ihrer biographischen Skizze über Teresia Renata Posselt sagt, daß diese zu »recht theatralischen Äußerungen« neigte (M. A. Neyer, *Teresia Renata Posselt ocd. Ein Beitrag zur Chronik des Kölner Karmel (2. Teil),* in: Edith Stein Jahrbuch 9 (2003) 447–487 [473]). Daß Teresa von Ávila sie zur Konversion geführt hat, sagt Edith Stein auch – eher nebenbei – in einem Brief an F. Kaufmann vom 17. Oktober 1933: »... bin ich am letzten Samstag hier in das Kloster der Karmeliterinnen eingetreten und damit eine Tochter der hl. Teresia geworden, die mich einst zur Konversion geführt hat« (ESGA 3, Brief 291).
[124] T. R Posselt, *Edith Stein,* 28. Auch H.-B. Gerl, *Unerbittliches Licht,* 25, hält daran fest: »Bei der endgültigen Wende zum Christentum fiel, mittelbar überliefert, der Satz: ›Das ist die Wahrheit.‹«
[125] Es ist unglaublich, was aus diesem nicht authentischen und aus dem Kontext herausgerissenen Satz »Das ist die Wahrheit!« alles gemacht wird. Er muß für die Auseinandersetzung mit dem Atheismus und der Säkularisierung herhalten, nach der es keine ewig gültigen Wahrheiten gebe.

sie die damals typische Terminologie, mit der sich die Katholiken von den Protestanten absetzten, wenn erstere behaupteten, den wahren Glauben zu haben, und ihn zugleich den anderen absprachen.[126] Sie hatte ja schon in ihrer Göttinger Zeit den Eindruck bekommen, daß sie in der protestantischen Kirche »nicht zur Kenntnis eines reinen Glaubens« gelangen könnte. Gertrud Koebner bestätigt Edith Steins Aussage, daß »sie nie evangelisch werden könne, wenn man ihr auch diesen Übertritt leichter verzeihe«.[127]

Warum gerade Teresa von Ávila?

Ein wichtiger Grund ist, daß sie in Teresa einer *Frau* begegnete,[128] die sich gerade in ihrer *Vida* als ein sehr wahrhaftiger Mensch erweist,[129] ja zur »WAHRHEIT« sogar Du sagen kann;[130] sodann mag sie sich in vielen ihrer geistlichen Erfahrungen wiedergefunden haben,[131] vor allem aber in Teresas innerem Beten, denn da liest sie:

---

[126] Siehe dazu das Kirchenlied, welches bis in die 70er, 80er Jahre des 20. Jahrhunderts gesungen wurde: »Wir sind im wahren Christentum, o Gott wir danken dir. ... Die Kirche, deren Haupt du bist, lehrt einig, heilig, wahr ...« (Nr. 33 im »Ave Maria«, dem Gesangbuch der Diözese Würzburg). Das ist gegen die Protestanten, nicht gegen den Atheismus gerichtet!

[127] Siehe dazu M. A. Neyer, *Edith Stein und Teresa von Ávila*, 191. Die von der Autorin angegebenen zeitlichen Angaben für Edith Steins Lektüre der Schriften Teresas – die »Zeit von August bis Oktober 1921« (192) – sind schlüssig und überzeugend. H.-B. Gerls Annahme, daß Edith Stein schon im Jahre 1918 Teresa von Ávila gelesen habe, ist nicht einsichtig (*Unerbittliches Licht*, 22).

[128] Edith Stein hatte sich um diese Zeit (Sommer 1921) schon sehr mit Frauenfragen befaßt, sogar bereits in ihrer Breslauer Universitätszeit 1911–1913 (»Heiß bewegten uns alle damals die Frauenfragen« [ESGA 1,88], dann wieder nach dem Zusammenbruch des Kaiserreiches, so in einem Brief vom 30. November 1918 an R. Ingarden: »... beschäftigt mich die Aufklärungsarbeit, die notwendig ist, um die Frauen zu den Wahlen heranzukriegen« (ESGA 4, Brief 40; siehe auch A. U. Müller/M. A. Neyer, *Edith Stein*, 127f.).

[129] In ihrer Rezension der *Vida* Teresas nimmt sie gerade in dieser Hinsicht Bezug auf die *Bekenntnisse* des hl. Augustinus: »Außer den Konfessionen des heiligen Augustinus gibt es wohl kein Buch der Weltliteratur, das wie dieses den Stempel der Wahrhaftigkeit trägt ...« (ESGA 19,230).

[130] Das hat sie vor allem im letzten Kapitel des *Lebens* Teresas lesen können, wo sie von einer Vision Gottes als der höchsten Wahrheit berichtet: »Was ich da erkannte, ist, daß der Herr mir zu verstehen gab, daß er die Wahrheit selbst ist« (*Leben* 40,3). Siehe dazu F. J. Sancho Fermín, *Loslassen*, 69–71.

[131] Siehe den oben (Anm. 90) zitierten Text aus *Psychische Kausalität*, der Teresas Beschreibung vom »Gebet der Ruhe« in *Leben* 14,2 nahekommt.

»Meiner Meinung nach ist inneres Beten nichts anderes als Verweilen bei einem Freund, mit dem wir oft allein zusammenkommen, einfach um bei ihm zu sein, weil wir sicher wissen, daß er uns liebt.«[132] Sie erlebt gelebten Glauben und nicht eine Information über den Glauben.

8. Zusammenfassung

Edith Steins Entschluß, sich im Alter von 15 Jahren »das Beten ganz bewußt und aus freiem Entschluß abzugewöhnen«, hat nicht ihren Atheismus begründet, wohl aber zu einer Haltung geführt, die sie »radikalen Unglauben« nannte, also stolze Selbstherrlichkeit. Durch die Phänomenologie, die ihr beibrachte, »alle Dinge vorurteilsfrei ins Auge zu fassen, alle ›Scheuklappen‹ abzuwerfen«, und die Begegnung mit deren Vertretern wurde diese Selbstverfangenheit aufgebrochen. Ihre theoretische Auseinandersetzung damit in ihrer Dissertation, dann vor allem die Begegnung mit Anne Reinach, an der sie den »Erweis der Wahrheit der christlichen Religion« erlebte, verursachten ihr zunächst schwere seelische Kämpfe, die durch die Entscheidung, ob sie protestantisch oder katholisch werden sollte, noch verschärft wurden. Obwohl sie »auf intellektuellem Weg bis an die Grenzen der ratio« gekommen war, wurde ihr »der wahre Glaube« durch die Lektüre der *Vida* Teresas von Ávila geschenkt.[133]

---

[132] *Leben* 8,5. Jene anonyme Frau im »Frankfurter Dom« hatte bereits vor fünf Jahren einen so starken Eindruck auf sie gemacht. Siehe oben Anm. 62.
[133] Das bedeutet, daß sowohl ihr »Atheismus« als auch der Ausruf »Das ist die Wahrheit«, die ihr in den gängigen Darstellungen immer wieder zugeschrieben werden, nicht der historischen Wahrheit entsprechen.

CÉCILE RASTOIN

Ein staatenloser Flüchtling wird Franzose und Klostergründer

Dom Raphael Walzer OSB in der Zeit von 1936 bis 1944[1]

EINLEITUNG

Um Dom[2] Walzers Lebensweg während der Jahre 1936–1944 in Frankreich und Algerien zurückzuverfolgen, stützen wir uns hauptsächlich auf die Annalen der Benediktinerinnen der Rue Monsieur in Paris, wo er Aufnahme fand, auf die Annalen der Missionsbenediktinerinnen, deren Archive sich nun in Belgien (Priorat Bethanien[3]) befinden, und auf die Einbürgerungsakte, die zur Zeit im Centre des Archives contemporaines (Fontainebleau) aufbewahrt wird. Sie enthält die verschiedenen Verwaltungsunterlagen zu Dom Walzers Wohnungen und Aktivitäten in der Zeit von 1936 bis 1944. Ferner werden dort die Zeugnisse von verschiedenen Persönlichkeiten aufbewahrt, die Dom Walzer gekannt haben oder Informationen über ihn und seinen Aufenthalt in Algerien gesammelt haben. Meistens wird die Quelle in den Fußnoten vermerkt. Unser Interesse gilt besonders Dom Walzers Beziehungen zu den Benediktinerinnen von Paris und zu den Missionsbenediktinerinnen im Departement Seine sowie später in Algerien, die er stark geprägt hat.

Vorab soll darauf hingewiesen werden, daß Edith Stein die Benediktinerinnenabtei von Saint-Louis-du-Temple (Rue Monsieur) kannte. Während ihres Aufenthaltes in Paris im September 1932 war sie dort zu Besuch. Auch stand sie im Briefwechsel mit einer Schwester der Gemeinschaft. Schwester Hedwige, geborene Alice Netter (1896–1961), die am 10. April 1921 in das Kloster eintrat, war die Tochter des Großrabbiners von Metz. Alice Netter, die bei den Schwestern von Sion Unterkunft gefunden hatte, war im März 1920

---

[1] Übersetzt von Elisabeth Peeters OCD.
[2] Dom = Dominus: in Frankreich übliche Anrede für Priestermönche.
[3] Wir werden in der Folge vereinfachend von »Bethanien« sprechen (Priorij O.L.V. van Bethanië, B-8210 Loppem-Zedelgem, Belgien).

getauft worden und stand mit Dom Marmion in brieflichem Austausch, nachdem dieser in der Abtei Exerzitien gegeben hatte. Mutter Hedwige war durch einen Priester[4] mit Edith Stein in Kontakt gekommen, der beide kannte, und Edith Stein hatte ihr ein Bild von ihrer Einkleidung geschickt. Die Abtei war ein sehr wichtiger Ort für das geistliche Leben in Paris; die katholische Intelligenz verkehrte dort, so z.b. Jacques Maritain, Maurice Zundel und andere. Maurice Zundel war in den Jahren 1928 und 1929 Spiritual der Gemeinschaft in der Rue Monsieur.[5] Dom Walzer scheint die Gemeinschaft nicht vor 1936 kennengelernt zu haben.

Er kannte allem Anschein nach auch Jacques Maritain nicht, trotz seiner Freundschaft mit Edith Stein und ihrer beider Besuche in der Abtei Saint-Louis-du-Temple. Es gibt in den Maritain-Archiven nur einen Brief von Dom Walzer (der damals in Meudon weilte) an M. Maritain (ebenfalls wohnhaft in Meudon), in dem er ihm österreichische jüdische Flüchtlinge empfiehlt. Der Ton des Briefes scheint anzudeuten, daß sie sich nur flüchtig kannten.

17. Mai 1939

»Sehr geehrter Herr, bitte entschuldigen Sie, daß ich Sie mit diesen Zeilen belästige, in denen ich Ihnen die österreichischen Juden, Herrn und Frau Fürth, empfehlen möchte, die vor sechs Jahren konvertiert haben. Herr und Frau Fürth kommen aus sehr guten Verhältnissen, die sie verlassen mußten, und verfügen zum Leben noch über den Rest eines kleinen Vermögens. Sie sind von einer echt österreichischen Liebenswürdigkeit und Bescheidenheit, und ich könnte für ihr beispielhaftes Verhalten in jeder Hinsicht garantieren. Beide wären sie sehr begabt für die Herstellung von Keramikarbeiten, ob christliche Kunstwerke oder sonstige Arbeiten. Frau

---

[4] Abbé Gerbes, Geistlicher bei den franziskanischen Schwestern von Sainte-Blandine in Metz, hatte der Einkleidung von Sr. Teresia Benedicta vom Kreuz (Edith Stein) im Karmel in Köln beigewohnt. Er schrieb am 15. Januar 1935, daß er mit Sr. Teresia Benedicta sprechen konnte: »Ich habe ihr Ihre Geschichte erzählt und gebeten, sie möge ihre Gebete mit den Ihrigen vereinen. Sie kennt das Kloster der Rue Monsieur, wo sie an den Offizien teilnahm, als sie in Paris weilte, und ist glücklich mit Ihnen gemeinsam am bewundernswerten Opus Dei und des Bittgebets für Israel teilnehmen zu können« (Archive der Benediktinerinnen von Limon).
[5] Bernard de Boissière, France-Marie Chauvelot, *Maurice Zundel*, Presses de la renaissance, 2004, S. 168.

Fürth besitzt auch andere praktische Kenntnisse. Ich weiß nicht, ob Sie für diesen Fall praktische Ratschläge geben können. Aber nachdem ich erfahren habe, daß Sie so oft in großzügiger Weise den Opfern des Hitlertums geholfen haben, zögere ich nicht mehr, mich an Ihre Güte zu wenden.
In großer Hochachtung und mit meinen besten Wünschen verbleibe ich Ihr Raphael Walzer OSB
ehemaliger Erzabt von Beuron (Deutschland)«[6]

Wir wollen nun versuchen, Dom Walzer auf allen Reisen zu folgen, die ihn von Paris nach Tlemcen (Algerien) führten.

1936

Nach Auskunft der Polizeipräfektur traf Dom Raphael Walzer, aus dem Heiligen Land und Ägypten kommend, am 6. April 1936 in Paris ein. Er stellte sich drei Tage später, in der Karwoche am Mittwoch, dem 8. April, an der Pforte der Abtei in der Rue Monsieur vor. Er sei am Gitter der Kapelle erschienen und habe eine Schwester gefragt, wie er zur Mutter Äbtissin gelangen könne. Diese bot ihm daraufhin die Gastfreundschaft an und gab ihm die Möglichkeit, zunächst in Zivil und inkognito in der Gemeinschaft Vorträge zu halten. Wir besitzen von ihm eine Karte an die Mutter Äbtissin von Paris, datiert mit 1936:

»Die besten Wünsche zum großen Fest entbietet Ihnen aufrichtig und voller Dankbarkeit ein armer Bruder. Niemals werde ich die große Wohltat Ihrer großzügigen Gastfreundschaft vergessen. Die Schönheit Ihres Gottesdienstes, die benediktinische Atmosphäre, die mich umgibt, sind mir in meinem großen Elend eine große Stütze. Der Gute Gott wird Ihnen alles vergelten. Ihr sehr ergebener Raphael, Abt.«

Offensichtlich war er glücklich, eine benediktinische Oase gefunden zu haben, und er schlug in einem Brief vom 24. Juni 1936 seine Dienste als Geistlicher vor:

[6] *Archiv J. und R. Maritain (Kolbsheim, Elsaß)*. Das Dokument wurde freundlicherweise von M. R. Mougel zur Verfügung gestellt.

»Sehr geehrte Frau Äbtissin, um Sie nicht erneut zu belästigen, hier nun schriftlich die Neuigkeit, daß ich in Vanves war, um im Sinne unserer Unterhaltung von heute vorzusprechen. Ich habe also nichts für die Zukunft versprochen. Im September würde ich zu Ihren Diensten stehen, wenn Sie einmal in eine kleine Verlegenheit kämen, wie in jedem Fall mein Herz Saint-Louis-du-Temple gehört. Und jeden Tag ab dem 7. Juli, auch wenn es gelte, an einem Tag zwei Messen zu lesen, werde ich dies gerne tun. Das würde mir nichts ausmachen. Nur damit Sie verstehen, wie sehr ich Ihnen dankbar und verbunden bin. Ihr sehr ergebener
›Reserve‹-Geistlicher
+ Raphael

PS: Ich könnte um 9 Uhr nach der Messe in Vanves hier sein, also gerade ohne Mühe zum Hauptgottesdienst, und dies, so oft Sie es wünschen.«

Und am 24. X. (oder V.?) 1936 schrieb er auf einer Karte von Beuron, die den Brunnen im Mariengarten darstellt (auf diese Karte vermerkte Dom Walzer handschriftlich »und die 1926 erbaute Bibliothek«, was sehr gut zeigt, daß ein Teil seines Herzens in Beuron verblieb):

»Sehr geehrte Frau Äbtissin, ich bin ganz bewegt von Ihrer Nächstenliebe, die großzügiger ist, als ich sie verdiene und ich danke Ihnen von ganzem Herzen. Ich werde für Sie und Ihre lieben Töchter beten. Hier ist eine kleine Innenansicht von B(euron) Ihr sehr dankbarer R(aphael)«

Am 1. Dezember 1936 schreibt er auf einer Karte aus Jerusalem (Abtei des Berges Sion):

»Sehr geehrte Frau Äbtissin, ich bin bei uns zuhause auf dem Berg Sion angekommen und mein erster Gedanke gehört Ihnen. Mein ›Freund‹ hat mich begleitet. Genaueres später. Immer Ihr sehr getreuer Geistlicher, R.

PS. Wie geht es Sr. Yvonne?«

Folgender Wortlaut aus »Sion, den 5. XII. 1936« [maschinegeschrieben]:

»Sehr geehrte Frau Äbtissin, mein neuer Prior schreibt mir, daß Bruder Marcel Haberstroh, der Maurer, vor Weihnachten zu Ihnen kommt. Er befindet sich noch in Belgien und ich vermute, die Einreise nach Frankreich wird leichter für ihn sein, als befürchtet. Ich füge einen Ermutigungsbrief für den guten Bruder bei. Ich hoffe, daß alles gut gehen wird. Was mich angeht, sind die Nachrichten eher optimistisch. Aber wie viele schöne Dinge sind vom ehemaligen Prior zerstört worden. Später, wenn ich klarer sehe, mehr Einzelheiten. Ich werde auf jeden Fall wieder zu Ihnen, in mein geliebtes Asyl, kommen! Möge der Gute Gott Ihnen bald eine schöne Lösung geben, eine schöne Heimat in Paris! Ich denke immer daran. Und geht es Sr. Yvonne besser? Ich hoffe es. Meine besten Wünsche für diese heilige Zeit, Ihr sehr treuer Geistlicher *in partibus infidelium* + Raphael«

Dom Walzer dachte immer noch an eine eventuelle Rückkehr nach Beuron; er ging näher auf die Einzelheiten ein in seinem Brief vom 20. Dezember 1936:

»Sion, den 20-XII-1936
Sehr geehrte Frau Äbtissin,
diese dürftigen Neuigkeiten werden nicht mehr rechtzeitig in Ihrem lieben Heiligtum ankommen. Aber Sie wissen gut, daß es keine Worte mehr braucht, um Ihnen zu sagen, wie sehr ich mich mit Ihnen verbunden fühle. Wo werden Sie Ihr nächstes Weihnachtsfest feiern? Das werden dieses Mal Ihre Gedanken sein. Und trotz allem weiß ich, daß Sie mit derselben Freude, mit derselben Ruhe der großzügigen Herzen singen werden, die sich ohne Probleme, ohne moderne Ideologie ganz und gar Gott hingegeben haben. Möge Sie der Gute Gott überreich segnen! *Magis ac magis in Deum proficiatis!*
Meine Angelegenheiten sind noch nicht entschieden. Wir sind von Neuem optimistisch. Aber was für eine Ruine würde ich vorfinden bei meiner Heimkehr! Ich sehe jetzt klar, was pas-

siert ist. Wenn es nicht die zahlreichen ›Getreuen‹ gäbe, könnte ich nicht mehr heimkehren. Die jüngsten Veränderungen haben mir viele innere und besonders äußere, heute sehr mächtige Feinde geschaffen. *Necesse est, unus moriatur pro populo!* Jedenfalls werde ich für einige Tage oder vielleicht für länger zu Ihnen kommen, denn ich weiß, daß Sie mich, der ich ein ›armer Sünder‹ und ohne jeglichen Verteidiger der Wahrheit bin, niemals abweisen würden. Sobald ich Einzelheiten weiß, werde ich Ihnen Nachricht geben. Bis dahin verbleibe ich immer mit großer Dankbarkeit und Anhänglichkeit
Ihr treuer ›Geistlicher‹ Raphael«

Wir wissen, daß Dom Walzer während seines Pariser Aufenthaltes den Benediktinerinnen und den Benediktinern Vorträge hielt (Geschichte, Theologie und Patristik für die Studierenden) und daß er selbst am Institut catholique Griechischunterricht nahm.

1937

Im Januar 1937 erschien der offizielle Erlaß des Kultusministeriums in Berlin, der ihm von jetzt ab die Rückkehr nach Deutschland untersagte und ihm bestätigte, daß »seine Rückkehr nach Deutschland und die Wiederaufnahme seiner Tätigkeit in Beuron aus politischen Gründen mehr als unerwünscht sind«[7]. In seinen Einbürgerungsanträgen erwähnte Dom Raphael mehrmals diesen Erlaß. Er war die entscheidende Ursache dafür, daß ihm von nun an jegliche Zukunft in Deutschland verweigert war. Der Ton seiner Briefe änderte sich nun, und er strebte entschieden die Einsetzung in das Amt als Spiritual der Benediktinerinnen von Paris an.
Am 10. Februar 1937[8] schrieb er auf einer Karte mit einer Abbildung des Klosters Beuron an die Äbtissin von Paris:

»Sehr geehrte Frau Äbtissin,
ich, der ich mit Ihnen ganz besonders verbunden bin, möchte gerne etwas egoistisch, daß Sie mir wie eine hl. Scholastika

---

[7] Abschrift dieses Dokumentes in AEB.
[8] Fest der hl. Scholastika.

die Gnade bitten, nie mehr auf den ›Monte Cassino‹ heimkehren zu dürfen. Der Sturm ist ziemlich heftig und die Wasser sind über die Ufer getreten, daß es fast hieße, Gott zu versuchen, wenn ich noch daran denken würde, diesen reißenden
Strom zu durchqueren.
Ein schönes Fest an Sie alle,
Ihr Raphael«

Dom Walzer war also von diesem Datum an zum Verzicht auf die
Rückkehr nach Beuron und zum Amtsverzicht als Abt entschlossen. Dom Walzer fügte sich schnell in das religiöse und benediktinische Leben im Umfeld von Paris ein. Am 9. Juli 1937 liest er bei den
Benediktinerinnen von Vanves, deren Geistlicher abwesend war,
seine erste Messe. Aber vorerst blieb er für sie anonym und wurde
ihnen als »Dr. Kreuzer«[9] vorgestellt. Er half ihnen von da ab oft als
Geistlicher aus und hielt ihnen Vorträge. Die Schwestern schätzten
seinen »so weiten, so übernatürlichen, so benediktinischen Geist«.
Wir erfahren aus seiner Korrespondenz mit der Mutter Äbtissin von
Paris, daß er auch als Lehrer in einem Internat tätig war.
In einem mit Schreibmaschine geschriebenen Brief ohne Datum erwähnt er seine notwendige Anwesenheit im Internat Notre-Dame
in Saint-Dizier im Departement Haute-Marne, wo er sich von Ende
1937 bis Juli 1938 (und im darauffolgenden Jahr) aufhielt:

»Sehr geehrte Frau Äbtissin, es freut mich sehr zu wissen, daß
Sie sich von nun an auf mich verlassen. Ich würde gerne unmittelbar nach Ostern kommen. Aber wie ich Ihnen schon geschrieben habe, habe ich in den beiden Schulen, in denen ich
(30 Stunden) unterrichte, bis zum Juli Verpflichtungen. Nicht
wahr, Sie werden mir in der Zwischenzeit ›meine Stelle‹ frei-
halten. Bitte behalten Sie die besagten (Holz-)Kisten bei sich
oder in Meudon. Bruder Marcel wird so freundlich sein, nach-
zusehen, ob Bücher oder Faszikel darin sind, die ich hier noch
brauche. Ich werde ihm die Sache erklären. Zu Ostern bin ich
nach St. Wandrille[10] eingeladen. So werde ich Sie, wenn es keine andere günstige Gelegenheit gibt, leider vor meiner endgül-

---

[9] Deckname für Erzabt Raphael in der Zeit der Emigration – Mädchenname seiner
Mutter.
[10] Benediktinerkloster in der Normandie.

tigen Ankunft nicht mehr sehen. Später mehr Neuigkeiten. Bis dahin verbleibe ich Ihr treuer Geistlicher
Raphael
PS.: Kein besonderer Wunsch bezüglich der Möbel. Aber nach meiner Ankunft werde ich Sie um ein Regal bitten. Schicken Sie mir die Rechnung für die drei Kisten!«

Dom Walzer hielt einige Vorträge bei den Schwestern, die ersten sogar, ohne daß die Gemeinschaft wußte, wer er war. Beim ersten Vortrag, den er hielt, stellte die Mutter Äbtissin ihn lediglich vor als einen »ausländischen Mönch, beachten Sie seinen Akzent nicht. Ich kann Ihnen nicht sagen, wer er ist«. Er war in Zivil. Man wußte nur, daß er ein nach Frankreich geflüchteter deutscher Priester war. Der Pater zelebrierte häufig die Messe im Konvent und war gerne bei den Offizien mit dabei, wie das Archiv der Schwestern berichtet. Nach den Erinnerungen einer Oblatin[11] versteckte sich der Pater vor 1938. Er wurde von der Polizei gesucht. Wenn man befragt wurde, mußte man sagen, daß man nicht wisse, wo er sich aufhalte. Er verschwand von Zeit zu Zeit.
In Paris bewohnten die Benediktinerinnen in der Rue Monsieur Gebäude, die ihnen nicht gehörten und für die man einen neuen Eigentümer suchte. Man mußte daran denken, sich irgendwo anders niederzulassen. So wurde das Anwesen in Limon[12] gekauft, aber das Grundstück war noch unbebaut. Dom Walzer fing an, sich über die Zukunft der Gemeinschaft von Saint-Louis-du-Temple und ihre zukünftige Organisation in Limon Gedanken zu machen. Obwohl er im Exil lebte, blieb er doch in aller gebotenen Bescheidenheit der Erzabt, der Gründungspläne hegte und davon träumte, das benediktinische Leben auf die Umgebung ausstrahlen zu lassen, wie sein Brief vom 16. Juli 1937 an die Mutter Äbtissin bezeugt:

»Sehr geehrte Frau Äbtissin, aus beständiger Sorge um Ihre große Angelegenheit schreibe ich erneut. Ich denke oft an Ihr Limon. Und ich glaube, man sollte dort so bald als möglich zumindest einen Teil Ihres zukünftigen Klosters bauen. Glauben Sie nicht auch, daß es eine gute Idee wäre, Ihnen ein we-

---

[11] Ein an eine bestimmte Abtei gebundenes Mitglied des benediktinischen Drittordens.
[12] Limon = südwestlicher Vorort von Paris.

nig den Weg zu bereiten? Ich denke an die Nachbarn von Vauhallan und Gommonvillers. Zwei große Gemeinschaften ohne Pfarrer, ohne religiöse Betreuung! Ich wäre sehr versucht, mich um die Betreuung dieser Gemeinschaften zu kümmern. Seien Sie nicht erstaunt. Lachen Sie ein bißchen, ich sehe es nicht. Aber ich versichere Sie, ich würde trotzdem ziemlich monastisch und liturgisch bleiben, und Sie müßten nie einen »Landpfarrer« mit ländlichen Sitten in der Person Ihres Geistlichen unter Ihrem Dach dulden! Man könnte die beiden Dinge sehr gut verbinden. Ich hätte für alles konkrete Pläne. Es wäre mir eine große Freude, Ihnen so das Feld zu bereiten, nicht nur durch Bruder Marcel und dadurch, daß ich Ihren Aufbau ein wenig mit meinen Ideen begleite, wenn Sie wollen, sondern besonders, indem ich die Herzen des Christenvolkes für Sie eroberte, das im Schatten Ihres heiligen Ortes lebt. Ich würde selbst den Pfarrer von Igny für diese Idee gewinnen, der etwas schwierig sein soll, und den Bischof. Und all das sehr sorgsam und mit der Diskretion, die die hl. Regel vorschreibt. Das Gesamtwerk, Ihr monastisches und liturgisches Leben und das zu erhoffende christliche Leben um Ihr Kloster herum, das wäre etwas Hervorragendes. Und ich würde mich diesem ganz widmen. Ohne mich in Ihre Familienangelegenheiten einmischen zu wollen, dachte ich trotzdem, gut daran zu tun, Ihnen ohne Umschweife einen Gedanken anzuvertrauen, den ich schon seit langem hege. Trotz aller Schwierigkeiten, die diese Pläne für Limon beinhalten und die ich gut kenne, wird dies immer die beste Lösung bleiben.
Ihr Hilfsgeistlicher
Raphael«

1938

Das Kloster in der Rue Monsieur wurde 1938 zum Verkauf angeboten, und die Gemeinschaft ließ sich in Meudon nieder, einem Provisorium, das sich durch den Krieg in die Länge zog. Bruder Marcel Haberstroh, den Pater Walzer 1937 aus Beuron kommen ließ, half sehr beim Umzug und beim Einrichten in Meudon.

Dom Walzer pflegte später auch Verbindung zu den ·Benediktinerinnen von Vanves, denen er weiterhin Vorträge hielt (über das Johannes-Evangelium: »Das ist erhellend und Frieden stiftend«), er feierte die Messe oder leitete die Vesper zu den großen Festen. Dom Walzer vertiefte seine Beziehungen zu der Schwesterngemeinschaft der Auxiliatrices du clergé (»Helferinnen des Klerus«) von Clamart. Es handelte sich hierbei um eine Kongregation, die den Priestern Mitarbeiterinnen zur Verfügung stellte, um sie von den Aufgaben zu entlasten, die von Laien übernommen werden konnten. Die Einberufung zahlreicher Priester zum Militärdienst während des Krieges von 1914 bis 1918 hatte die Pfarrgemeinden des Departements Seine in der Tat zerrüttet. Als Antwort auf diese Notlage war von einem Pater von Saint-Sulpice und einer frommen Frau, ermutigt durch den Kardinal Verdier, eine Kongregation von Schwestern zur Unterstützung der Pfarrer gegründet worden. Diese Gemeinschaft schloß sich mit den »Assistantes médicales et sociales« zusammen, die seit 1928 in der Diözese von Algier lebten und sich um Kranke und Bedürftige kümmerten. Die Schwestern von Algier kamen in den dreißiger Jahren zur Ausbildung nach Clamart und kehrten dann nach 1936 nach Boghar[13] zurück. Um 1938 wurden aus der Gemeinschaft von Clamart die Missionsbenediktinerinnen, die »Bénédictines de Jésus-Prêtre«[14]; sie ließen sich in Sainte-Geneviève-des-Bois[15] nieder, da die Räumlichkeiten zu klein geworden waren. Die Schwestern beteten damals das Offizium in Französisch. Dom Walzer, der durch die Jesuiten mit ihnen in Kontakt kam, beriet sie ab 1939. Er hielt ihnen Vorträge, in denen er sie aufforderte, sich dem benediktinischen Geist zu öffnen, und »sie überredete, das lateinische Offizium zu übernehmen«[16]. Dom Walzer widmete von nun an den Hauptteil seiner Zeit den verschiedenen Frauengemeinschaften. Er beabsichtigte, Ordensgeistlicher bei den kontemplativen Benediktinerinnen zu werden, die kurz vor dem Umzug nach Meudon standen, in Erwartung ihrer endgültigen Niederlassung in Limon.

---

[13] Ort in Algerien, etwa 100 km südwestlich von Algier, im Departement Algier.
[14] 1960 schloß sich die Kongregation zu den »Servantes du Christ-Roi« zusammen, und im Jahre 1976 schlossen sich den Servantes du Christ-Roi sechs weitere Kongregationen an, um sich »Schwestern Christi« (Union Mysterium Christi) zu nennen.
[15] Südlicher Vorort von Paris.
[16] Brief von Sr. Marie-Benoît (Priorat von Bethanien, Belgien), 28. Juli 2004.

Am 13. Februar 1938 schrieb er deshalb der Mutter Äbtissin:

»Sehr geehrte Frau Äbtissin, in der Hoffnung, daß Sie alle meine Brieflein erhalten haben, muß ich Sie nochmals mit der konkreten Frage belästigen: Rechnen Sie mit mir als (erstem) Geistlichen oder nicht? Denn ich muß meine Zukunft regeln. Vom Standpunkt des Kirchenrechts aus wäre dies für mich die beste Lösung. Sie wissen, daß ich keinen Anspruch auf irgendeine spirituelle Leitung etc. erheben würde. Ich würde lediglich den liturgischen Dienst ausüben und Ihnen für die Arbeiten, die Sie mir auftragen würden, zur Verfügung stehen. Ich habe keinen Wunsch, mich in die Interna einzumischen. Ich müßte aus mehreren Gründen wissen, ob das Ihrem Willen entspricht oder nicht. Und weil man mir von B(euron) einige Kleider und Bücher etc. schicken will, müßte ich wissen, ob ich die Adresse von Meudon (und welche genau) angeben kann. Sie hätten sicher, im zustimmenden Falle, die Freundlichkeit, die Dinge bis zu meiner definitiven Ankunft bei Ihnen aufzubewahren.
Mein Nachfolger[17] ist ernannt, der ehemalige Subprior Benedikt Bauer. Möge die arme Gemeinschaft nun ihren Frieden wiederfinden! Meine besten Wünsche wie immer
Ihr sehr ergebener Raphael«

Die Gemeinschaft der Benediktinerinnen zog im April 1938 in Meudon ein, der Pater folgte im September,[18] nachdem er von der Äbtissin die positive Antwort erhalten hatte, die ihn zum Geistlichen der Gemeinschaft machte. Er schrieb am 11. August 1938 aus Vanves den folgenden Brief:

»Sehr geehrte Frau Äbtissin,
also wird Limon Ihr zukünftiges Zuhause sein, und ein bißchen auch das Meinige! Sie können sich auf mich verlassen. (....) Jedenfalls wissen Sie, daß die Arbeit mir nie zu viel

---

[17] Gemeint ist der neue Erzabt von Beuron, Dr. Benedikt Bauer.
[18] Diese Auskünfte stammen aus den Archiven der Gemeinschaft der Benediktinerinnen. Sie stimmen nicht ganz mit denen der Präfektur überein. Dom Walzer war vielleicht in Meudon gemeldet, auch wenn er einige Wochen in Vanves wohnte.

sein wird, auch wenn ich an Sonn- und Feiertagen zwei Messen lesen muß. Ohne zu neugierig zu sein und mich in Ihre Pläne einzumischen, möchte ich glauben, daß sie Ihr provisorisches Heim in Limon selbst einrichten, indem Sie z. B. das ganz nahe gelegene Bauernhaus kaufen, wo Sie vielleicht für einige Zeit genügend Platz finden werden. Bruder Marcel wird Ihnen die notwendigen ›Wunder‹ vollbringen, die unsere Theologen nicht, zumindest nicht ohne ›Jurisdiktion‹, zustande bringen.
Man hat mich gebeten, noch bis September hier zu bleiben. Ich nehme an, Sie sind damit einverstanden.
(...) Von Seiten B(eurons) ein großes Schweigen. Macht nichts. Ich bin Ihr hochzufriedener Geistlicher und werde Ihnen immer verbunden bleiben
Ihr Raphael«

Im Vorfeld der Übersiedlung der Schwestern nach Limon hatte Dom Walzer den etwas utopischen Plan eines Internates (freie höhere Schule) in Limon gefaßt. Das Internat würde für den Lebensunterhalt der Gemeinschaft sorgen; diese würde sich nicht um den Unterricht, außer vielleicht um den Religionsunterricht, kümmern. Dieses Projekt, das Dom Walzer als Hilfe für die Ordensfrauen dachte, hatte sein Vorbild in den deutschen Benediktinerkollegien.
In Meudon leitete Dom Walzer verschiedene Zeremonien, die erste davon war die Profeß von Sr. Marie-Paule Desmaisons am 27. Dezember 1938.

1939

Im Jahr 1939 reichte Dom Walzer nach vorbereitenden Anfragen sein erstes Einbürgerungsgesuch bei Herrn Ganet, dem Beauftragten für die kirchlichen Angelegenheiten im Außenministerium in Paris, ein. Die positive Antwort ließ trotzdem lange auf sich warten, wie wir sehen werden.[19] Hier ein Auszug aus einer Verwaltungsnotiz zu seinem Gesuch: »Anläßlich der ersten Volksabstimmung im November 1933 hat sich der Erzabt als einziger der kirchlichen

---

[19] Brief von Bischof J. Hincky an den Präfekt von Algier vom 11. Mai 1942.

Führer Deutschlands der Stimme enthalten. Diese Haltung wurde als ein Akt der Feindseligkeit gegenüber dem Staat betrachtet. Hieraus folgten während zwei Jahren, von 1933 bis 1935, viel Ärger und Unannehmlichkeiten: Überwachung der Predigten etc. Dem Kloster wurde ein Prozeß wegen Devisenvergehen angehängt. Der Verwalter wurde dreizehn Monate in Untersuchungshaft gehalten, aber der Erzabt persönlich wurde von jeder Anklage in dieser Sache befreit. Im November 1935 anläßlich einer Auslandsreise wurde dem Erzabt angekündigt, er solle nicht wieder nach Deutschland zurückkehren. Im Januar 1937 erklärte ein offizieller Erlaß des Kirchenministeriums in Berlin: ›daß seine Rückkehr nach Beuron und die Wiederaufnahme seiner Tätigkeit in Beuron aus politischen Gründen mehr als unerwünscht sei‹. Der Erzabt hatte mitten im Krieg ein Gesuch um Einbürgerung vorgelegt und dieses am 25. Juli 1940 erneuert, wobei er Seine Eminenz Kardinal Gerlier von Lyon und Seine Exzellenz den Päpstlichen Nuntius in Frankreich [Roncalli] um Unterstützung bat.« In Wirklichkeit sprach die Tatsache, daß es sich bei ihm um die herausragende Persönlichkeit des Erzabtes von Beuron und eine internationale Größe handelte, nicht unbedingt für ihn, denn die Regierung wollte vor allen Dingen vermeiden, den Zorn der Nazis zu erregen ...

In Meudon, wo er nun als Ordensgeistlicher eingesetzt war, leitete Dom Walzer auch am 19. März 1939 die Einkleidung von Sr. Germaine Montet und Sr. Imelda Lamblin und dann am 14. Mai 1939 die ewige Profeß von Sr. Geneviève Gallois (der berühmten Malerin) und von Sr. Marie-Joseph Philibert. Dom Walzer war also voll in das Leben der Gemeinschaft integriert und teilte mit ihr die Ungewißheiten des Krieges und der Bombenangriffe.

In Vanves hielt Dom Walzer den Schwestern die Fastenpredigten. Er wählte als Thema die Abschiedsrede Christi. Erst im Mai erfuhren die Schwestern schließlich seine wahre Identität! Aber danach wird er im Archiv des Klosters nicht mehr erwähnt.

Die Chronik der Benediktinerinnen (in Meudon) erwähnt in der Tat am 5. September 1939 einen Alarm: »Langer Sirenenton. Der P. Abt sagt, es sei ein erneuter Alarm ... Der Keller füllt sich. Auf der Treppe hält der P. Abt die Nachtlampe des hl. Joseph und sorgt für Licht ... Er gibt Ratschläge: ›Bei einem Bombenalarm während einer privaten Messe oder bei der Messe des Konvents verzehre ich nach der Konsekration schnell die heiligen Hostien: wartet nicht. Kein unnützes Heldentum!‹ Der liebe Pater fürchtet sich sehr. Man leidet mit ihm, um seinetwillen.«

Im September 1939 meldeten sich Dom Robert Cornet (ein belgischer Benediktiner aus Maredsous) und Bruder Marcel auf dem Kommissariat. Bis auf weiteres ließ man P. Walzer jede Möglichkeit zu bleiben. Am 9. September ging Bruder Marcel nach Limon, das ihm vom Kommissariat als Wohnort zugeteilt wurde. Am 14. September schlug die Neuigkeit ein wie eine Bombe: Dom Walzer muß in ein Internierungslager, Bruder Marcel auch. Der Aufenthalt in Frankreich, so vermerkt die Chronik der Schwestern, war bislang Ausländern erlaubt, die älter als 50 Jahre waren, nun war er nur noch denen erlaubt, die älter als 65 sind. Bevor er fortging, las Dom Walzer am 15. September die Messe. Am selben Tag »sind zwei junge Franzosen voller Enthusiasmus und Dankbarkeit hier angekommen. Sie hatten einen Ausflug in den Schwarzwald gemacht ... der eine verletzte sich an beiden Händen. Es war in der Nähe der Abtei (von Beuron). Ein Mönch bot ihm an, sich die Wunden versorgen zu lassen. Unvergeßlicher Empfang, ausgezeichnete Pflege«. Nachdem es ihnen gelungen war, die Schweizer Grenze zu passieren, waren sie nach Frankreich zurückgekommen. Sie gingen schließlich ins Lager, um Dom Walzer und Marcel Haberstroh zu besuchen. Nach vielen Behördengängen zugunsten der beiden Mönche freuten sich die Benediktinerinnen, sie am 20. September wiederzusehen. Dom Raphael Walzer singt den Hauptgottesdienst! Anschließend das Te Deum. »Der Pater Abt fand sich in Gesellschaft mit vielen Deutschen, die der gehobenen Schicht angehörten, Ärzte, die Hitler nicht gehorchen wollten, Intellektuelle, politische Verbannte.« Am 25. Dezember 1939 zelebriert er die Weihnachtsmesse bei den Schwestern von Sainte-Geneviève.

Nach einer Abwesenheit, während der er als Lehrer in Saint-Dizier (wahrscheinlich von Januar bis Juli 1939) tätig war, kam er nach Meudon zurück und blieb dort bis zur deutschen Invasion von 1940.

»Im Mai 1940, als ich in Meudon wohnte, konnte ich wegen der deutschen Invasion meine dort zurückgelassenen Papiere nicht retten. Nach der Ankunft der deutschen Truppen wurde meine Wohnung in Meudon von der deutschen Gestapo durchsucht: alle Papiere wurden absolut sicheren Berichten zufolge beschlagnahmt. Mehrfach hat die Gestapo ihre Untersuchung in Meudon und in

Sainte-Geneviève-des-Bois fortgeführt, wo ich früher einen Schwesternkonvent leitete«, so lautete Dom Walzers eigener Bericht vom 10. Dezember 1943, um bei der Verwaltung das Fehlen der Papiere zu rechtfertigen. Die Benediktinerinnen haben in ihrer Chronik vermerkt, daß eine Schwester nach der Rückkehr von der Flucht Polizisten in die Wohnung Dom Walzers führen mußte. Sie hatten sie mit dem Auto in die Stadt mitgenommen. Die Schwester konnte einige Stunden später nach Hause zurückkehren. Alles war ausgeraubt, die Papiere in Fetzen, was erklärt, daß Dom Walzer keine Ausweispapiere mehr hatte, die er den Behörden vorlegen konnte. Er war also ein Flüchtling ohne Papiere, der sich mit einer kleinen Gruppe von Schwestern von Sainte-Geneviève-des-Bois, die er begleitete, auf die Flucht begab. Ihre Absicht war es, nach Boghar zu ihren Mitschwestern zu reisen, die sich dort niedergelassen hatten.

1940 Die Flucht

»1940 flieht er [Dom Walzer] und wird in En-Calcat[20] versteckt. Als die besetzte Zone eingenommen war, teilen sich die Schwestern von Sainte-Geneviève-des-Bois, die zunächst nach Lodève (Hérault) in das Anwesen einer ihrer Novizinnen geflohen waren, in zwei Gruppen auf. Die Älteren kehren nach Sainte-Geneviève zurück, die Novizinnen und die jungen Schwestern gehen nach Algerien unter der Führung der Generaloberin, Mutter Jeanne Leclercq. Dom Walzer schließt sich ihnen an und geht mit nach Algerien.«[21]
Es ist zu beachten, daß die Berichte der Präfektur und die eigenen Zeugnisse des Abtes zwar seine Fahrt nach Lodève erwähnen, aber nicht seine Reise nach En-Calcat; auch in den Archiven der Abtei findet sich kein Hinweis.
Die Verwaltungsakten erwähnen seine Internierung von Mai bis Juli 1940 zunächst in Maisons-Laffitte (Seine-et-Oise), dann in Meslay (Mayenne) und schließlich in Albi (Tarn). Ein Bericht des Erzbistums Algier von 1942 führt aus, daß »<Dom Walzer> sich während seiner Internierung in Maisons-Laffitte, Meslay und Albi in demselben Geiste um die Gefangenen gekümmert hat; er hat be-

---

[20] Die Archive von En-Calcat enthalten kein Dokument über Dom Walzer, aber die Ältesten der Gemeinschaft erinnern sich an seine Durchreise.
[21] Chronik von Bethanien.

sonders während der so harten Zeit der Flucht von Maison-Laffite nach Albi unverhohlen seine große Sympathie für Frankreich zum Ausdruck gebracht.«[22]

Er schrieb am 30. Juni 1940 von Albi aus an die Äbtissin von Limon:

>»In großem Leid, das uns alle niederdrückt, schicke ich Ihnen meine Grüße von hier, wo ich mit den Häftlingen endlich nach besonderen Abenteuern angekommen bin. All das zählt nichts angesichts des Unglücks, das unser liebes Frankreich getroffen hat, dem ich bis zum Tode treu bleiben werde. Br. Marcel ist mit denen weggegangen, die sich den deutschen Truppen stellen werden, um wieder repatriiert zu werden. Er hat dies ohne Rücksprache mit mir getan. Umso besser. Auf der sehr traurigen Flucht, bei der alle gezwungen waren, ihre letzte Habe aufzugeben, habe ich Ihre beiden Decken und meinen tragbaren Altar gerettet, so daß ich fast jeden Tag die Messe lesen konnte. Nur meine Soutane wurde von Riemen zerrissen, mit denen ich den Altar auf dem Rücken trug. Die beiden Decken, die schwarz vor Schmutz (!) geworden sind, werden Ihnen hoffentlich zurückgegeben.«

Nach einigen praktischen Hinweisen zur Art und Weise, wie ihm einige Dinge geschickt werden könnten, schloß er:

>»Tausend Dank! Und nun *sursum corda!* Frankreich ist nicht verloren! *Bonum est cum silentio praestare salutem Dei!* Leider muß ich meine Adresse ein bißchen verstecken. Sie verstehen schon. Aber wir bleiben eins, *in spe et caritate.* Ihr Raphael.«

Am 25. Juli 1940 erneuerte er durch Vermittlung des Kardinals Gerlier und mit der Unterstützung des apostolischen Nuntius sein Gesuch um die französische Staatsbürgerschaft.[23]

>»Als ich als Flüchtling im Sommer 1940 in Lodève (Hérault) war, habe ich einen Passierschein nach Algerien beantragt. Die Präfektur

---

[22] Notiz des für Algier delegierten Generalvikars an den Präfekten von Algier vom 18. März 1942 (Archiv von Fontainebleau).

[23] Das schreibt er selbst in einem Brief vom 7. September 1941 an den (Innen?-)Minister.

von Montpellier hat mich angesichts der Tatsachen und da ich keinen deutschen Paß hatte, ohne Schwierigkeit als echten Staatenlosen (Ex-Deutschen) anerkannt.« In der Tat,»sagt der Sondererlaß vom Januar 1937, der die Ausweisung vom Innenminister ausspricht und vom Kirchenministerium unterzeichnet ist, im Wesentlichen aus, daß meine ›Rückkehr und die Wiederaufnahme meiner Tätigkeit dort aus politischen Gründen mehr als unerwünscht seien‹. Kardinal Verdier und die Erzdiözese Paris hatten die einzige Kopie, die ich in Meudon besaß, beglaubigt«, erklärt Dom Walzer weiter (am 10. Dezember 1943). Er erhält schließlich einen Passierschein nach Algerien am 7. Februar 1941, der von der Präfektur in Montpellier ausgestellt wurde; der Passierschein hat unter der Rubrik Nationalität den Eintrag:»Ex-Deutscher. Staatenlos«. Dom Walzer verließ Lodève am 12. Februar.

Als von der Gestapo verfolgter, staatenloser Flüchtling schiffte er sich mit dem tiefen Wunsch, dort als Missionar tätig zu sein und die französische Staatsbürgerschaft zu erhalten, nach Algerien ein.

1941 IN ALGERIEN

Kaum war Dom Walzer in Algerien, stellte er bei der Verwaltung weitere Anträge, um die französische Staatsbürgerschaft zu erhalten.

Wie stand es um seine kirchliche Funktion? Er blieb Geistlicher bei den Schwestern von Sainte-Geneviève-des-Bois, zunächst in der Gemeinschaft von Boghar (Algerien) und später, als die Gruppe der jungen Schwestern (ca. ein Dutzend) zu zahlreich geworden war, um in Boghar zu bleiben, in einem größeren Haus, das Mutter Jeanne ganz in der Nähe von Algier gefunden hatte. Dom Walzer blieb mehrere Monate bei ihnen. Er beschreibt uns seine Lage selbst in einem Brief vom 7. September 1941, in dem er sein Gesuch um Einbürgerung erneuert:

»Seit langen Jahren fühle ich mich von der französischen Kultur angezogen und in meinem ehemaligen Amt habe ich immer auf ein tieferes deutsch-französisches Verständnis hingewirkt. Ich kümmere mich seit zwei Jahren um eine junge französische Kongregation, die Missionsbenediktinerinnen von Ste-Geneviève-des-Bois (S. & O.), die ein Haus in Boghar (Algerien) hat, und ich bin entschlossen, mich diesem Werk für immer zu widmen und so gleichzeitig für Frankreich zu arbeiten.«[24] Zeugnisse sprechen von seinen Ratschlägen zur Führung eines wahrhaft benediktinischen Lebens, aber sie drücken, wie es scheint, auch einen gewissen, etwas strengen Autoritätsanspruch aus. Zum Beispiel wird angegeben, daß er alle seine mitreisenden Schwestern am Abend der Ankunft in Boghar dazu verpflichtet, »achttägige Exerzitien unter seiner Leitung durchzuführen, ohne ihnen Zeit zu geben, Kontakte zu ihren Gastgeberinnen dort zu knüpfen oder wieder aufzunehmen«[25].

Schon 1936 gab es Schwestern in Boghar, denn wir haben festgestellt, daß die Missionsbenediktinerinnen aus dem Departement Seine-et-Oise sich mit einer algerischen Gemeinschaft verbunden hatten, die den Priestern als Helferinnen zur Hand gingen. »Die örtliche Gemeinschaft war um den Pfarrer Jules Leclercq entstanden, der sich die Annäherung der Muslime an seine riesige Gemeinde zur Hauptaufgabe gemacht hatte. Da er sich auf die rein priesterlichen Aufgaben zurückzog, hatte er junge französische Mädchen, darunter seine leiblichen Schwestern, aufgerufen, Sozialdienst, Krankenbetreuung, Frauenkatechese etc. zu übernehmen. Drei Jahre später wuchs die Gruppe aus dem Bedürfnis nach einem strukturierteren Leben zusammen, aber der Pfarrer, der wußte, daß das Werk des Abbé Laurain und der Mutter Germaine 1929 als Diözesankongregation anerkannt worden war, wollte keine Doppeleinrichtung und beschloß, den Älteren um die Ausbildung dieser algerischen Gruppe und ihre Integration in seine junge Gründung zu bitten. Die ersten vier Schwestern, darunter seine beiden Schwestern, reisten 1931 ab. Mutter Jeanne legte die dreijährige Profeß 1934 ab, die ewige Profeß 1936. Ihre Gefährtinnen kehrten nach Boghar zurück, wo sie nun lebten, und eine zweite Gruppe nahm ihren Platz ein. Aber Sr. Jeanne ging nicht wieder fort, da Mutter Germaine, die bald darauf an Krebs starb, ohne Zweifel erkannt hatte, daß sie in ihr eine Seelenverwandte mit einer ähnlichen Berufung wie sie selbst hatte, so daß sie sie zu ihrer Sekretärin machte und sie offensichtlich auf ihre spätere Aufgabe vorbereitete. Tatsächlich wurde Sr. Jeanne nach Sr. Germaines Tod zur Generaloberin gewählt. Vor ihrem Tod hatte

---

[24] Ebd.
[25] Chronik von Bethanien.

Sr. Germaine (....) zu Sr. Jeanne gesagt: ›Sollten sie (die Kommunisten!) an die Macht kommen, dann nehmen Sie alle Novizinnen und die jungen Schwestern nach Algerien mit.‹ Aber schon 1939 ergreift Sr. Jeanne die Gelegenheit, die Unsicherheit von Clamart zu verlassen und nach Sainte-Geneviève-des-Bois zu ziehen. Ungefähr um diese Zeit nennen sie sich Missionsbenediktinerinnen.«[26] Dom Walzer gab der Gemeinschaft, die er bis 1942 beriet und führte, eine starke Ausrichtung an der benediktinischen Spiritualität, die später zur Zusammenlegung mit den Benediktinerinnen von Bethanien (Belgien) und zur Integration in deren Kongregation führte. Aber folgen wir dem Lauf der Ereignisse. Dom Walzer war in Algerien und wirkte auf spiritueller Ebene, aber er besaß nach wie vor nur den Passierschein, der ihn als Staatenlosen anerkannte. Sein Einbürgerungsgesuch schien nicht voranzukommen. Ein anderes Dokument seiner Verwaltungsakte führt aus, »im Juli 1941 hätten die Behörden der Besatzungsmacht den Erzabt gesucht, und seine ehemalige Wohnung in Meudon sei durchsucht worden«. Er hatte also nichts mehr im französischen Mutterland; im übrigen gewöhnte er sich in das algerische Leben ein und scheint mit den unterschiedlichsten Personen Beziehungen geknüpft zu haben, wie wir sehen werden.

1942

»Dom Walzer verläßt die Schwestern in Boghar, um nach der angloamerikanischen Landung in Nordafrika Kontakte zu den deutschen Kriegsgefangenen aufzubauen.« – »1943 wird er offiziell beauftragt, in Rivet (30 km von Algier entfernt) ein Seminar zu eröffnen, damit die deutschen kriegsgefangenen Seminaristen ihre Studien mit dem Ziel der Ordination weiterführen konnten.«[27]
Zu dieser Zeit machte er die Bekanntschaft der Familie Mondzain in Algier. Der Vater, Simon Mondzain, war Maler; er malte Dom Walzer in seinem algerischen Haus, wo Dom Walzer viel Zeit beim Spiel mit der kleinen Tochter verbrachte. Er schien sich in dieser jüdi-

---

[26] Zeugnis von Mutter Jeanne, aufgezeichnet von Sr. Marie-Benoît, OSB (Archiv der Abtei von Bethanien/Belgien).
[27] Chronik von Bethanien.

schen Familie von Algier wohl zu fühlen, wie sich die besagte kleine Tochter (später Madame Lacas) erinnerte.

Die Akten bezeugen, daß das Einbürgerungsgesuch mit der Unterstützung einiger Persönlichkeiten erneuert wurde, die die frankophile Einstellung Dom Walzers seit dem Ersten Weltkrieg erwähnen, währenddem er in Beuron französische Kriegsgefangene beherbergt haben soll. Der Leiter der Präfektur in Algier, Herr Ordioni, unterstützte ihn, wie Briefe[28] bezeugen und wie dieser selbst in seinen Memoiren schreibt. Er berichtete über eine seiner Unterhaltungen mit Dom Walzer, die ein wenig seine Haltung zur »Judenfrage« erhellt:

»Als ich ihm die Äußerung eines französischen Priesters zitierte: ›Ein konvertierter Jude, das macht einen Christen mehr und einen Juden weniger‹, richtete er sich erschreckt in voller Größe auf, die Augen erfüllt von Entsetzen in seinem ausgemergelten Gesicht: ›Mein Gott!‹, hatte er gemurmelt, ›Wie kann ein Jünger Christi das nur sagen? In Frankreich? Wenn Sie wieder im Kampf stehen‹, hatte er hinzugefügt, ›dann vergessen Sie niemals, daß es darum geht. Glauben Sie mir, das christliche Wesen wird in der Taufe geboren.‹ Ich kann wirklich die Beweggründe verstehen, die Hitlers Behörden dazu veranlaßten, sich eines Gegners zu bemächtigen, der auf diesem Niveau kämpfte.«

1943

Ab dem 1. Oktober 1943 war Dom Walzer verwaltungsmäßig in Rivet gemeldet, wo er auf Anordnung des Generalstabs ein Seminar für deutsche Gefangene (Priester und Seminaristen) leitete.[29]
Es soll darauf hingewiesen werden, daß dieses Seminar Vorläufer und Modell für das Seminar von Franz Stock war und daß es dank der Beziehungen zu benediktinischen Schwestern gegründet wurde.
»Der Gedanke einer Ausbildungsstätte in einem Gefangenenlager entstand nicht zuerst bei Franz Stock, sondern keimte im Herzen

---

[28] Siehe den 2. Brief von Bischof J. Hincky an den Präfekten von Algier vom 11. März 1942.
[29] Bericht an den Justizkommissar über das Einbürgerungsgesuch des Abtes Walzer an den Comité français de la Libération nationale vom 21. Januar 1944. Zur Geschichte dieses Seminars siehe Laura Hannemann.

eines anderen Kirchenmannes, der auch ein Deutscher war, Dom Raphael Walzer«, schrieb Mgr. Aubertin.

In der Tat schließt sich Dom Walzer »den Streitkräften der France Libre in Algerien an. Dort hatte er die Idee, mit der Hilfe französischer Offiziere, hauptsächlich des Generals Boisseau, ein Seminar zu eröffnen, wo deutsche gefangene Priester und Seminaristen sich auf ihr Priesteramt vorbereiten können sollten. Wir sind im Jahre 1943 in Algerien im Kloster Notre Dame du Mont Rivet ungefähr 60 km von Algier entfernt. Diese Idee wird 1945 von Abbé Le Meur wieder aufgenommen, einem Beigeordneten von Abbé Rodhain und eben auch von jenem General Boisseau, der für die Gesamtheit der Gefangenenlager verantwortlich war«. Dazu müssen wir bemerken, daß »die leibliche Schwester des Abbé Jean Rodhain (Mutter Teresia) zur Gemeinschaft der in Meudon lebenden Benediktinerinnen gehörte, so daß Verbindungen zwischen Dom Walzer und dem Abt J. Rodhain entstanden«, so Mgr. Aubertin, der Bischof von Chartres, in seiner Ansprache zur Aufnahme der Arbeit im ehemaligen sogenannten »Stacheldrahtseminar« (Seminar für deutsche Kriegsgefangenenseminaristen in Chartres) am 7. Mai 2005.

1943 bedeutete einen Wendepunkt im Krieg: Zwischen 1941 und 1943 war das Afrikakorps, ein deutsches Expeditionskorps unter dem Befehl von Marschall Rommel, den alliierten Kräften in Libyen, Ägypten und Tunesien entgegengetreten. 1943 war das Jahr der Befreiung Nordafrikas. Zahlreiche Soldaten des Afrikakorps wurden gefangengenommen. Daher rührte das Interesse an der Schaffung des Seminares Rivet für die gefangenen Seminaristen. Das französische Komitee zur nationalen Befreiung (CFLN) wurde zur gleichen Zeit in Algier gegründet. Es handelte sich um die Regierung des freien Frankreich, die aus der Fusion der Regierung von Algier und der von London entstanden war. Ihre Präsidentschaft wurde zunächst durch den General de Gaulle und den General Giraud, dann durch de Gaulle allein gewährleistet. Im Juni 1944 nimmt die CFLN die Bezeichnung Provisorische Regierung der französischen Republik an.

1944

Dom Walzer erhielt mitten in seiner Tätigkeit als Direktor des Seminars Rivet die so sehr erwartete Neuigkeit der französischen Einbürgerung, die er bei der Vichy-Regierung vergeblich beantragt hatte. Die Vichy-Regierung war zu sehr besorgt, den deutschen Behörden in nichts zu mißfallen, aber am 24. Februar 1944 wurde ihm die französische Staatsbürgerschaft endlich von de Gaulle gewährt. Der Erlaß wird im Journal Officiel[30] am 18. März 1944 veröffentlicht. Dom Walzer erhielt erst am 31. August 1944 eine Kopie davon. Er beeilte sich, die gute Nachricht den Benediktinerinnen in der Hauptstadt am 5. September 1944 brieflich mitzuteilen:

»Sehr geehrte Frau Äbtissin, mit außerordentlich großer Bewegtheit schicke ich Ihnen meine ersten Grüße, die ersten von allen über das Meer. Man findet keine Worte mehr, um all das auszudrücken, was man gerne sagen möchte. Ich leite seit einem Jahr als französischer Militärseelsorger ein Seminar für deutsche Kriegsgefangene, Priester und Theologen, und habe seit einiger Zeit die französische Staatsbürgerschaft. Ich bin sehr glücklich und grüße Sie alle.
In Erwartung Ihrer Neuigkeiten
Raphael Walzer, OSB.«

Erneut drückt er in einem Brief vom 21. September an dieselbe Adressatin seine Freude darüber aus, Franzose zu sein:

»Wie gerne wäre ich bei Ihnen, um die Befreiung von Paris und von ganz Frankreich würdig zu feiern. (...) Ich war viel

---

[30] Unter dem Vichy-Regime heißt der Journal Officiel »Journal Officiel de L'État Français«. Er wird nacheinander in Tours, in Pau und dann, vom 1. Juli 1940 bis zum 21. August 1944, in Vichy publiziert. Parallel dazu werden in dieser Zeit veröffentlicht: in London der »Bulletin officiel des forces françaises libres« am 15. August 1940, dann der »Journal officiel de la France libre et de la France combattante« vom 20. Januar 1941 bis zum 16. September 1943; in Algier der »Journal officiel du commandement en chef français« vom 1. Januar 1943 bis zum 30. Mai 1943, dann der »Journal officiel de la République française« vom 10. Juni 1943 bis zum 31. August 1944. Er erscheint nochmals in einer einzigen Ausgabe unter der IV. Republik in Paris am 8. September 1944 und wird am 2. November 1944 der »Présidence du Gouvernement« unterstellt (Quelle: www.journal-officiel.gouv. fr).

zu lange nur mit dem Herzen Franzose, jetzt bin ich froh, es auch formal zu sein. Ich hatte immer auf den Sieg gewartet, der nun sicher ist. So viel Leid, so viele Märtyrertote konnten nicht ohne Früchte bleiben. Ich leite ein Kriegsgefangenenseminar unter den Weisungen des Generalstabs. Alles ist wie in einem Kloster organisiert mit den Offizien und dem Unterricht, den ich gebe. Von all dem einmal mündlich. Bis dahin grüße ich Sie alle von ganzem Herzen,
Ihr ehemaliger Geistlicher
D. Walzer, OSB
Militärgeistlicher.«

1945

Wenn auch Dom Walzer die Missionsbenediktinerinnen nicht mehr leitete, so blieb doch sein Einfluß weiterhin spürbar und bestimmte die Entwicklung der Gemeinschaft. »Am Ende des Krieges wollten die Schwestern von Sainte-Geneviève-des-Bois, daß Mutter Jeanne mit der Gruppe« der jungen Schwestern, die nach Algerien gegangen waren, nach Frankreich zurückkehrt. Aber die Entfernung hatte schließlich einen bemerkenswerten Unterschied zwischen den beiden Gruppen, der von Sainte-Geneviève-des-Bois und der von Boghar entstehen lassen: »Dom Walzer hatte aus der jungen Gruppe echte Benediktinerinnen gemacht und sie gleichzeitig für das Problem der Konversion der Muslime und für die Hilfe für die arabischen Frauen gewonnen. M. Jeanne mußte dies den bei ihrer ersten Berufung gebliebenen Schwestern vermitteln«, die sich nicht zur Trennung entschlossen. »Rom mußte eingreifen und befürwortete die Trennung, die den Jungen ihre Chance gab. Zu diesem Zeitpunkt wollten sich M. Jeanne und ihre Schwestern, die nicht mehr die Hilfe von Dom Walzer genossen und erfahren hatten, daß die Trappisten sich in Tibhirine niedergelassen hatten, sich diesen annähern und fanden ein Haus in Médéa.«[31] Dom Walzer hatte also diese Gruppe tief geprägt, die fünf Jahre nach dem Ende seiner spirituellen Leitung erneut in die große benediktinische Familie zurückkehrte und durch die Vermittlung des Abtes von Saint-André

---

[31] Archiv von Bethanien, Gemeinschaft, die die Gruppe 1947 aufgenommen hat.

der Gemeinschaft von Bethanien beitrat. Aber er war nicht der Gründer oder Initiator von Médéa, wie manchmal geschrieben wird.

Nach dem Krieg wurde das Seminar von Rivet aufgelöst, die Missionsbenediktinerinnen kamen bei den Trappisten unter, und Dom Walzer war erneut frei für andere apostolische Aufgaben. Der Gedanke keimte in ihm auf, in Algerien ein Benediktinerkloster zu gründen. Im Seminar von Rivet hatte er schon das Herzstück organisiert. Dieses Mal dachte er an eine echt benediktinische Gründung, nicht in der Nähe von Algier, weil dort schon die Trappisten waren, sondern in der Gegend um Oran. Er hielt sich eine Zeitlang in Saint-Wandrille auf, zweifellos, um französische Mönche für das Abenteuer einer Gründung zu interessieren. Der Bischof von Oran hatte übrigens den starken Wunsch, eine kontemplative Gemeinschaft zu haben, und man weiß nicht, ob er oder Dom Walzer die Idee hatte. Ihrer beider Wünsche kamen zusammen. Nach einem Zeitzeugen »muß Dom Walzer Mgr. Lacaste[32] zum ersten Mal bei den Versammlungen der Bischofskonferenz in Algier getroffen haben. Die Diözese von Algier mit mehreren Konventen und Klöstern war gut versorgt, insbesondere durch die Anwesenheit der Trappisten in Tibhirine. Mgr. Lacaste, der seit kurzem Bischof von Oran war (1946), wollte auch eine kontemplative Gemeinschaft. Ich weiß nicht, wer die Initiative ergriffen hat.«[33]

1950 TLEMCEN

Die Stadt Tlemcen liegt wunderschön auf mehr als 800 m Höhe und mitten in einer grünen Landschaft. Durch ihre günstige Lage an der Kreuzung der großen Straßen, die den Westen Algeriens mit Marokko und der Sahara verbinden, war sie geradezu prädestiniert, um zu einem Handelszentrum zu werden. Dank der Nähe zum Meer mit seinem mildernden Einfluß auf das strenge Landklima hat die

---

[32] Mgr. Lacaste (1897–1994) wurde am 29. Dezember 1945 zum Bischof von Oran ernannt. Er wirkte am Zweiten Vatikanischen Konzil mit, das einige Monate nach der Unabhängigkeit Algeriens (1962) eröffnet wurde. Zu dieser großen Persönlichkeit siehe L. Abadie, *Bertrand Lacaste, der Bischof von Oran*. Editions Jacques Gandini 2003.
[33] Mitteilung von M. Louis Abadie (25. Mai 2005).

Region um Tlemcen ein kühles Klima. Den Namen Tlemcen, der in der Berbersprache »reiche Wasserquellen« bedeutet, erhielt sie aufgrund der für sie typischen häufigen Regenfälle. Im 13. und 14. Jahrhundert spielte Tlemcen sowohl in wirtschaftlicher als auch in religiöser Hinsicht eine bedeutende Rolle. Die Stadt trieb aktiv Handel mit dem Westen und hieß Christen und Juden in ihren Mauern willkommen. Es gibt in Tlemcen noch einige Denkmäler, die an diese ruhmvolle Vergangenheit erinnern. Seit dem Beginn der französischen Zeit breitete sich die Stadt aus; in den dreißiger Jahren des 20. Jahrhunderts hatte sie eine zwar zahlenmäßig sehr kleine,[34] aber fest verwurzelte europäische Minderheit, die zahlreiche katholische Werke unterhielt, darunter zwei von den Schulbrüdern bzw. Trinitarierinnen geführte Ordensschulen. Es gab eine Domsingschule, einen Jeanne-d'Arc-Kreis, einige Studienkreise, aber auch ein Jugendhaus, wo man sich zum Theaterspielen und Musizieren traf. Die Schulbrüder (Brüder der christlichen Schulen) verließen Tlemcen 1947. Pfarrer Fabreguettes, der 1921–1946 dort Pfarrer war, war die Gründung von sozialen Werken ein Herzensanliegen. In den dreißiger Jahren dachte Bischof Durand an eine Ordensgründung, vielleicht der Trappisten ...[35] Bei der Wahl von Tlemcen als Ort für eine benediktinische Gründung scheint also der Wunsch der Ortskirche mit Dom Walzers Wunsch zusammengekommen zu sein.

Im Jahr 1950 sieht sich Dom Walzer endlich in der Lage, in Tlemcen ein Benediktinerkloster zu errichten, dessen Abt er bis zu seiner Rückkehr nach Deutschland 1964 ist. Dabei steht Dom Walzer immer ein Kloster nach deutschem Vorbild vor Augen, mit einer ihm angeschlossenen Schule und einer gewissen apostolischen Ausstrahlung. Das sei es, was Tlemcen brauche, und in diesem Sinn unternimmt er auch die ersten Schritte.

Zunächst wird eine kleine Gruppe in einem der beiden großen Hotels der Stadt, der von Frau Segond geführten Villa Marguerite, untergebracht. Noch in diesem Hotel eröffnete Dom Walzer eine Schule, deren einziger Lehrer Abbé Bellay-Morel war. Abbé Morel hatte Dom Walzer vermutlich in Algier kennengelernt, wo er sich

---

[34] In den fünfziger Jahren des 20. Jahrhunderts darf man von etwa 6000 jüdischen, 6000 christlichen und mehr als 60 000 muslimischen Einwohnern ausgehen.
[35] J. de Labbaye, *P. C. Fabreguettes, prêtre en Oranie 1879–1970*, S. 63.

bei den Jesuiten von Notre-Dame d'Afrique unter dem Decknamen Bellay-Morel versteckt hielt. Die Schule der Villa Marguerite hatte nur vier Schüler, darunter den Bruder des gegenwärtigen Archivars der Diözese, Jean-Pierre Henry, der gesundheitliche Probleme hatte. Später überwarf sich Bellay-Morel mit Dom Walzer und kehrte nach Algier zurück.[36] Das Scheitern der Schule führte jedoch nicht zur Infragestellung der Klostergründung.

Zu viert beginnt man um 1951 mit der Gründung in Tlemcen.[37] In einem Heft des *Bilan du Monde* aus dem Jahr 1952 wird das Projekt mit folgenden Worten vorgestellt: »Seit 1951 bemüht sich der Altabt von Beuron vor den Toren von Tlemcen, der alten Hauptstadt Zentralalgeriens, um den Aufbau des ersten Benediktinerklosters. Mitten unter 80 000 Muslimen möchte die Neugründung durch ihr Beten, Unterrichten (Sekundarschule mit Internat) und durch Werke der Nächstenliebe auf ihre Umgebung ausstrahlen. Das Werk ist bereits eingeweiht.«

Es treffen Spenden ein; hier ein handgeschriebenes Dankesschreiben von Dom Walzer auf einer Postkarte, die eine Darstellung des hl. Benedikt aus der Beuroner Klosterkirche zeigt:

»Sehr geehrte Frau X, von neuem möchte ich mich ganz herzlich bei Ihnen bedanken, daß Sie unseren lieben Herrn Bürgermeister so wirksam zur Tat drängen. Ja, eine gute Straße wäre für die Bevölkerung von Tlemcen eine große Wohltat. Noch tief gerührt von Ihrer letzten großen Geste verbleibe ich mit christlichem Gruß Ihr dankbarer Dom Walzer OSB, Sankt Benedikt, 26/XI/53«[38]

»Dom Walzer plante in der Tat die Gründung einer Schule, so daß das Gebäude zusammen mit dem Zellenbau aus zwei Flügeln bestehen sollte. Zur Bestreitung des Lebensunterhalts stellte P. Bouton Keramikarbeiten her. An P. Boulanger kann ich mich nicht erinnern, aber ich habe regelmäßig Dom Mazé besucht, der aus Saint-Wandrille kam und nach seiner Exklaustration 1957 in Zemmora

---

[36] Brief von Elisabeth Quéval vom 2. Februar 2005.
[37] Mitteilung von Herrn Louis Abadie vom 23. Juli 2004.
[38] Archiv der Diözese Oran.

und 1961 in Tlétat (Sankt-Barbara) als Diözesanpriester arbeite-te.«[39]

»Vor allem montags kam Dom Walzer oft von der Anhöhe von El Kalaa in die Stadt hinunter, um sich mit den Kolonisten zu treffen und bei ihnen um finanzielle Unterstützung für den Klosterbau zu werben. Das lag ihm, so daß er große Spenden erhielt. Sonntags ging die bessere Gesellschaft, die angesehenen Familien der Stadt, beein-druckt von seiner Persönlichkeit wie auch von der Schönheit der mit Keramikarbeiten (von Dom Bouton) ausgeschmückten Kapelle, zu Dom Walzer in den Gottesdienst. Gelegentlich gehörte Dom Walzer auch zur Tischgesellschaft des Pfarrers von Tlemcen, dessen Gastfreundschaft sprichwörtlich war. Dort erzählte er Geschichten oder machte für seine Zuhörerschaft unverständliche Witze, was diese dann seiner deutschen Mentalität zuschrieben. Nie sprach er jedoch von seiner Vergangenheit in Beuron. Es war zwar allen be-kannt, daß er dort Erzabt gewesen war, doch wußte in Tlemcen nie-mand Genaueres, noch war keinem bewußt, welche Ausstrahlung Beuron hatte. Dafür erzählte Dom Walzer manchmal lustige Anek-doten von seinen Reisen in die Vereinigten Staaten. So begegnete er eines Tages in New York Kardinal Spellman, der sich weigerte, mit ihm zu sprechen, weil er eine so armselige Kutte trug, und ihn auf-forderte, erst einmal korrekte Priesterkleidung anzulegen. Im übri-gen ersetzte Dom Walzer nach kurzer Zeit sein langes schwarzes Gewand durch ein weißes, das dem Klima einfach besser angepaßt war.«[40]

In *La semaine religieuse d'Oran* sind konkrete Einzelheiten zu le-sen: »In einem literarischen Reisebericht von zwei Benediktinern aus dem 18. Jahrhundert beschreiben die herumreisenden Gelehr-ten die Standorte der alten Klöster, die sie besuchen, immer wie-der als ›schreckliche Orte‹. Die heutigen Benediktiner suchen sich angenehmere Standorte aus. So haben sie Tlemcen, die Perle des Maghreb, und die blühenden Hänge von El Kalaa entdeckt. (...) Ob Regen oder Sonnenschein, die Reiseführer der Zukunft werden diese Villa Marguerite mit einem anderen Etikett versehen müs-sen.«[41]

---

[39] Mitteilung von Herrn Louis Abadie vom 15. Mai 2005.
[40] Mitteilung von Herrn Louis Abadie vom 18. Oktober 2004.
[41] *»Eine benediktinische Gründung in Tlemcen«*, in: La semaine religieuse d'Oran vom 25. November 1950.

Nachdem ihre eigene Gründung (Sankt Benedikt, Marokko, 1949–1951) gescheitert war, stießen einige Benediktinermönche aus Marokko zu Dom Walzer. So war Dom Guy-Dominique Sixdenier[42] (aus der Kommunität von Paris) 1948 auf der Durchreise nach Marokko in El Kalaa und erneut 1951 bei seiner Rückkehr aus Marokko. Bei dieser Gelegenheit fotografierte er die kleine Kommunität.

Auch Dom Jean-Pierre Boulanger, der aus der Abtei Sainte-Marie in Paris stammte, bat um Aufnahme in der Gründung von Dom Walzer, der 1938/39 sein Patristiklehrer gewesen war. Dom Boulanger starb beim Mithelfen am Bau des Internats von Tlemcen an Typhus. Er war in Paris für die Noviziatsausbildung zuständig gewesen und war eine begeisterte, leuchtende Gestalt, deren Tod ein schwerer Schlag für Dom Walzer gewesen sein muß.[43]
P. Thierry Becker (der Dom Walzer persönlich kannte) zufolge waren »die Mehrzahl der Mönche, die zu Dom Walzer stießen, schwierige Persönlichkeiten, die in ihren Heimatklöstern unerwünscht wa-

[42] Dom Guy-Dominique Sixdenier aus der Abtei Paris verbrachte ein Jahr in Wisques (1947), um dann über Tlemcen nach Marokko aufzubrechen.
[43] Zeugnis von Dom Guy-Dominique Sixdenier.

ren. Dom Bouton baute eine Keramikwerkstatt auf und verließ dann das Kloster. Bruder Letendre arbeitete sehr hart und half Dom Walzer viel. Im Jahr 1957 waren sie nur mehr zu zweit. Damals gab es auch keine Schule mehr. Die beiden Mönche hielten sehr treu am gesungenen Chorgebet fest, und sonntags zelebrierte Dom Walzer ein feierliches Hochamt. Dom Walzer hat viel gelitten und sein benediktinisches Leben mit einer bemerkenswerten heroischen Treue gelebt.

Als Dom Walzer nach Deutschland zurückkehrte, machten die Algerier aus dem Waisenhaus ein Kinderheim für schwer erziehbare Kinder. Im Klostergebäude, das dem Bistum gehörte, lebt gegenwärtig eine Fokolargemeinschaft.«[44] Nach der Unabhängigkeit Algeriens wurden in der Tat viele Einrichtungen verstaatlicht. Das Kloster wurde gemäß dem sog. »Gesetz von 1901« dem Statut der Assoziation von Dar-es-Salaam, die mit der Diözese verbunden blieb, unterstellt. Präsident dieser Assoziation war zunächst P. Bérenguer (ein Sympathisant vom FLN), später ein muslimischer Präfekt.

Der *Semaine religieuse d'Oran* entnehmen wir, daß Dom Walzer 1952 zum Ehrendomherr der Kathedrale von Constantine ernannt wurde: »Anläßlich der Hundertjahrfeier und der Einweihung der Kathedrale von Bône, hat S. E. Bischof Duval den Hochwürdigsten Herrn Pater Dom Raphael Walzer, Alterzabt von Beuron und Oberer des Benediktinerklosters von Tlemcen, gebeten, den Titel eines Ehrendomherrn der Kathedrale von Constantine annehmen zu wollen.«[45]

In derselben Wochenzeitung wird berichtet, daß Dom Walzer 1958 sein Goldenes Ordensjubiläum beging, und zwar »am 27. Dezember im kleinen Kreis im Kloster Sankt Benedikt und am 28. Dezember in der Sankt-Michaels-Kirche zu Tlemcen«. Es folgt eine Kurzbiographie, die mit folgenden Ausführungen endet: »Im Januar 1937 wurde der Erzabt, der sich dem Regime nicht fügte, mit einem Sondererlaß aus Deutschland ausgewiesen. Auf diese Weise kam er als Militärgeistlicher nach Algerien, wo er 1944 die französische Staatsangehörigkeit erhielt. Nach dem Krieg lebte er eine Zeitlang in der

---

[44] Brief von Elisabeth Quéval vom 3. Januar 2005. P. Becker leitet gegenwärtig das Zentrum von Glycines (Algier).

[45] Mgr. Duval, *»Dom Walzer, chanoine d'honneur de Constantine«*, in: Semaine religieuse d'Oran, 10. Mai 1952.

Abtei Saint-Wandrille, im Hinblick auf die Einführung des monastischen Lebens in Oran ..., wo er wieder von Null anfing. Das damals begonnene und seit 1950 in den Hügeln von El Kalaa fortge-
setzte Werk wird von allen Werken, die der Hochwürdigste Vater
Abt bislang in Angriff genommen hat, gewiß nicht dasjenige sein,
das vor Gott und den Menschen am wenigsten schön oder nützlich
oder verdienstvoll ist.«[46]

Dom Walzer hat in seinem Kloster Sankt Benedikt in Tlemcen be-
tend sämtliche Ereignisse in Algerien miterlebt. Erinnern wir kurz
an die Tatsachen: Am 1. November 1954 begann das, was man später den algerischen Aufstand genannt hat. Die noch ganz junge Un-
abhängigkeitspartei FNL (Front de Libération Nationale: Nationale Befreiungsfront) nahm den bewaffneten Kampf gegen Frankreich
auf. In Algerien wurden an die zehn Attentate verübt, vor allem in
Unterkabylien (Nordalgerien) und der ostalgerischen Bergregion
Aurès. Damit begann ein Krieg, der acht Jahre dauern sollte,
während Marokko bereits 1956 unabhängig wurde. Am 4. Juni 1958
streckt de Gaulle vom Balkon des Regierungsgebäudes in Algier die
Arme zu einem großen V aus und ruft der jubelnden Menge zu:»Ich
habe euch verstanden!« De Gaulle war nach der Revolution der
Franzosen in Algerien, auf die noch bittere Enttäuschungen zu-
kommen sollten, am 13. Mai erneut an die Macht gekommen: die
Geburtsstunde der Fünften Republik. Auf Vorschlag von de Gaulle
wurde 1961 gleichzeitig in Frankreich und in Algerien eine Volksabstimmung abgehalten, bei der es um Selbstbestimmung für die algerischen Völker ging. Mehr als 70 % der Wähler stimmten für die
Selbstbestimmung. Die Verhandlungen zur Beilegung des Konflikts
zwischen Frankreich und Algerien führten schließlich am 18. März
1962 zur Unterzeichnung des Abkommens von Évian, mit dem
Frankreich sich dazu verpflichtete, nach und nach seine Truppen aus
Algerien abzuziehen, das Land aber noch weitere drei Jahre wirt-
schaftlich zu unterstützen. Trotz der Unterzeichnung des Abkommens ging der Krieg jedoch bis zur feierlichen Unabhängigkeitser-
klärung vom 3. Juli 1962 weiter.

Was nun die Situation der Kirche von Oran in diesem Sturm anbe-
langt, so war seit 1837 die alte afrikanische Kirche neu belebt worden. Dom Walzer hatte die christliche Präsenz mit der Präsenz der

[46] »Noces d'or religieuses de Dom Walzer le 27 décembre 1957«, in: La semaine religieuse d'Oran vom 4. Januar 1958.

Franzosen gleichgesetzt; dennoch blieb er, mit einem einzigen weiteren Mönch als Gefährten, bis 1964 in Tlemcen. Die Unruhen erreichten die Region um Tlemcen erst gegen 1956; ab da gehörte Unsicherheit zum täglichen Leben. Das Benediktinerkloster liegt außerhalb der Stadt am Waldrand, man möchte meinen, ein besonders leichtes Ziel für Besuche der Fellaghas (Unabhängigkeitskämpfer); dennoch passierte nichts. Die Stadt Tlemcen selbst war unsicher, doch wegen des verhältnismäßig großen muslimischen Bevölkerungsanteils weit weniger als Algier, d.h., es gab weniger Christen in Tlemcen, also weniger Anschläge. Die benediktinische Gründung von Tlemcen entfaltete sich nie; im Gegenteil, die Zahl der Mönche nahm ab – wie ein Weizenkorn, das in die Erde gesät wurde, nicht um dort Wurzel zu fassen, sondern um zu sterben ... in Erwartung der Auferstehung. Auch der ehemalige Pfarrer von Tlemcen, der inzwischen Pfarrer von Bouguirat war, P. Fabreguettes, blieb dort, obwohl die Mehrzahl seiner Pfarrangehörigen in die Hauptstadt gezogen waren. Im September 1962 faßte er die Lage mit folgenden Worten zusammen: »Seit Juni letzten Jahres rudert die Kirche Algeriens durch die Nacht, gegen den Strom, gegen den verrückten Gegenwind der Bombenanschläge und Verwüstungen und des massenhaften Auszugs. In den Pfarreien und Diözesen sind nicht mehr die Schafe ohne Hirten; viel schlimmer: die Hirten sind ohne Schafe. Das Schiff der Kirche Algeriens, ja Afrikas, kommt nicht mehr vorwärts, es geht sogar rückwärts. Gott ist nicht im Boot, aber er kommt, nur auf welchen Wegen? Bereiten wir uns, ihn zu erkennen und ihm zu vertrauen.«[47]

In all diesen Zeugnissen von seinen benediktinischen Mitbrüdern und Mitschwestern, von seinen Mitbrüdern im Priesteramt und Seminaristen, ob französisch oder deutsch, wie auch von sonstigen Personen, die mit ihm in Kontakt kamen, erscheint Dom Walzer als eine starke Persönlichkeit, die um sich herum ein benediktinisches Klima schaffte und Initiativen ergriff. Seiner eigenen Aussage zufolge »im Herzen ein Franzose« bewies er große Ausdauer beim Bemühen um die Erlangung der französischen Staatsangehörigkeit, die ihm 1944 von der Exilregierung des Freien Frankreich in Algier verliehen wurde. Sein Widerstand gegen das Hitlerregime und den

---

[47] Jacques de Labbaye, *Pierre Célestin Fabreguettes, prêtre en Oranie 1879–1970*. Druckerei Déhan, S. 85.

Antisemitismus war wirklich bemerkenswert. Dom Walzer wollte offensichtlich in Algerien bleiben; eine Beteiligung an der Evangelisierung Algeriens war für ihn damals aber nur im Rahmen der französischen Präsenz dort denkbar. Im Bemühen, der benediktinischen Spiritualität zu größerer Ausstrahlung zu verhelfen, gründete Dom Walzer überall, wo er sich gerade befand, ob in Paris und Umgebung, in Algier oder in Oran, Kommunitäten, denen liturgisches Gebet und Bildung am Herzen lagen. Aus den Zeugnissen geht hervor, daß er bei seinem eigenen Gründungsprojekt in Tlemcen, das nie wirklich Wurzel faßte, mit vielen Schwierigkeiten zu kämpfen hatte. Heute lebt dort eine Fokolargemeinschaft. Dennoch gilt als sicher, daß Dom Walzer Algerien und dessen muslimische Bevölkerung liebte und ein Gespür für den missionarischen Imperativ hatte. Sein Bemühen um Schulung und Bildung der Leute in »heroischer Treue zum benediktinischen Leben« ist in allen Phasen der Zeitspanne von 1936 bis 1964 spürbar. Auch nach dem Abzug der Franzosen verließ er Oran nur, als ihn Krankheit und Erschöpfung zur Rückkehr nach Deutschland zwangen, um dort zu sterben.

***

DANKSAGUNG

Es ist mir ein Anliegen, mich sehr herzlich bei allen zu bedanken, die bereitwillig und wirksam bei der Materialsammlung für diesen Artikel mitgeholfen haben: den Benediktinerinnen von Limon (Frankreich) und den Schwestern von Bethanien (Belgien); Sr. Bénigne und den Benediktinerinnen von Vanves; dem Bischof von Oran, Msgr. Alphonse Georger; dem Archivar des historischen Archivs der Diözese Oran in Frankreich, Herrn Louis Abadie; Frau Elisabeth Quéval aus der Diözese Algier; Dom Guy-Dominique Sixdenier und Dom André Gozier aus der Abtei Sainte-Marie, Paris; Herrn und Frau Pierre-Paul Lacas (Paris); Herrn René Mougel vom Studienkreis J. und R. Maritain (Kolbsheim).

6. April 1936	Ankunft in Paris, aus Ägypten kommend.
April 1936 – Sept. 1938	Bei den Benediktinerinnen, 20, Rue Monsieur, Paris VII; belegt am Institut catholique von Paris einen Griechischkurs.
Januar 1937	Landesverweis.
Okt. 1937 – Juni 1938	Geistlicher im Internat Notre Dame in Saint-Dizier (Haute Marne).
Juli 1938 – Mai 1940	Bei den oben genannten, mittlerweile nach Meudon (1, Rue de l'Orphelinat) umgezogenen Benediktinerinnen.
1939	Erste Schritte im Hinblick auf die Erlangung der französischen Staatsangehörigkeit.
14. Januar – 9. Juli 1939	Saint-Dizier.
Mai 1940 – Juli 1940	Interniert in Maisons-Laffitte (Seine-et-Oise), Meslay (Mayenne), Albi (Tarn). Freilassung.
25. Juli 1940	Antrag auf Einbürgerung in Frankreich.
Juli 1940 – 12. Febr. 1941	Bei den zunächst nach Lodève (Hérault) geflüchteten Missionsbenediktinerinnen von Sainte-Geneviève-des-Bois.
12. Februar 1941	Abschied von Lodève mit einem Passierschein der Präfektur von Montpellier für die Fahrt nach Algerien mit dem Eintrag:»Ex-Deutscher. Staatenlos«.
1941	Bei den Missionsbenediktinerinnen in Boghar (Algerien).
7. September 1941	Erneuter Antrag auf die französische Staatsbürgerschaft.
1942 – 1943	Bei den Missionsbenediktinerinnen in La Bouzaréah (Algier), einer ganz jungen Klostergründung.
1943 – 1944	Im Priesterseminar Notre Dame in Rivet (Algerien).
24. Februar 1944	Einbürgerungsurkunde von Joseph Walzer, unterschrieben von General de Gaulle und veröffentlicht im Journal Officiel vom 18. März 1944.
16. Juli 1946 – 1950	Aufenthalt in der Abtei Saint-Wandrille (Normandie).
1950 – 1964	Gründung des Klosters Sankt Benedikt in Tlemcen (Algerien).

ANHANG 1

Auszug aus dem Buch von Pierre Ordioni, »*Tout commence à Alger: 40/44*«. 1972, S. 198ff.:

Anfang Juni 1940 läßt die Priorin der Benediktinerinnen sich in meinem Büro anmelden. Sie ist eine große Dame, neben der mein Pförtner verschwindet; ich spreche sie, wie mein Vater das zu tun pflegte, mit »Madame« (»Gnädige Frau«) an. Sie schmunzelt und sagt, daß sie die Tochter eines Generalintendanten sei.

Ganz ruhig, wie jemand, der sich seiner Sache sicher ist, sagt sie, daß sie weiß, wer ich sei, erinnert ohne Zögern daran, daß ich aus einer Offiziersfamilie stamme, spricht von meinen Beziehungen und sogar von meinen Gefühlen ›angesichts des Laufs der Dinge‹. Ich lächle ein wenig gezwungen und frage mich, ob sie mir auch noch zu verstehen geben wird, daß sie weiß, daß ich in der Sünde lebe. Sie fesselt. Wenn sie die Klausur verlassen habe, um zu mir zu kommen, so sei das geschehen, weil es sich um etwas Wichtiges handle, um etwas sehr Wichtiges: um die Sicherheit eines deutschen Ordensmannes, den sie in ihrem Kloster verstecke und der von den höchsten Nazi-Behörden gesucht werde. Nun habe dieser Mönch gerade erfahren, daß die deutsche Waffenstillstandskommission in Algier herausgefunden habe, daß er in Algerien sei, und aktiv Nachforschungen nach seinem Aufenthaltsort anstelle, um seine Auslieferung zu verlangen; es gehe um sein Leben. Dieser Ordensmann würde mich bitten, ihn zu warnen, falls ich jemals erfahren sollte, daß die Kommission der Sache nachgehen wolle oder ein Auslieferungsgesuch an die französischen Behörden gestellt würde.

Ich gebe mein Ehrenwort, daß ich alles tun werde, was in meiner Macht steht. Aber um wen handle es sich denn?

»Um den Hochwürdigsten Herrn Abt von Beuron, Dom Walzer. Dieser hatte 1933 seinen Mönchen und allen, die in die Abtei kamen, um sich mit ihm zu beraten, geraten, sich der Teilnahme an der Volksabstimmung zur Legitimierung von Hitler zu enthalten. Nach einer furchtbaren Pressekampagne gegen seine Person und seine Abtei wurde er 1935 aufgefordert, sich entweder öffentlich dem Reichskanzler zu unterwerfen oder zurückzutreten. Der Abt, der nicht aufgehört hatte, die Katholiken vor dem Übel des Nationalsozialismus zu warnen, zog es vor zurückzutreten; es gelang ihm gerade noch, nach Frankreich zu entkommen, wo er bei den Benediktinerinnen von Saint-Louis du Temple in Paris Aufnahme fand. Er beantragte in der Folge die französische Staatsangehörigkeit, doch noch bevor er diese erlangte, kam die Kapitulation dazwischen. Auf der Flucht vor der deutschen Invasion floh er über das Meer und kam bis nach Boghar, an der Grenze der südlichen Territorien, wo es ihm gelang, ein Benediktinerkloster zu gründen.«

Sie fügt hinzu: »Dom Walzer ist eine herausragende Persönlichkeit des geistlichen Lebens, nicht nur innerhalb unseres Ordens, sondern der Kirche. Die Nazis haben auf diesem Niveau keinen größeren Feind als ihn. Wenn sie seiner habhaft werden, bringen sie ihn um.« Ich bin erschüttert. Auf meine Versicherung, ihr ohne Abstriche zur Verfügung zu stehen, antwortet sie, sie habe bereits eine Schwester beauftragt, mit mir in ständiger Verbindung zu bleiben. Falls nötig, werde diese mir Briefe von Dom Walzer überbringen. Bald danach erscheint die Schwester mit einem Brief des Altabtes von Beuron, in dem dieser seinen Fall schildert, mir zusagt, daß die Schwester mir bald seine Einbürgerungsakte bringen wird, und mich bittet, diese möglichst bald zu einem guten Abschluß zu bringen; zu diesem Zweck werde mich jemand aufsuchen. Er verlasse sich ganz auf mich.

Laufen wir den Ereignissen ein wenig voraus. Die Sache war noch keineswegs zum Abschluß gelangt, als im Oktober die Lage so bedrohlich wurde, daß die Priorin persönlich vorsprach, um mir eine Nachricht von Dom Walzer zu überbringen. Ein Brief, den ihm ein in die Vereinigten Staaten geflohener Onkel geschrieben hatte, sei vom deutschen Geheimdienst abgefangen worden! Er schrieb mir: »Das Oberkommando der Wehrmacht hält ihn in Händen und kennt aufgrund der Adresse auf dem Kuvert mein Versteck.« Er bittet mich inständig, ihn zu warnen, falls ich vonseiten der Waffenstillstandskommission etwas in Erfahrung bringe, und sein Einbürgerungsgesuch mit höchster Dringlichkeit zu behandeln.

Es gilt, so schnell wie möglich zu handeln und uns auf das Schlimmste gefaßt zu machen: Es müssen eine Reihe von weiteren Verstecken für den Pater gefunden werden. Von der Priorin erfahre ich, daß sie in der Nähe von Algier, in Bouzaréah, ein weiteres Kloster haben, aber das kann nur eine vorübergehende Lösung sein, da die Nazis zu gut informiert sind, um nicht von dessen Existenz zu wissen. (...)

Noch am Abend desselben Tages, an dem mich die Priorin von Boghar besucht hatte, gehe ich zum Bordj (Gebirge), wo ich das alles Marie de Ligne erzähle, sobald ich mit ihr allein bin. (...) »Sagen Sie Dom Walzer, daß er bei mir den Zufluchtsort findet, den die Priorin von Boghar und Sie für ihn suchen.« (...) *Custos, quid de nocte?*[48] Dom Walzer war es ein Anliegen, sich persönlich in meinem Büro bei mir zu bedanken. Ich besuchte ihn in Boghar und später in Bouzaréah, wo mich das komplizenhafte Schmunzeln der Pfortenschwestern für immer entzücken wird. Unsere Unterhaltungen drehten sich um den Sieg Christi über die Nazi-Ideologie, in unse-

---

[48] *Wächter, wie lange noch dauert die Nacht?* (Jes 21,11).

ren Briefen – ich habe die seinen als Kostbarkeiten aufgehoben –
ging es um seine Sicherheit; einer davon war mit dem Fluchtplan
vom Kloster entlang der abgesprochenen Route bis zum Bordj Po-
lignac illustriert. Nie sprach Dom Walzer über Edith Stein, doch
wird mir immer im Gedächtnis haften, was er mir über die Taufe
von Juden sagte. In seinen Augen war der grundlegende Gegensatz
zwischen der Nazi-Ideologie und dem Christentum genau dort zu
finden: »In der Taufe wird das ganze Wesen durch Christus ganz
und gar in Gott neu geboren. Vergessen Sie niemals, daß Sie zur Kirche des Sohnes gehören, sie sind durch die Taufe in sie eingetreten
und leben durch die Eucharistie in ihr: Da gibt es nichts zu deu-
teln.« Als ich ihm die Äußerung eines französischen Priesters zitierte: »Ein konvertierter Jude, das macht einen Christen mehr und einen Juden weniger«, richtete er sich erschreckt in voller Größe auf,
die Augen erfüllt von Entsetzen in seinem ausgemergelten Gesicht:
»Mein Gott!«, murmelte er, »Wie kann ein Jünger Christi das nur
sagen? In Frankreich?« »Wenn Sie wieder im Kampf stehen«, fügte
er hinzu, »dann vergessen Sie niemals, daß es darum geht. Glauben
Sie mir, das christliche Wesen wird in der Taufe geboren.« Ich kann
wirklich die Beweggründe verstehen, die Hitlers Behörden dazu
veranlassten, sich eines Gegners zu bemächtigen, der auf diesem Niveau kämpfte. Die Angst, zwischen seiner Staatsangehörigkeit und
seinem Glauben zerrissen zu werden, die ich bei diesem so reser-
vierten, kühlen Menschen beobachten konnte, trieb mir die Tränen
in die Augen. Angesichts der Fruchtlosigkeit meiner Bemühungen
beschämte mich seine Dankbarkeit, und es quälte mich seine fle-
hentliche Bitte, diesen inneren Konflikt zu lösen. »Ach«, sagte er
mir, »machen Sie bloß, daß ich Franzose bin, bevor der Krieg zwischen Frankreich und Deutschland wieder von neuem ausbricht.«
Abgesehen von seinem persönlichen Konflikt hätte diese Maßnah-
me auch die Suche nach ihm beendet. Ich arbeitete mit Jacques Chevallier zusammen, der ihm in Boghar begegnet war und sich mit der
ganzen für ihn so charakteristischen Hochherzigkeit für ihn ein-
setzte.
Dom Walzer hatte mir bei seiner Flucht 1940 seine Akten gebracht
und sie mir überlassen. General Weygand, den ich in dieser Sache
aufgesucht hatte, gab mir eine handschriftliche Notiz mit der Weisung, die Prozedur zu beschleunigen. Admiral Abrial und in der
Folge auch Generalgouverneur Châtel und M. Pages intervenierten

bei unserer Dienststelle und beim Innenministerium in Vichy. Desgleichen der Erzbischof von Algier, Msgr. Leynaud, der bei meinen Eltern ein- und ausgegangen war, als er Pfarrer von Sousse und mein Vater Hauptmann des 4. tunesischen Schützenregiments war, allerdings so behutsam, daß es zum Verzweifeln war, obwohl ich ihm einen Brief von Dom Walzer gezeigt hatte, in dem dieser hohe Würdenträger des Benediktinerordens angab, sobald er die französische Staatsangehörigkeit habe, wolle er ihn um die Stelle eines einfachen Landpfarrers in irgendeinem verlorenen Kaff bitten.

Es war nichts zu machen. Die Verwaltung, die wie immer in stumpfsinnigem Formalismus gefangen war und hartnäckig auf juristischen Formalitäten bestand, diese Verwaltung, die sich um menschliche Fragen nicht kümmert, bremste doch tatsächlich die Prozedur unter dem unglaublichen Vorwand, daß eine Einbürgerung erst durch die Veröffentlichung im Journal Officiel (Amtsblatt) amtlich werde. Und gerade das galt es unbedingt zu vermeiden! Jacques Chevallier und ich schäumten vor Wut. Erschöpft sagte ich eines Tages zu ihm, als er fragte, ob es Neues gab: »Wenn Sie Frankreich durch eine nationale Revolution wieder auf die Beine helfen wollen, dann führen Sie doch zuerst die Bestrafung am Pranger wieder ein, um die Schwachköpfe und Feiglinge daran zu stellen. Den Hals rein, lieber Herr Bürgermeister, und auf dem Anschlagbrett nur das Wort CON (beleidigendes Schimpfwort).«

Aber Jacques Chevallier glaubte noch an die Revolution. »Ich gehe zum Marschall«, sagte er. Er suchte ihn auf. Aber ohne Ergebnis. Die Angst vor der Reaktion der Besatzungsmacht war größer als alles andere. (...)

Am 2. Januar 1943 erhielt ich einen Brief von Dom Walzer mit Neujahrswünschen und der Bitte, ihn im Benediktinerinnenkloster von Bouzaréah besuchen zu wollen. Am nächsten Tag, einem Sonntag, begab ich mich dorthin. Der Alterzabt von Beuron sagte mir voller Trauer, es habe ihm weder das Hohe Kommissariat die Staatsangehörigkeit noch der Erzbischof eine Landpfarrei anbieten können. Er hätte sich gefreut, wenn ihm die Pfarrei Boghar anvertraut worden wäre. Deren Pfarrer war, wie viele andere Priester auch, zum Heer eingezogen worden und die Christen waren ohne Gottesdienst, wie auch die Schwestern des benachbarten Klosters ohne Geistlichen waren. Man rief also ihn. Als ich ihn, ein wenig erstaunt, fragte, wieso er so viel Wert auf seine Einbürgerung lege, sagte er:

»Ich möchte mich nach dem Krieg hier niederlassen, und in dieser muslimischen Gegend identifiziert sich die Kirche Christi mit der französischen Präsenz.«

Während wir miteinander sprachen, stickte eine Schwester auf meine Bitte hin schnell ein 15 cm großes rotes Kreuz auf einem schwarzen Tuch, das Dom Walzer anschließend segnen sollte.

ANHANG 2
Ich trug im Benediktinerkloster Tlemcen zehn Jahre lang den Abtsstab von Vater Abt Dom Walzer von Charles Janier (November 2005)

Ich wurde 1943 in Tlemcen, Algerien, geboren, wo Vater Abt Dom Walzer 1949/50 ein Benediktinerkloster gründete.

Als ältester Sohn einer frommen Familie mit vier Kindern war ich 1959 Ministrant in der Pfarrei Tlemcen, ein zerstreuter, leichtsinniger Ministrant. Ich erinnere mich, daß ich eines Sonntags bestimmt wurde, um die Kollekte einzutreiben. In dem Augenblick, in dem ich die Früchte meiner Kollekte (lauter Münzen, nur ganz wenige Scheine) durch das linke Querschiff zum Priesterchor hinauftragen sollte, verhakte sich mein Fuß in meinem Meßdienerrock, und ich fiel im Mittelgang in voller Länge hin, wobei Hunderte von gerade eingesammelten kleinen Münzen zwischen die Stuhlbeine und die Füße der Pfarrangehörigen kullerten.

Ob das der Grund war, weshalb mein Vater beschloß, meinen jüngeren Bruder und mich fortan als Ministranten dem Kloster Sankt Benedikt in El Kalaa anzuvertrauen? Ich darf dies verneinen. Heute sind zwar meine Erinnerungen an den Vater Abt Dom Walzer noch intakt, doch war ich damals erst zehn Jahre alt, also noch zu wenig geformt, um die metaphysischen Beweggründe für das menschliche Verhalten zu analysieren. Ich kann aber auf jeden Fall versichern, daß mein Vater in seinen Diskussionen erklärte, die militärische Vergangenheit von Dom Walzer während des Zweiten Weltkriegs sei es gewesen, die ihn angezogen habe; außerdem habe er es sehr geschätzt, daß seine Unterweisungen einen viel größeren mystischen Tiefgang hatten als die in der Pfarrei.

So stiegen mein kleiner Bruder und ich jeden Sonntagmorgen eine Stunde früher als der Rest der Familie zum Kloster hinauf. Dort wurden wir von Bruder Letendre begrüßt, der uns schon in der Sakristei erwartete, um die Alben anzuprobieren und die Rollen zu verteilen. Die Patres erschienen einer nach dem anderen, um ihre Kukulle anzuziehen. Schließlich trat auch der Vater Abt in die Sakristei ein. Er hatte immer ein freundliches Wort für seine Ministranten. Die Mönche sprachen gemeinsam ein vorbereitendes Gebet, bevor sie in Prozession in den Chor des Klosters einzogen. In der Messe wurden gregorianische Gesänge gesungen. Der Zustrom war von Sonntag zu Sonntag größer. Man kam eigens ins Kloster, um sich die Predigten von Dom Walzer anzuhören. Ab 1953 wurde mir als dem Älteren die wichtige Aufgabe übertragen, den Abtsstab von Vater Abt Dom Walzer zu tragen, 1955 durfte ich im Kloster dann auch das Weihrauchfaß schwenken. Da war ich zwölf Jahre alt. Die Unruhen in Algerien brachen 1954 aus. Mein Vater starb 1958, was aber an unserer Treue zu Dom Walzer nichts änderte. Das Kloster war uns zur zweiten Heimat geworden. Auch außerhalb der Sonntage gingen wir oft hinauf, etwa, um an den Gebetstreffen der Pariser Seminaristen, die ihren Militärdienst in Algerien ableisteten, oder an den großen Vigilfeiern teilzunehmen oder auch einfach, um in der Zeit der Prüfungen in der Schule ein wenig Luft zu holen.

Im Jahr 1960 war ich siebzehn Jahre alt. Ich besuchte Dom Walzer von Zeit zu Zeit. Ich war für ihn so etwas wie ein vertrauter Freund, dem er gern von seinen materiellen Sorgen erzählte. Er sprach zu mir von seiner Beunruhigung angesichts der algerischen Krise. Leider habe ich nie irgendwelche religiöse Diskussionen mit ihm gehabt. Im Jahr 1961 war er ernsthaft krank und mußte mehrere Wochen lang das Bett hüten. Ich habe aber nie erfahren, woran er litt. Am ersten Tag, an dem er wieder auf den Beinen war, machte ich mir selbst die Freude, ihn zu besuchen. Noch geschwächt, erklärte er mir, daß er während seiner Rekonvaleszenz eines Tages aufwachte und den Klosterdiener verjagen mußte, der es gerade ausnutzen wollte, daß er schlief, um ihm den einzigen Goldzahn, den er im Mund hatte, zu ziehen.

Im Juli 1962 folgte ich dann meiner Familie, die nach Frankreich zurückzog. Ich blieb aber in Briefkontakt mit Vater Abt Dom Walzer, der in Tlemcen zurückgeblieben war. Davon zeugt die wunderbare Benedikt-Ikone, die er mir im September 1962 schickte. Als Student verzettelte ich mich dann zu sehr, um diesen schlichten, regelmäßigen Kontakt aufrechtzuerhalten. Ich bedauere es heute sehr, daß ich ab Mitte der sechziger Jahre aus Nachlässigkeit diese privilegierte Verbindung mit Vater Abt Dom Walzer abbrach.

Im Jahr 2004 bin ich nach Tlemcen zurückgekehrt und habe mich in das Kloster Sankt Benedikt begeben. Es ist heute eine Festung, versteckt hinter einem 3m hohen Elektrozaun. Beschützt von einem gepanzerten Militärfahrzeug und dessen Begleiter lebt dort heute eine drei oder vier Mitglieder starke Fokolargemeinschaft, die aus mehreren Nationalitäten besteht. Außerhalb der Gebetszeiten widmen sie sich dem Dienst an den Bedürftigsten und Kranken. Die Räumlichkeiten des Klosters habe ich nicht wiedererkannt. Das große Mittelschiff der Kirche und die Apsis, wo sich die Mönche während des Gottesdienstes befanden, existieren nicht mehr, auch die Sakristei gibt es nicht mehr. Es ist alles verändert, durch Scheidewände getrennt und neu eingeteilt worden.

Der Westflügel des Klosters, dessen Grundsteinlegung am 12. September 1954 auf den Fotos festgehalten ist, wurde zu abgetrennten Wohnungen umgebaut und als Wochenendhäuschen an reiche Familien aus Algier oder Oran vermietet, die nach Tlemcen kommen, um sich an der guten Luft der Obstgärten zu laben und das klare Wasser der Quellen zu trinken.

In der Mitte des Gemüsegartens der Fokolare steht ein weißer Grabstein ohne jede Inschrift; das ist das Grab des 1965 verstorbenen P. Bouton, für dessen Keramikarbeiten das Kloster Sankt Benedikt in Tlemcen in den fünfziger Jahren bekannt war. Noch heute kann man, wenn man vom Stadtzentrum von Tlemcen aus zum Außenviertel El Kalaa fährt, an der Kreuzung mit der südlichen Straße zur Villa Rivaud, an der rechten Seite auf einer Mauer in etwa 3m Höhe eine zwei Quadratmeter große Keramikarbeit von P. Bouton bewundern, auf der zu lesen ist: »Kloster Sankt Benedikt – 1 km«

Briefe von Dom Walzer an Charles Janier:

Am 25. November 1962:

»Unserem lieben Charles Janier und seiner ganzen Familie in bleibender Erinnerung. Tlemcen 25.IX.1962. Dom Walzer OSB«

Am 7. Januar 1963:

»Mein lieber Charles, hier ist einer, der von den sonnigen alten Tagen Ihrer Besuche träumt. Georges Schaffe [ein Gleichaltriger, der nach der Abreise der Franzosen im Sommer 1962 in Tlemcen geblieben war] ist nicht wiedergekommen. Ich möchte ihn nicht drängen. Vielleicht steckt Herr Bienfait dahinter [Herr Bienfait war ein Diakon, der ebenfalls in Tlemcen geblieben war]. Es gibt noch ein paar ›Pfarrangehörige‹, Ingenieure aus der Nachbarschaft. Unsere Zukunft liegt im Dunkeln. Es kann sein, daß ich mich bald, in einem Monat, zurückziehe. Es ist noch nichts entschieden, aber es kann sein, daß es mit der Abreise mal sehr schnell geht. Es sind nicht die staatlichen Behörden ...! Sie sind noch zu jung, um solche [unleserlich] Geschichten hinunterzuschlucken ...!
Sie können mir immer an diese Adresse schreiben. Man wird mir die Briefe nachschicken. Statt daß ich Ihnen ein Buch schicken könnte, nur diese Grüße, vor allem an Mama
Ihr Eremit
W.«

3. Philosophie

BEATE BECKMANN-ZÖLLER

Philosophie der Person bei Edith Stein und Adolf Reinach

1. EINFÜHRUNG

Nichts anderes beschäftigte die Philosophin Edith Stein in ihrem intellektuellen Leben so sehr wie das Problem einer Philosophie der Person. Bereits in ihrer Dissertation *Zum Problem der Einfühlung* hatte Stein sich mit Fragen zum Aufbau der menschlichen Person auseinandergesetzt.[1] Diese Thematik habe sie im Anschluß daran »in allen späteren Arbeiten immer wieder neu beschäftigt«, schreibt sie im Sommer 1933 in ihren Erinnerungen *Aus dem Leben einer jüdischen Familie* (ESGA 1)[2]. Ich werde mich in diesem Artikel allein auf Steins wissenschaftliche Personlehre aus der mittleren Schaf-

---

[1] Vgl. Stein, Edith, *Zum Problem der Einfühlung* (kurz *PE*), »Die Konstitution des psychophysischen Individuums«, Edith Stein Gesamtausgabe (kurz ESGA) 5, Freiburg 2008, 53–107. – Ein Verzeichnis der Siglen befindet sich am Ende der Arbeit.

[2] Stein, Edith, *Aus dem Leben einer jüdischen Familie*, ESGA 1, Freiburg ²2007, *LJF* 328: »Es war eine große Arbeit, denn die Dissertation war zu einem unheimlichen Umfang angeschwollen. Ich habe in einem ersten Teil, noch in Anlehnung an einige Andeutungen in Husserls Vorlesungen, den Akt der ›Einfühlung‹ als einen besonderen Akt der Erkenntnis untersucht. Von da bin ich weitergegangen zu etwas, was mir persönlich am Herzen lag und mich in allen späteren Arbeiten immer wieder neu beschäftigte: zum Aufbau der menschlichen Person.« Aus ihren Untersuchungen »Psychische Kausalität« und »Individuum und Gemeinschaft« (*Beiträge zur philosophischen Begründung der Psychologie und der Geisteswissenschaften*, Tübingen ²1970, kurz: *PK* und *IG*, 1–116 und 116–283, Orig. *JPPF* V, Halle 1922 (ESGA 6, 2009) fließen die Kapitel über Kraft und den leib-seelischen Zusammenhang ein. Weitergeführt hatte sie die Problematik der »Subjektivität« in ihrer privaten Vorlesung *Einführung in die Philosophie* (Breslau, ca. 1921; ESGA 8, Freiburg 2004; kurz *EPh*) vor allem in den Kapiteln zu den Problemen der Subjektivität. »Die ontische Struktur psychophysischer Subjekte« (*EPh* 113ff.) und »Erkenntnis von Personen« (*EPh* 149ff.). Vgl. zur Neudatierung von Einführung in die Philosophie und zur Textrekonstruktion von »Die ontische Struktur der Person und ihre erkenntnistheoretische

fenszeit in Münster 1932/33 beziehen, auf die einzigen Vorlesungen, die Edith Stein öffentlich halten konnte bzw. die sie für die Öffentlichkeit konzipiert hatte und die nun seit 2005 in der wissenschaftlichen Neuausgabe[3] vorliegen.

Anders als Stein konzipierte ihr Lehrer und Mentor Adolf Reinach (1883–1917) keine eigenständige Anthropologie: Seine Personlehre ist vor allem seiner Theorie der Sozialen Akte und seinen religionsphilosophischen Aufzeichnungen zu entnehmen. Edith Stein standen 25 Jahre zur Ausgestaltung der Analyse der Person zur Verfügung – noch in ihrem letzten Werk *Kreuzeswissenschaft* (1942) kommt Stein auf das anthropologische Thema »Seele, Ich und Freiheit« zu sprechen.[4] Reinach dagegen blieben nach seiner Habilitation 1913 mit dem Titel *Die apriorischen Grundlagen des bürgerlichen Rechtes* nur 4 Jahre bis zu seinem frühen Tod im Ersten Weltkrieg. Stein verdankt Reinach menschlich und wissenschaftlich viel. Inhaltlich bezieht sie sich z.b. auf seine Untersuchung von 1911 *Zur Theorie des negativen Urteils* und auf die religionsphilosophischen »Aufzeichnungen« (1916/17). Letztere haben Stein zu ihren religionsphilosophischen Reflexionen in »Psychische Kausalität« und ihrer *Einführung in die Philosophie* inspiriert. Hinsichtlich der Personlehre lassen sich auf den ersten Blick allerdings keine gegenseitigen Einflüsse feststellen. Ich werde daher beide Ansätze nacheinander darstellen, um dadurch evtl. gemeinsame Linien zu entdecken.

Problematik« den Artikel von Claudia M. Wulf »Rekonstruktion und Neudatierung einiger früher Werke Edith Steins«, in: Beckmann, Beate / Gerl-Falkovitz, Hanna-Barbara (Hg.), *Edith Stein – Themen, Bezüge, Dokumente*, Würzburg 2003, 249–267 und die Einführung in ESGA 8. Mit der Frage der Sozialität des Menschen – in Anbetracht der heraufziehenden nationalsozialistischen Weltanschauung und Rasse-Ideologie ein heikles und der Auseinandersetzung notwendiges Thema – hatte sie sich in »Individuum und Gemeinschaft« und »Eine Untersuchung über den Staat« (kurz *US*), in: Stein, Edith, *Beiträge zur philosophischen Begründung der Psychologie und der Geisteswissenschaften*, Tübingen ²1970, 285–407 (Orig. *JPPF* VII, Halle 1925) [ESGA 7, 2006], aber auch in ihrer »Rezension zu Dietrich von Hildebrands *Metaphysik der Gemeinschaft*« (Sommer 1932; ESGA 9, Freiburg 2009) bereits auseinandergesetzt.
[3] *Edith Stein Gesamtausgabe*, mit wissenschaftlichem Fußnotenapparat und Einführungen, herausgegeben im Auftrag des Internationalen Edith-Stein-Instituts Würzburg unter wissenschaftlicher Mitarbeit von Hanna-Barbara Gerl-Falkovitz (Lehrstuhl für Religionsphilosophie und vergleichende Religionswissenschaft, Technische Universität Dresden), Herder-Verlag Freiburg i. Br. 2000ff.
[4] Stein, Edith, *Kreuzeswissenschaft* (kurz *KW*), ESGA 18, Freiburg ³2007, 132ff.

Stein erhebt in der philosophischen Anthropologie wie zuvor in ihrer Vorlesung zur Mädchenbildung den Anspruch, systematisch zu arbeiten. Sie beschreibt auf prägnante Weise die phänomenologische Methode, die sie für ihre Vorlesung *Der Aufbau der menschlichen Person* wählt, die allerdings in der theologischen Anthropologie *Was ist der Mensch?* völlig wegfällt: »Wir werden die Sachen selbst[5] ins Auge fassen und aufbauen, so weit wir können. [...] Die Methode, mit der ich eine Lösung der Probleme suche, ist die phänomenologische, d. h. die Methode, wie sie E. Husserl ausgebildet und im II. Band seiner *Logischen Untersuchungen*[6] zuerst angewendet hat, die aber nach meiner Überzeugung von den großen Philosophen aller Zeiten bereits angewendet wurde, wenn auch nicht ausschließlich und nicht mit reflektiver Klarheit über das eigene Verfahren.«[7] Als Prinzipien nennt sie die Reduktion auf die Sachen selbst, vom Zufälligen auf das Wesentliche der Dinge, unter Absehung von Theorien *über* die Dinge. D. h., es geht um eine vorurteilsfreie interesselose philosophische, nicht funktionale Betrachtung. Es geht darum, in ruhendem Schauen in einem Einzelnen ein Allgemeines zu erfassen.[8] Dazu ist der Husserlsche Begriff der »Intuition« notwendig.[9] Unter der phänomenologischen Intuition oder Wesensanschauung versteht Stein »die Erkenntnisleistung«, »die an konkreten Gegenständen ihre allgemeine Struktur zur Abhebung bringt«[10] und die traditionellerweise auch als Abstraktion bezeichnet wurde. Auf diese Weise differenziert sie zwischen Species, Typus und Individuum. Die Wesensanschauung wird aber nicht »rein« durchgeführt, da zugleich die theologische Anthropologie der biblischen

---

[5] Leitspruch der Phänomenologen: Husserl, Edmund, *Logische Untersuchungen*, 2. Band, 1. Teil, *Husserliana = Hua* XIX/1, 10.

[6] *Hua* XIX/1; 2. Teil, *Hua* XIX/2, hg. v. Ursula Panzer, Den Haag 1984 (Original: Halle 1900/01).

[7] Stein, Edith, *Der Aufbau der menschlichen Person* (kurz *AMP*), ESGA 14, Freiburg 2004, 28.

[8] Vgl. *AMP* 28f.

[9] Vgl. *Hua* XVIII, *Logische Untersuchungen*, 1. Band, hg. v. Elmar Holenstein, Den Haag 1975, 246; *Hua* XIX/1, 512; *Hua* XIX/2, 539, 567 usw.; *Hua* III/1, *Ideen zu einer reinen Phänomenologie und phänomenologischen Philosophie, Erstes Buch*, hg. v. Karl Schuhmann, Den Haag (2. Aufl.) 1976 (Original: Halle 1913) 46f., 51, 53 usw.

[10] Stein, Edith, *Die Frau. Fragestellungen und Reflexionen* (kurz *F*), ESGA 13, Freiburg ³2005, 156.

Vorgaben sich im Hintergrund auswirkt.[11] Husserl selbst hatte »alle Anthropologie zur philosophisch naiven Position« gezählt.[12] Er sah in Steins philosophischem Vorgehen zu dieser Zeit[13] zu Recht einen Gegensatz zu seiner »transzendentalen Phänomenologie« und bezeichnete Steins Ansatz treffend als eine »eidetische Psychologie innerhalb einer universalen Ontologie«.[14] Wenn man Steins philosophische Anthropologie einordnen will, würde sie in den Bereich der phänomenologischen Anthropologie fallen und ließe sich sowohl den Ansätzen zu einer »somatologischen« Anthropologie zuordnen – ähnlich denen von Frederik Jakobus Johannes Buytendijk[15], Herbert Plügge[16] und Maurice Merleau-Ponty[17] – als auch zur phänomenologischen Sozialanthropologie (Michael Theunissen[18]) oder zur phänomenologischen Individualanthropologie (Otto Friedrich Bollnow[19] und Eugen Fink[20]). Andererseits ist es aufgrund von Steins bewußter Rezeption der Metaphysik des Thomas von Aquin möglich, ihre philosophische Anthropologie als ein Glied in der Kette des Projekts einer »Katholi-

---

[11] »Während die Philosophie durch ihre spezifische Erkenntnisfunktion dazu berufen ist, Wesensnotwendigkeiten und Wesensmöglichkeiten zu erforschen, ist es der *Theologie* aufgegeben festzustellen, was uns durch göttliche Offenbarung über die Eigenart der Frau gesagt ist.« *F* 164.

[12] Postkarte an Karl Löwith, 22.2.1937, Löwith, Karl, *Sämtliche Schriften*, hg. v. K. Stichweh/M. B. de Launay, Stuttgart 1985, Bd. 8, 236f. – zitiert nach Andreas Uwe Müller, »Bausteine zu einer Philosophischen Anthropologie. Die philosophische Grundlegung der Pädagogik in Edith Steins Vorlesung in Münster 1932/33«, in: *Scientia et Religio*, hg. von René Kaufmann und Holger Ebelt, Dresden 2005, 181–195, hier: 187.

[13] Gekannt hat er wohl nur die Veröffentlichung im Jahrbuch »Husserls Phänomenologie und die Philosophie des hl. Thomas v. Aquino. Versuch einer Gegenüberstellung«, in: *Festschrift. Edmund Husserl zum 70. Geburtstag gewidmet*, Ergänzungsband zum Bd. X des *JPPF*, hg. v. Edmund Husserl, 1929; Tübingen ²1970, 315–338 (ESGA 9, 2009).

[14] »Aber so merkwürdig sind die Sachen, daß auch, wer zwischen transcendentaler Phänomenologie und phänomenologischer Psychologie nicht scheidet und die Wege einer universalen Ontologie (Universum der apriorischen Wissenschaften, als Totalität) geht (dieser eine eidetische Psychologie einordnend), wertvollste Arbeit leisten kann, die ich meiner transcendentalen Phänomenologie einzuordnen vermag.« Stein, Edith, *Selbstbildnis in Briefen* I (*SBB* I), ESGA 2, Freiburg ²2005, Br. 168 von Edmund Husserl (17.7.1931).

[15] *Das Menschliche*, Stuttgart 1958.

[16] *Der Mensch und sein Leib*, Tübingen 1962.

[17] *Phänomenologie der Wahrnehmung*, Berlin 1966.

[18] *Der Andere*, Berlin 1965

[19] *Das Wesen der Stimmungen*, Frankfurt a. M. 1941.

[20] *Studien zur Phänomenologie 1930–1939*, Den Haag 1966, *Erziehungswissenschaft und Lebenslehre*, Freiburg 1970.

schen Pädagogik« zu verstehen, in das sie damals am »Deutschen Institut für wissenschaftliche Pädagogik« mit eingebunden war.[21]

3. Der Mensch als Person – die philosophische Anthropologie Edith Steins

Der Mensch ist frei und durch seine Geistbegabtheit zur Verantwortung für sein Leben bestimmt – das ist der Zielpunkt, auf den sich Steins Vorlesung über den *Aufbau der menschlichen Person* zubewegt. »Ich schaue in die Augen eines Menschen und sein Blick antwortet mir. Er läßt mich eindringen in sein Inneres oder wehrt mich ab. Er ist Herr seiner Seele und kann ihre Tore öffnen und schließen. [...] Wenn zwei Menschen einander anblicken, dann stehen ein Ich und ein anderes Ich einander gegenüber. Es kann eine Begegnung vor den Toren sein oder eine Begegnung im Innern. Wenn es eine Begegnung im Innern ist, dann ist das andere Ich ein Du. Der Blick des Menschen spricht. Ein *selbstherrliches, waches Ich* sieht mich daraus <an>. Wir sagen dafür auch: eine *freie geistige Person.* Person sein heißt ein freies und geistiges Wesen sein. Daß der Mensch Person ist, das unterscheidet ihn von allen Naturwesen.«[22] Für Stein ist die Person wie für Thomas oder auch schon Boethius »individuelle Substanz rationaler Natur«, ein letztes unverfügbares Subjekt, das nicht ein Akzidenz von Materie, sozialen Strukturen oder impersonalen Kräften sein kann.[23]

---

[21] *SBB* I, Br. 245 an Hedwig Conrad-Martius (24.2.1933). Steins Bezug zu einer »Katholischen Pädagogik« zeigt sich deutlich am von ihr gewählten Beispiel aus der katholischen Glaubenspraxis: die »pädagogische Bedeutung der eucharistischen Wahrheiten« (*AMP* 162), anhand derer sie versucht zu zeigen, wie sich das christliche Menschenbild auswirkt auf die Erziehung im Glauben. Zudem sind Steins Sozialphilosophie und deren zeitkritische Momente deutlich durch ihre Perspektive des christlichen Glaubens geprägt.

[22] *AMP* 78.

[23] Zur Personlehre bei Stein liegen neuere Untersuchungen vor, die Steins Münsteraner Vorlesungen berücksichtigen: Tapken, Andreas, *Der notwendige Andere. Eine interdisziplinäre Studie im Dialog mit Heinz Kohus und Edith Stein*, Mainz 2003. – Wulf, Claudia Mariéle, *Freiheit und Grenze: Edith Steins Anthropologie und ihre erkenntnistheoretischen Implikationen; eine kontextuelle Darstellung*, Vallendar-Schönstatt 2002. – Matthias, Ursula, *Die menschliche Freiheit im Werk Edith Steins*, Thesis ad Doctoratum in Philosophia, Pontificium Athenaeum Sanctae Crucis Facultas Philosophiae, Rom 1997. – Maier, Friederike, *Den Menschen denken. Die Seele im Werk Edith Steins*, Diplomarbeit, Freiburg 1995.

Um zur Erkenntnis der Individualität des Menschen – von seiner geschlechtlichen Differenzierung abgesehen – zu führen, geht Stein in ihrer philosophischen Anthropologie real-phänomenologisch vor: Von außen betrachtet, nimmt man zunächst den Leib und dann erst das Innere des Menschen wahr, das sie mit scholastisch-thomasischer Begrifflichkeit als Seele und Geist bezeichnet.[24] Der Mensch wird von Stein stufenweise untersucht als materieller Körper, Lebewesen, Seelenwesen, Geistwesen – ein Mikrokosmos, der nach innen und nach außen erschlossen bzw. aufgebrochen ist: Als geistige Person wird der Mensch in seiner Individualität sowie als Gemeinschafts- und Kulturwesen und auch als Gottsucher beleuchtet. In ihren bisherigen Werken hatte Stein nicht real-phänomenologisch von außen nach innen gearbeitet, sondern in der Nachfolge der transzendentalen Phänomenologie Edmund Husserls stets von innen her ihre Betrachtungen der menschlichen Person begonnen[25]: Im Denken liegt uns der Geist, das Bewußtsein am nächsten, dann folgen von dort aus in der Eigenwahrnehmung die Seele, die Psyche, der Leib. Vom Blick auf den anderen her startet Stein nun also ihre Analyse, nicht mehr vom transzendentalen Ich aus.

Stein ist in ihrer Münsteraner Schaffensphase sensibilisiert für das Sex-Gender-Problem, natürlich in der Terminologie ihrer Zeit. So bezieht sie die Frage, welche Eigenschaften angeboren sind und welche sich Umwelteinflüssen verdanken, auch auf die Geschlechterdifferenz: »Menschentum tritt in doppelter Gestalt, als männliches und weibliches auf; die Individuen sind von Geburt an der einen oder der andern ›Teilspecies‹ (wenn wir es einmal so nennen

---

[24] Sie bezieht sich dabei auch auf ihre Vorarbeit in *Potenz und Akt* (kurz *PA*, 1931; ESGA 10, Freiburg 2005). Stein versteht ihre Vorlesung auch als eine Art Fortsetzung bzw. komprimierte Version von *Potenz und Akt*. Daher rührt auch der Einfluß von Conrad-Martius' *Metaphysischen Gesprächen* (Halle 1921) und deren Veröffentlichungen zur Pflanzenseele (Conrad-Martius, Hedwig, »Von der Seele«, in: *Summa* II, Hellerau 1917 – Dies., *Realontologie, JPPF* VI, Halle 1923 – Dies., »Die Zeit«, *Philosophischer Anzeiger*, Bonn II 2 u. 4, 1927–1928 – Dies., »Dasein, Substanzialität, Seele«, »L'existence, la substantialité et l'âme«, in: *Recherches Philosophiques II*, Paris 1932; deutscher Originaltext »Dasein, Substanzialität, Seele«. – Dies., *Die »Seele« der Pflanze* (Einleitung von Hans André), Breslau 1934). Eine Vertiefung der Analyse der »leib-geistigen Seele« des Menschen hat Stein dann drei Jahre später in ihrem Hauptwerk *Endliches und Ewiges Sein* (1935–1937) vorgenommen, das an die Münsteraner Vorlesungen – von einigen Thomas-Rezensionen und kleineren pädagogischen und geistlichen Schriften unterbrochen – anschließt.
[25] *PE*; *US*; *EPh*.

wollen) zugehörig. Auch männliche und weibliche Eigenart sind etwas, was sich erst im Lauf des Lebens zur Aktualität entfalten muß; das geschieht wiederum unter dem Einfluß der Umwelt, und so ist in jedem späteren Entwicklungsstadium das, was uns entgegentritt und was man wohl auch als ›männlichen‹ und ›weiblichen Typus‹ bezeichnet, tatsächlich ein sozialer Typus, an dem das ›Umweltbedingte‹ und das der sozialen Formung zu Grunde liegende ›Spezifische‹ sehr schwer zu scheiden ist. (So erklärt sich der Streit darüber, ob männliche und weibliche Eigenart überhaupt spezifische, d.h. aller sozialen Formung zu Grunde liegende Unterschiede seien oder nur typische, d.h. Ergebnisse der sozialen Formung.)«[26]
Eine gründliche Untersuchung der Species Mensch als »Doppel-Species« Mann und Frau hätte zwar ebenfalls ihren Ort in der philosophischen Anthropologie, war aber bereits ausführlich im Semester zuvor in der Vorlesung »Probleme der neueren Mädchenbildung« von Stein vorgenommen worden: »Ich bin der Überzeugung, daß die Species Mensch sich als Doppel-Species ›Mann‹ und ›Frau‹ entfaltet, daß das Wesen des Menschen [...] auf zweifache Weise zur Ausprägung kommt, und daß der ganze Wesensbau die spezifische Prägung zeigt. Es ist nicht nur der Körper verschieden gebaut, es sind nicht nur einzelne physiologische Funktionen verschieden, sondern das ganze Leibesleben ist ein anderes, das Verhältnis von Seele und Leib ist ein anderes und innerhalb des Seelischen das Verhältnis von Geist und Sinnlichkeit, ebenso das Verhältnis der geistigen Kräfte zueinander. Der weiblichen Species entspricht Einheit und Geschlossenheit der gesamten leiblich-seelischen Persönlichkeit, harmonische Entfaltung der Kräfte; der männlichen Species Steigerung einzelner Kräfte zu Höchstleistungen.«[27] Steins These von der »Doppel-Species« wird später von Elisabeth Gössmann seit den 60er Jahren ähnlich formuliert: Sie spricht von der »Gleichursprünglichkeit der Geschlechter«.[28]
Ob nun Mann und Frau jeweils nur ein »Typus« oder tatsächlich eine »Teil-Species« sind, entscheidet darüber, ob »unter gewissen

---

[26] *AMP* 142.
[27] *F* 167. Steins Geschlechteranthropologie kann hier nicht weiter ausgeführt werden, vgl. dazu Binggeli, Sophie, *La femme chez Edith Stein. Une approche philosophique, théologique et littéraire*, Lyon 2000 und Westerhorstmann, Katharina, *Selbstverwirklichung und Pro-Existenz. Frausein in Arbeit und Beruf bei Edith Stein*, Paderborn 2004.
[28] Gössmann, Elisabeth, *Das Bild der Frau heute*, Düsseldorf 1962.

Bedingungen die Überführung des einen Typus in den andern möglich« sei.[29] Stein berührt hier die Diskussion, die seit den 90er Jahren des 20. Jahrhunderts von dekonstruktivistischen Philosophen (z.b. Judith Butler) geführt wurde hinsichtlich der Frage, ob die Zuschreibung »Frausein« und »Mannsein« – vereinfacht gesagt – nicht besser wegfallen sollte, da doch kein »Wesen der Frau« oder »des Mannes« erkennbar wäre, sondern es sich um eine willkürliche Differenzierung handele, daß man gerade die Geschlechtsmerkmale zur Unterscheidung heranziehe. Stein zählt die Argumente auf, die für die dekonstruktivistische These sprechen: »Selbst gegen die Unaufhebbarkeit der körperlichen Unterschiede ließen sich gewisse Tatsachen – Zwitter- und Übergangsformen – anführen.«[30] Dann aber beantwortet sie die Frage, ob es ein allen Individuen zugrundeliegendes Wesen entweder als Frau oder als Mann gäbe, mit dem Hinweis auf noch zu klärende Grundprobleme der formalen Ontologie. Sie schlägt also vor, daß man im Anschluß an die »erste Philosophie« von Aristoteles das Verhältnis von Genus, Species, Typus und Individuum klären solle.[31] Der *Sinn* der geschlechtlichen Differenzierung könne aber nur mit Unterstützung von theologischen Mitteln und nicht allein durch philosophische erkannt werden.

4. Der Mensch in seiner Leib-Seele-Geist-Einheit (»somatologische« Anthropologie)

Steins Stärke ist seit ihrer Dissertation *Zum Problem der Einfühlung* (1917)[32] eine Leib-Phänomenologie, bei der Leib und Geist-Seele klar differenziert und dennoch wechselseitig aufeinander bezogen gedacht werden.[33] Die Leiblichkeit des Menschen wird in

---

[29] *F* 152.
[30] *F* 152.
[31] *F* 152. »Die Untersuchung des Wesens der Frau hat ihren logischen Ort in einer *philosophischen Anthropologie.* Zur Lehre vom Menschen gehört die Klärung des Sinnes der geschlechtlichen Differenzierung, die Herausstellung des Inhalts der Species, ferner der Stellung der Species im Aufbau des menschlichen Individuums, des Verhältnisses der Typen zu Species und Individuum und der Bedingungen der Typenbildung.«
[32] München 1980 [ESGA 5, 2008].
[33] Vgl. Beckmann-Zöller, Beate, »Zugänge zum Leib-Seele-Problem bei Edith Stein im Hinblick auf das Ereignis des religiösen Erlebnisses«, in: Nielsen, Cathrin / Steinmann, Michael / Töpfer, Frank, *Das Leib-Seele-Problem und die Phänomenologie*, Würzburg 2007, 155–170.

Steins philosophischer Anthropologie zunächst betrachtet als materielles Ding, dann als Organismus, womit das Pflanzliche im Menschen gemeint ist. Wie das Wesen der Pflanze die Aufrichtung zum Licht sei – hier folgt Stein Conrad-Martius –, so läge im »Menschenantlitz [...] wie in der Blüte die vollkommenste Selbstoffenbarung«[34]. Das Tierische im Menschen sieht Stein im Anschluß an Ettlinger[35] vor allem im Phänomen der Bewegung, der Gefühlszuständlichkeiten und Affekte, letztlich in der Kraft der Seele (Lebenskraft, Vitalität). Die Bewegung ist ungebunden (frei) im Raum, wodurch eine wesenhafte Unruhe gegeben ist, ein Getrieben- und Bewegtwerden von außen und innen, von Begehren und Anreizen, auf die der Mensch reagiert. Weiterhin ist der tierische Teilaspekt des Menschen gekennzeichnet durch inneres Betroffensein, Empfindsamkeit und Spüren oder auch Leibempfinden. In der Sinnenseele liegt das Zentrum, in dem Reize von außen einschlagen und von wo Reaktionen ausgehen. Die innere Befindlichkeit oder Gefühlszuständlichkeit der Seele zeigt sich in Affekten oder Gemütsbewegungen.[36]

Die Seele ist für Stein im Anschluß an den Grundsatz »anima forma corporis« (die Seele gibt dem Leib seine Gestalt) von Thomas das einheitliche Formprinzip, das, was den Menschen zu einem Lebewesen im Unterschied zu einem toten Körper oder Gegenstand macht. Sie ist das Prinzip der einheitlichen Gestaltung des Individuums.[37]

Des weiteren hebt Stein das von Thomas vertretene Prinzip »individuum de ratione materiae« hervor: Das Individuum besteht nach der Maßgabe der Materie, d.h. nicht nur die innere seelische Form drückt sich ins Äußere hinein aus, sondern umgekehrt begrenzt oder formt wiederum die äußere Leiblichkeit die innere Entwicklung. Hier zeigt sich Steins »somatologische« Anthropologie, die Leibzentriertheit ihrer Theorie.[38]

---

[34] *AMP* 43.
[35] Ettlinger, Max, *Beiträge zur Lehre von der Tierseele und ihrer Entwicklung*, Münster 1925.
[36] *AMP* 47.
[37] *IG* 248.
[38] Besonders deutlich läßt sich Steins Übernahme des »anima-forma-corporis«-Prinzips von Thomas in konkrete Konsequenzen hinein verfolgen, wenn man ihr Plädoyer für eine geschlechterdifferenzierte Bildung heranzieht. Wenn nicht nur der Leib und von ihm abhängige psychische Funktionen, sondern auch die geistige

Der Leib wird als materieller Körper verstanden,[39] aber dadurch nicht minder bewertet, da die Seele durch den Leib vollendet wird, d.h., sie ist ergänzungsbedürftig durch den Leib. Die Seele gilt auch in der theologischen Anthropologie als »Form« des Leibes, als akzidentelle und vorübergehende, wie Stein im Anschluß an Thomas darlegt. Deutlich betont Stein mit Hilfe der entsprechenden katholischen Dogmen, daß der Leib nicht von bösen Geistern geschaffen ist, sondern daß er – im Gegenteil – in der katholischen Lehre hochgeschätzt wird. Der Vorwurf der Leibfeindlichkeit, den man wohl einzelnen Christen machen kann, ist doch hinsichtlich der christlichen Lehre nicht zu erheben, wie Stein verdeutlicht. Ebenso wenig, wie der Leib unterschätzt, darf die Seele überschätzt werden: Sie ist weder ein Teil Gottes noch eine göttliche Substanz im Menschen, sondern eine des menschlichen Leibes bedürftige. Die Verbindung aus Leib und Seele ist nicht zufällig, denn die Seele wäre gar keine Seele, wenn sie nicht mit dem Leib verbunden wäre.[40] Zur gefallenen Natur gehört zudem nicht allein – wie am Begehren abzulesen ist – der Leib, was eine immer noch beliebte Häresie ist, sondern Leib und Seele zugleich. Weder vor der Begierde noch vor dem Tod wird der Mensch nach dem Sündenfall bewahrt.

Das spezifisch Menschliche – die personale Struktur, die sich in Verantwortung, Personalität und Ichform ausdrückt – wird vor allem in der philosophischen Anthropologie herausgearbeitet. Die Geistigkeit als Aufgeschlossenheit nach innen und außen wird begleitet vom personalen Phänomen der Freiheit, dem Können (Kräften) und dem Sollen (Werten). Letztlich ist von der Person Selbstgestaltung

---

Struktur des Mannes und der Frau jeweils von der Leiblichkeit und damit auch der jeweiligen Geschlechtlichkeit geprägt sind – wovon Stein ausgeht –, dann müßte die »Bildungsarbeit der spezifischen Struktur des Geistes Rechnung tragen«. *F* 163.

[39] In ihrer Abhandlung »Natur, Freiheit und Gnade« (1921, *NFG*), Titel fälschlich bisher im Druck: »Die ontische Struktur der Person und ihre erkenntnistheoretische Voraussetzung«, in: *Welt und Person. Beitrag zum christlichen Wahrheitsstreben*, Edith Steins Werke (kurz ESW) VI, Freiburg/Louvain 1962, 137–197 [ESGA 9, 2009] hatte Stein deutlich zwischen dem beseelten »Leib« und dem unbeseelten »Körper« unterschieden, in ihrer theologischen Anthropologie mischt sie diese Begriffe allerdings. Stein, Edith, *Was ist der Mensch? Theologische Anthropologie* (kurz *WIM*), ESGA 15, Freiburg 2005, 7ff.

[40] »Beim Menschen, wo nicht der Leib, wohl aber die Seele subsistenzfähig ist, muß das Sein der Seele ›im Leibe‹ als ein Aufgenommensein der Leibesmaterie in die Subsistenz der Seele aufgefaßt werden, die eben damit zur Subsistenz des ganzen Menschen wird.« *WIM* 89.

gefordert, d.h., das »Ich« und das »Selbst« gestalten die Empfindungen und Wahrnehmungen im Phänomen der Intentionalität. Dabei sind »Ich« und »Selbst« zugleich Formende und zu Formende.[41] »Der Mensch ist ein leiblich-seelisches Wesen, aber Leib und Seele haben in ihm personale Gestalt. Das heißt, daß ein Ich darin wohnt, das seiner selbst bewußt ist und in eine Welt hineinschaut, das frei ist und kraft seiner Freiheit Leib und Seele gestalten kann; das aus seiner Seele heraus lebt und durch die Wesensstruktur der Seele, vor und neben der willentlichen Selbstgestaltung, aktuelles Leben und dauerndes leiblich-seelisches Sein geistig formt.«[42] Personsein heißt für Stein, die Fähigkeit zur Entwicklung in sich zu tragen und sich selbst und andere frei gestalten zu können.

Nicht nur das »Ich« des Menschen, sondern der Mensch selbst als Individuum sind letztlich nur durch eine bewußte Abstraktion als solche zu erkennen. Eigentlich – so legt Stein im Kapitel über »Das soziale Sein der Person« dar – ist die menschliche Person in ein Beziehungsgeflecht verwoben, sein »Dasein ist Dasein in einer Welt, sein Leben ist Leben in Gemeinschaft«[43]. Stein analysiert neben soziologischen Grundbegriffen vor allem den Begriff »Volk« und begibt sich damit in eine gründliche zeitgeistliche Auseinandersetzung, während sie eine Analyse des Begriffs »Rasse« als zu umstritten ablehnt.

In ihrem Hauptwerk *Endliches und ewiges Sein* (1935–1937) wird Stein über die Erarbeitung ihrer philosophischen und theologischen Anthropologie noch hinausgehen und das leiblich-seelisch-geistige Sein des Menschen ähnlich wie Augustinus symbolisch nach dem Abbild Gottes als Dreieinigkeit beschreiben: Dem Vater entspreche das seelische Sein als Quell sprudelnden Leben aus sich selbst; dem Sohn wird das leibliche Sein zugeordnet, er ist die inkarnierte Person Gottes, das ausgeborene, verwirklichte Leben, das nicht an sich gehalten hat; der Heilige Geist entspreche dem geistigen Sein als ausströmendes, freies, selbstloses und begeisterndes.[44]

---

[41] *AMP* 83ff.
[42] *AMP* 92.
[43] *AMP* 134.
[44] Stein, Edith, *Endliches und ewiges Sein. Versuch eines Aufstiegs zum Sinn des Seins* (kurz *EES*), ESGA 11/12, Freiburg 2006, 390.

5. Übergänge von der philosophischen in die theologische Anthropologie

Die philosophische Anthropologie ist nach Edith Stein ergänzungsbedürftig, da sie nur als ontologische Einsicht festhalten könne, daß Endliches auf Unendliches bezogen ist.[45] Der Mensch sei von sich aus ein »Gottsucher«, der mit »natürlichem Verstand« bis zu einem gewissen Grad von Gottes- und Selbsterkenntnis gelangen könne. Hinweise in der Welt – so Stein im Anschluß an die Tradition der natürlichen Gotteserkenntnis und philosophischen Gotteslehre – machten die Suche nach Gott sinnvoll und das Finden möglich: In »seinem Inneren wie in der äußeren Welt findet der Mensch Hinweise auf etwas, was über ihm und allem ist, wovon er und wovon alles abhängt. Die Frage nach diesem Sein, das Suchen nach Gott gehört zum menschlichen Sein. Zu erforschen, wie weit er mit seinen natürlichen Mitteln in diesem Suchen gelangen kann, ist noch Aufgabe der Philosophie, eine Aufgabe, in der sich Anthropologie und Erkenntnistheorie begegnen. Ihre Lösung muß zur Absteckung der Grenzen der natürlichen Erkenntnis führen.«[46]

Zum Menschsein gehörten aber auch Fragen wie die nach dem Heil, die weder aus der Empirie und noch aus dem rationalen Schlußfolgern zu lösen sind.[47] Antworten durch einen »überlegenen Geist« seien dazu erforderlich – auch in bezug auf die Pädagogik und ihre Frage nach dem Menschen; diese Antworten könne man in der biblischen Offenbarung finden.[48] Der Mensch ist nach Stein nicht nur als Geschöpf Gottes zu betrachten, sondern auch als erlösungs-, d.h. heilsbedürftig, da er aus seinem ursprünglich heilen Zustand herausgefallen ist. Zu seinem Heil im Sinne von Ganzheitlichkeit

---

[45] Ähnlich wird Stein dann in *Endliches und ewiges Sein* argumentieren. *EES*, »Sinn und Möglichkeit einer ›Christlichen Philosophie‹«, 20–36.

[46] *AMP* 32. »Jeder Mensch ist ein Gottsucher und darin am stärksten dem Ewigen verbunden. Wenn Menschenleben und Gemeinschaftsleben werterfülltes Leben war, dann war es sinnvoll.« *AMP* 154.

[47] »Was aber zum Heil notwendig ist, das muß allen zugänglich sein und darf nicht von dem Stand menschlicher Forschung abhängen.« *AMP* 161.

[48] »Wenn aber eine Pädagogik darauf verzichtet, aus der Offenbarung zu schöpfen, so riskiert sie es, das Wesentlichste außer Acht zu lassen, was wir über den Menschen, sein Ziel und den Weg zu seinem Ziel wissen können, sie schneidet sich also prinzipiell davon ab, ihren Gegenstand (d. i. die Erziehung des Menschen) ausreichend zu bestimmen. [...] Die Pädagogik wird dadurch nicht Theologie, aber sie tritt zur Theologie in eine wesenhafte und unaufhebbare Beziehung.« *AMP* 162.

kann er gelangen, wenn er sich an Jesus Christus und die Kirche anschließt. Stein stellt klar heraus, daß sie von einem realistischen, weder pessimistischen noch optimistischen Menschenbild ausgeht: Der Mensch war ursprünglich gut, ist nun aber durch den Sündenfall in seinem Willen geschwächt, in seinen Trieben verwirrt und im Verstand verdunkelt.[49] Zurück zum Heil findet der Mensch nur über die Erlösung durch Jesus Christus.[50]

Ausschlaggebend für eine theologische Anthropologie ist die Einheit von Leib und Geist-Seele in Christus. Bedeutsam für die Anthropologie ist aus der Christologie vor allem der Person-Begriff. Die Person darf nie als Mittel zum Zweck gebraucht werden, wie Stein in diesem Zusammenhang betont, ohne Kant direkt zu zitieren.[51] Denn die Person hat Würde, weil sie *bewußt* und *frei* ist, die Schöpfung zu genießen und zu gebrauchen.

Letztlich bleibt die menschliche Person jeder anderen Person, außer Gott, ein Geheimnis. Denn sowohl in der Selbsterkenntnis als auch in der Erkenntnis fremder Personen sind trotz Aufrichtigkeit und Offenheit jeweils Möglichkeiten zur Selbsttäuschung mitgegeben. Auch zur Erkenntnis von Menschen, nicht nur zur Gotteserkenntnis, gehört also »Glaube«; sie ist nie völlig zweifelsfrei. Stein sieht hier die Grenzen in der Sprache und auch im leiblichen Ausdruck gegeben, wodurch sich der andere einerseits offenbart; andererseits findet »unser Eindringen [...] eine Grenze in der Freiheit des Menschen, sich zu öffnen oder zu verschließen«.[52] Die Freiheit der Per-

---

[49] *AMP* 11.

[50] »Der Mensch hat keine Macht über die Gewalten der Tiefe und kann von sich aus den Weg zur Höhe nicht finden. [...] Um seine Natur zu heilen und ihm die Erhebung über die Natur, die ihm von Ewigkeit her zugedacht war, zurückzugeben, ist Gott selbst Mensch geworden. Der Sohn des ewigen Vaters wurde das neue Haupt des Menschengeschlechts; jeder, der mit ihm verbunden ist in der Einheit des mystischen Leibes [der Kirche], hat Teil an seiner Gotteskindschaft, trägt einen Quell göttlichen Lebens in sich [...]: das natürliche Licht seines Verstandes ist gestärkt durch das Gnadenlicht und ist besser geschützt gegen Irrtümer, wenn auch nicht dagegen versichert, vor allem ist sein geistiges Auge geöffnet für alles, was in dieser Welt uns von einer andern Welt Kunde gibt; der Wille ist dem ewigen Gut zugewendet und nicht leicht davon abzulenken, er besitzt mehr Kraft zum Kampf gegen die niederen Gewalten. [...] So wird für den Christen eine kritische Haltung gegenüber der Welt, in der er sich als geistig erwachender Mensch vorfindet, und gegenüber dem eigenen Ich erforderlich.« *AMP* 11f.

[51] *WIM* 88.

[52] *WIM* 40f. Daß Gesten im zwischenmenschlichen Bereich gedeutet werden müssen, führt Stein zu Überlegungen zum allgemeinen Problem der Symboldeutung und zur

son ist neben der Wahrheit ein Lebensthema Edith Steins, da sie darin das besondere Merkmal der Person sieht: Freiheit gegenüber sich selbst, gegenüber dem anderen und sogar gegenüber Gott. Im Phänomen der »Freiheit« einerseits liegt die Grenze, dem Geheimnis der Person näherzukommen. Andererseits macht uns auch das Phänomen der Sprache jegliche Annäherung an das, was Person ist, mühsam. Dennoch wählt Adolf Reinach gerade den Weg über die Sprache, er thematisiert den Sozialen Akt als Sprechakt und beschäftigt sich vor allem mit dem zwischenmenschlichen Geschehen des Versprechens, einem wesentlichen Erscheinungs-Merkmal des Personseins.

6. ADOLF REINACHS WEG VON DER RECHTSPHILOSOPHIE ZUR RELIGIONSPHILOSOPHIE

Ich werde zunächst den biographischen Weg Adolf Reinachs darstellen,[53] der weniger bekannt ist als der Edith Steins, mit dem theoretischen, von Heidegger formulierten Hintergrund, daß »Ausgang wie Ziel der Philosophie die faktische Lebenserfahrung« ist.[54] Während Edmund Husserl (1859–1938) Denker und Begründer der Phänomenologie ist, gilt Adolf Reinach (1883–1917) als *der* Lehrer der Phänomenologie, als der, dem die Vermittlung der Husserlschen Früh-Phänomenologie an eine breitere Gelehrten- und Studentenschaft gelang. Nach Hedwig Conrad-Martius war Reinach der Phänomenologe »an sich und als solcher«[55].

Rolle der Sprache. Ebd. Wenn Gott durch Menschen spricht, ist Vertrauen nötig, das Stein auch das »dunkle Spüren« *(KW* 131) oder das »dunkle Erfassen« *(EES* 421) nennt.

[53] Zur Biographie vgl. besonders: Schuhmann, Karl / Smith, Barry, »Einleitung. Adolf Reinach (1883–1917)«, in: Reinach, Adolf, *Sämtliche Werke in zwei Bänden* (kurz Reinach I/II), Band II, München 1989, 613–626. Crosby, John F., »A Brief Biography of Reinach«, in: *Aletheia* 3 (1983) ixff. Burkhardt, Hans / Smith, Barry (Hg.), *Handbook of Metaphysics and Ontology*, Munich / Philadelphia / Vienna 1991, Bd. 1: A–K. Bd 2: L–Z. Müller, Andreas Uwe, *Grundzüge der Religionsphilosophie Edith Steins* (kurz Müller, *Religionsphilosophie*), Freiburg 1994, 117–120.

[54] Heidegger, Martin, *Phänomenologie des religiösen Lebens*, hg. v. M. Jung / Th. Regehly / C. Strube, Frankfurt/M. 1995 (Martin Heidegger Gesamtausgabe (kurz GA) 60), 15.

[55] Conrad-Martius, Hedwig, »Vorwort«, in: Reinach, Adolf, *Gesammelte Werke*, Halle 1921, 7. Ein weiterer Vorwort-Entwurf existiert von Dietrich von Hildebrand (mit Bearbeitungen von Siegfried J. Hamburger): »Reinach as a Philosophical Per-

Nur vier Jahre dauerte sein Wirken als Privatdozent in Göttingen, dennoch war sein Einfluß historisch bedeutend für die Göttinger und Münchner Phänomenologie und ihre Vertreter. Bis zur textkritischen Herausgabe seiner *Sämtlichen Werke* im Jahre 1989 durch Karl Schuhmann und Barry Smith[56] blieb sein Werk allerdings unterschätzt, mit Ausnahme seiner Rechtsphilosophie »Die apriorischen Grundlagen des bürgerlichen Rechts« (1913). Neu entdeckt wurde er von der angelsächsischen Philosophie für die Linguistik hinsichtlich der Sachverhalts-Ontologie und der sozialen Akte und Sprechakte.[57] Die Religionsphilosophie ist zwar von einigen seiner Schüler, dann aber nach langer Pause erst von Andreas Uwe Müller im Zusammenhang mit Steins Religionsphilosophie aufgegriffen worden.[58]

Reinach, am 23.12.1883 in Mainz als Sohn jüdischer Geschäftsleute geboren, studierte ab 1901 in München[59] und war dort mit der Phänomenologie durch Johannes Daubert bekannt geworden, der ihn in Richtung des ontologischen Realismus beeinflußte. Sowohl Stein als auch Roman Ingarden bestätigen nicht nur die didaktischen, sondern auch die menschlichen Qualitäten Reinachs.[60] Hedwig Conrad-

---

sonality«, in: *Aletheia* 3 (1983) S. xv–xxix. Das Original liegt im Archiv der Bayerischen Staatsbibliothek München: Reinach D II 5 »Entwurf eines Vorworts zu Reinachs Gesammelten Schriften«. Bisher wurde es fälschlicherweise Edith Stein zugeschrieben. Vgl. *Die Nachlässe der Münchener Phänomenologen in der Bayerischen Staatsbibliothek.* Verzeichnet von E. Avé-Lallemant, Wiesbaden 1975, 179.

[56] Reinach, Adolf, *Sämtliche Werke in zwei Bänden,* hg. von Karl Schuhmann und Barry Smith, München 1989.

[57] Mulligan, Kevin (Hg.), *Speech Act and Sachverhalt. Reinach and the Foundations of Realist Phenomenology,* Dordrecht / Boston 1987. Mulligan, Kevin / Simons, Peter / Smith, Barry, »Truth-Makers«, in: *Philosophy and Phenomenological Research* 44, Nr. 3, 1984, 287–321. Crosby, John, »Reinach's Discovery of the Social Acts«, in: *Aletheia* 3 (1983) 143–194. Hamrick, William (Hg.), *Phenomenology in Practice and Theory,* Dordrecht 1985.

[58] Müller, *Religionsphilosophie,* 117–157.

[59] Weitere Studienorte waren Göttingen und Tübingen. In Tübingen beschäftigte er sich auch mit Physik, bedingt durch das Studium seiner zukünftigen Frau. Auch Stein belegt physikalische Vorlesungen (in Freiburg) nach der Bekanntschaft mit Dr. Anne Reinach.

[60] »Die Stunden in dem schönen Arbeitszimmer waren die glücklichsten in meiner ganzen Göttinger Zeit. Wir waren uns wohl alle darüber einig, daß wir hier methodisch am meisten lernten [...] Alle hatten vor unserem jungen Lehrer eine tiefe Ehrfurcht, hier wagte nicht leicht jemand ein vorschnelles Wort, ich hätte kaum gewagt, ungefragt den Mund aufzumachen.« *LJF* 224. Ingarden sagte über ihn: »Er [Reinach] war ein guter Lehrer und vor allem glänzender Leiter der philosophischen Übungen. ... Klar und scharf waren die von ihm gegebenen Problemformulierungen, klar, präzis und kurz

Martius bescheinigt Reinach in ihrer Einleitung zu dessen *Gesammelten Werken* (1921) eine »Mischung intensivster sinnlicher Erlebnis- und Eindrucksfähigkeit mit strengster Nüchternheit im objektiven Forschen. Er lebte aus einem dunklen Grunde heraus, der seinem Wesen die eigentümliche Tiefe und Schwere gab, die man immer an ihm fühlte. Er war ein seiner empirischen *Natur nach* ungeborgener Mensch. In der Hingabe an das objektiv Entrückte und in jedem Sinne Unbedingte wird er die gleiche Stillung und Reinigung der Seele erlebt haben, wie sie bei Plato so eindringlich geschildert wird.«[61] Die Kennzeichnung seines Charakters als »ungeborgen« ist besonders interessant, da Reinach als Wesen des religiösen Erlebnisses gerade das »Geborgenheitserlebnis« herausarbeitet.[62]

Im April 1916 ließen sich Adolf Reinach, seine Frau, die Physikerin Dr. Anne Reinach[63], und seine Schwester Pauline Reinach evange-

gefaßt waren die Antworten, die er den Teilnehmern der ›Übungen‹ gab, schlagend waren die Zurückweisungen, mit denen er seinen Standpunkt verteidigte, lebendig und überzeugend die Beispiele, die er anzuführen wußte. Und was besonders kostbar war, war der Umstand, daß er die Fähigkeit hatte, unsere oft ungeschickt formulierten Fragen oder Behauptungen sofort richtig zu verstehen und in den richtigen Problemzusammenhang hineinzustellen. Der Gang der Diskussionen war den Teilnehmern überlassen, Reinach selbst fungierte anscheinend bloß als der Hüter, daß man nicht auf Abwege geriet. Im Grunde aber war er das Herz der gemeinsamen Arbeit, der lebendige, gerade in schöpferischer Einstellung neue Forschungswege und Aspekte eröffnende Geist, der seine Aktivität, sein Zugreifen in schwierigen Situationen, seine Geistesgegenwart nie verlor. So war man durch ihn in die Einstellung schöpferischen Philosophierens gebracht und man konnte sich der Teilnahme am Werden einer neuen Philosophie erfreuen, so sehr man doch in Wirklichkeit ein philosophierendes Kind war.« Ingarden, Roman, »Erinnerungen an Husserl«, in: Husserl, Edmund, *Briefe an Roman Ingarden*, hg. v. Roman Ingarden, Den Haag 1968, 113f.
[61] Conrad-Martius, Hedwig, »Einleitung«, in: Reinach, Adolf, *Gesammelte Schriften*, Halle 1921, XXVIf. Er sei ein Menschenkenner gewesen, »im Sinne jener Fähigkeit, den Menschen in seinem zentralen und eigentlich nicht mehr aussprechbaren Grunde persönlichsten Wesens zu fassen. Er war ein wissender Mensch, in dem Naivität keine Stelle hatte. Und man darf vielleicht sagen, daß ein gewisses Maß von Naivität (aufgewogen durch eine Art schlafwandlerischen Instinktes) dazu gehört, sich mit dem Irrationalen philosophisch zu befassen.« Ebd.
[62] Beckmann, Beate, »Das religiöse Erlebnis als Zentrum von Reinachs Religionsphilosophie«, in: Beckmann, Beate, *Phänomenologie des religiösen Erlebnisses. Religionsphilosophische Überlegungen im Anschluß an Adolf Reinach und Edith Stein*, (kurz: Beckmann, *Phänomenologie*), Würzburg 2003, 93.
[63] Eigentlich Dr. Anna (gerufen Anne) Reinach geb. Stettenheimer. Sie lernten sich 1906/7 in Tübingen kennen und heirateten im September 1912. Frau Reinach promovierte mit einer Arbeit zu den Spektrallinien in magnetischen Feldern (»Eine absolute Messung des Zeemanphänomens«, Leipzig 1907). Geb. 21.6.1884 in Stuttgart, 1923 katholisch geworden, 29.12.1953 gest. in München.

lisch taufen.[64] Das Religiöse war Reinach bis zum Weltkrieg etwas Geheimnisvolles, für das er »freundliches Desinteresse« übrig hatte.[65] Erst im Krieg öffnete er sich der religiösen Dimension, wohl durch die Todesnähe bedingt. Die Entdeckung des religiösen Gebietes fesselte Reinachs philosophische Aufmerksamkeit, wie Stein in einem Brief an Fritz Kaufmann schildert: »Er behauptet, im Felde die Entdeckung gemacht zu haben, daß er weder philosophisch begabt, noch jemals ernst dafür interessiert gewesen ist. Das liegt daran, daß er jetzt ganz von religiösen Fragen in Anspruch genommen ist, und seine Arbeit wird sicherlich nach dem Kriege in erster Linie diesem Gebiet gelten.«[66] In die Kriegszeit bzw. die Erholungszeiten dazwischen fallen die religionsphilosophischen Fragmente, die »Aufzeichnungen«, in denen Reinach u.a. sein persönliches religiöses Erleben phänomenologisch, d.h. ›gereinigt‹ von subjektiven Elementen, darlegt.[67] Husserl

---

[64] Am 9.4.1916 in Göttingen. Paten waren Prof. Friedrich Ranke und Frau. Adolf Reinachs Schwester Pauline ließ sich 1918 taufen. Anne und Pauline Reinach wurden später katholisch, Pauline wurde später Ordensfrau.

[65] Reinach II, München 1989, 787 (Kommentar zu »Aufzeichnungen«, s.u.).

[66] SBB I, Br. 4 (12.1.1917) S. 22. Für Husserl kommentiert Reinach sein religiöses Erleben im Krieg wie folgt: »Wie eine schwere, finstere Nacht liegt die Zeit der großen Offensive hinter mir [...] Und doch erfüllt mich Glück und unendliche Dankbarkeit, daß ich diese Zeit erleben und überleben durfte. Nun lebe ich in einer ganz anderen Welt.« Reinach II, 789 (1. Dezember 1915) (Kommentar zu »Aufzeichnungen«). Conrad-Martius gibt eine Deutung dieses Übergangs in »eine ganz andere Welt«, die Welt der religiösen Erlebnisse: »Im Felde kam die große Erkenntnis Gottes über ihn. Es ist selbstverständlich, daß er bis dahin mit unbedingter Ehrfurcht und sachlicher Scheu auf Sphären geblickt hatte, die ihre objektive Stellung irgendwo besitzen mußten, die ihm aber persönlich nicht zugänglich gewesen waren. Jetzt aber überströmte ihn dieses Neue und nunmehr in ganz anderem Sinne Absolute mit solcher Fülle und Gewalt, daß sein Blick hier zunächst ausschließlich gebannt wurde. Wir sehen, daß für ihn das zentrale religiöse Erlebnis in dem Gefühl und der Erkenntnis nunmehr restloser Geborgenheit bestand. Wie so gar nicht es sich hierbei um eine pantheistisch unklare Gefühlsbetontheit handelte, wie sehr die metaphysisch objektive und reelle Quelle solchen Erlebens wahrhaftes Fundament auch seines Erlebens war, zeigt das eindeutige und klare Verhältnis, das er fortan zu Christus besaß. Denn nur im Erleben Christi kann die unendliche Ferne und Majestät der Gottheit – hier aber vermag der vernichtete Mensch aus dem Schweigen der Anbetung nicht herauszutreten – in die unendliche Nähe verwandelt werden, durch die der Christ im Gebet sich persönlich gehört und aufgehoben weiß.« Conrad-Martius, »Einleitung«, in: Reinach, Gesammelte Schriften, a.a.O., XXVII.

[67] Reinachs einziges Zeugnis dazu findet sich auf einer Postkarte: »Das idyllische Leben, das ich 11 Wochen hatte, ist nun vorbei. [...] Beinahe hätte ich ein Buch geschrieben.« Postkarte vom 10. Juli 1916 an Margarete Ortmann, im Privatbesitz von Eberhard Avé-Lallemant. Reinach II, 789f. (Kommentar zu »Aufzeichnungen«).

bemerkt darüber in seinem Nachruf: »Aber zu tief war seine religiöse Grundstimmung durch die ungeheuren Kriegserlebnisse betroffen, als daß er in Zeiten eines relativ ruhigeren Frontdienstes nicht hätte den Versuch wagen müssen, seine Weltanschauung religionsphilosophisch auszubauen.«[68] Für das Wintersemester 1917/18 hatte Reinach eine vierstündige Vorlesung über Religionsphilosophie angekündigt, zu der uns seine Notizen erhalten blieben. Im November 1917 fiel Reinach allerdings in Flandern bei einem gefährlichen Einsatz, für den er sich freiwillig gemeldet hatte. Sein früher Tod wirkte fatal auf die junge Phänomenologie und trug wesentlich zu ihrer baldigen Auflösung bei.[69]

7. DIE PERSON ALS ENS METAPHYSICUM: REINACHS PHÄNOMENOLOGIE DES RELIGIÖSEN ERLEBNISSES

Fragen der Anthropologie berührt Reinach zunächst in seinem Abschnitt zur Ethik innerhalb der Vorlesung »Einleitung in die Philosophie«[70] und dann in seinen religionsphilosophischen Notizen, auf die ich mich im folgenden konzentriere. Reinachs Religionsphilosophie fand trotz ihrer fragmentarisch-aphoristischen Form eine erstaunliche Beachtung in den allerdings schmalen Zirkeln, denen sie als Manuskript zur Verfügung stand. Johannes Heber, der als Theologe versucht, die Phänomenologie als Methode für die Religionsphilosophie zugänglich zu machen, bezeichnet Reinach als den ersten Vertreter der Phänomenologie, der sich der Religionsphilosophie zuwandte, noch vor Max Schelers großem Entwurf Vom Ewi-

---

[68] Husserl, Edmund, »Adolf Reinach †. Nachruf auf Reinach«, in: Frankfurter Zeitung 6.12.1917, hier in: Hua XXV Aufsätze und Vorträge (1911–1921), hg. v. Nenon, Thomas / Sepp, Hans Rainer, Dordrecht 1987, 303.

[69] Ströker, Elisabeth / Janssen, Paul, Phänomenologische Philosophie, Freiburg 1989, 67.

[70] Gefühlseinheiten setzen an verschiedenen Schichten der Persönlichkeit, an tieferen Schichten des Ich, an. Reinach I, 495 (Ethik, Eudämonismus). Er untersucht ganz im Sinne von Schelers Formalismus in der Ethik Gefühlserlebnisse, die an die tieferen Schichten der Person heranführen. Scheler, Max, Der Formalismus in der Ethik und die materiale Wertethik. Neuer Versuch eines ethischen Personalismus, (2. unveränderte Aufl.) Halle 1921. (Sonderdruck aus: JPPF, Bd. I u. II. Halle 1913). II. Teil, V. Materiale Wertethik und Eudaimonismus. 2. Fühlen und Gefühle, 260ff.

gen im Menschen, der erst 1921 erschien.[71] Nach Reinachs Tod im November 1917 konnte Edith Stein im Januar und Februar 1918 schon eine Abschrift der religionsphilosophischen Aufzeichnungen einsehen, die Anne Reinach ihr schickte. »Ein paar Seiten Ausführungen sind so schön, daß man sie vielleicht als Fragment drucken könnte.«[72] Das schlägt sie Husserl dann im Mai 1918 vor.[73] Zur Publikation kam es dennoch weder im *Jahrbuch* noch in den *Gesammelten Werken* von 1921, sondern erst 1989 in den *Sämtlichen Werken*.[74]

Reinach formuliert Plan und Ziel seiner Religionsphilosophie in einem Brief an seine Frau: »Mein Plan steht mir klar vor Augen – er ist natürlich *ganz* bescheiden. Ich möchte von dem Gotteserlebnis, dem Erlebnis des Geborgenseins in Gott, ausgehen und nichts weiter tun als zeigen, daß man von dem Standpunkt ›objektiver Wissenschaft‹ nichts dagegen einwenden kann, möchte darlegen, was im Sinn jener Erlebnisse eingeschlossen liegt, inwiefern es auf ›Objektivität‹ Anspruch machen darf, weil es sich als Erkenntnis zwar eigener Art, aber in echtem Sinne darstellt, und schließlich die Folgen

---

[71] Heber, Johannes, *Die phänomenologische Methode in der Religionsphilosophie. Ein Beitrag zur Methodologie der Wesensbestimmung der Religion*, Königsbruck 1929, 7. Aufgegriffen werden Reinachs Fragmente von seinen Schülern Kurt Stavenhagen (*Absolute Stellungnahmen. Eine ontologische Untersuchung über das Wesen der Religion*, Erlangen 1925), Jean Héring (*Phénoménologie et philosophie religieuse. Etude sur la théorie de la connaissance religieuse*, Strasbourg 1926), Otto Gründler (*Elemente zu einer Religionsphilosophie auf phänomenologischer Grundlage*, München 1922), Adolf Grimme (*Sinn und Widersinn des Christentums*, Aus dem Nachlaß hg. v. E. Avé-Lallemant, Heidelberg 1969) und Edith Stein. Weiterhin besaßen Hedwig Conrad-Martius, Max Scheler, Roman Ingarden, Fritz Kaufmann (»Kunst und Religion«, in: *Gaster Anniversary volume*, ed. by Bruno Schindler / A. Marmorstein, in Honour of Dr. M. Gaster's 80th Birthday, Taylor's Foreign Press. 37, High Holburn, London, WC 1. o.J. (evtl. 1935) 295–305) und Martin Heidegger Mitschriften der »Aufzeichnungen«. Heidegger fertigte im Juni 1918 ein Exzerpt von Reinachs Notizen an, da er selbst gerade ein religionsphänomenologisches Werk plante, das als Aufsatz- und Vorlesungs-Sammlung 1995 in der Gesamtausgabe erschien: Heidegger, Martin, *Phänomenologie des religiösen Lebens*, hg. v. M. Jung / Th. Regehly / C. Strube, Frankfurt/M. 1995 (GA 60).

[72] *SBB* I, Br. 6 an Fritz Kaufmann (9.3.1918).

[73] Husserl selbst schreibt über seinen ersten Lese-Eindruck von den religionsphilosophischen Fragmenten Reinachs an Adolf Grimme. 8.6.1918. Zitiert bei Karl Schuhmann, »Husserl und Reinach«, in: Mulligan, Karl (Hg.), *Speech Act and Sachverhalt. Reinach and the Foundations of Realist Phenomenology*, Dordrecht / Boston 1987, 243.

[74] In den *Gesammelten Werken* (1921) wurden zumindest Teile abgedruckt: »Das Absolute« und einige Notizen.

daraus ziehen [...] Ich meine, eine solche Arbeit in aller Demut zu leisten, ist heute das Wichtigste [...] Denn wozu dieses ungeheure Geschehen [gemeint ist der Erste Weltkrieg], wenn es die Menschen nicht näher zu Gott heranführen wird?«[75] Ziel seiner Religionsphilosophie soll es laut Reinach sein, religiöse Erlebnisse zu klären, um dadurch neue Erlebnisse zu erwecken und den Erkenntnisgewinn solcher Erlebnisse zu befragen.[76] Der Zugang zur Religionsphilosophie erfolgt innerhalb der Phänomenologie der sozialen Akte nicht wie bei Stein über die Einfühlung[77], sondern über das Versprechen als fremdpersonalen sozialen Akt; und des weiteren über Gefühlserlebnisse und Erkenntnisgehalte von Werterlebnissen. Das stumme Gebet[78] beispielsweise ist nach Reinachs Theorie der sozialen Akte ein spontaner innerseelischer, nicht verlautender Akt des Antwortens auf ein vorgängiges inneres Erleben von absoluter Dankbarkeit. Es unterscheidet sich von einer anonymen Dankbarkeit dadurch, daß es gerichtet ist auf eine geistige Person. Ist dies der Fall, dann entsteht Anspruch beim Adressaten, der auch gegenüber Gott gilt, da Reinach hier ein apriorisches Wesensgesetz entdeckt.[79] Lebendige, echte Dankbarkeit sei nur möglich durch personale Gemütserlebnisse, die Reinach im Rahmen von Werterlebnissen untersucht. Ohne lebendig gefühlte Dankbarkeit läßt sich nur ein abstraktes Pflichtbewußtsein von Dankbarkeit erleben. Hieraus ergibt sich nicht ohne weiteres ein motiviertes Streben, sich auch in der Tat dankbar zu erweisen.[80] Die religiösen Notwendigkeitszusammenhänge, die Reinach selbst als »Logik des spezifisch religiösen Erlebnisses«[81] bezeichnet, wer-

---

[75] 23. Mai 1916, abgedruckt in: Conrad-Martius, Hedwig, »Einleitung«, in: *Gesammelte Schriften*, Halle 1921, XXXVII. Hier: Reinach II, 790.

[76] »Auch andere Wissenschaften können ausgehen von den gewöhnlichen Meinungen und Erlebnissen. Aber sie klären diese und sind allemal mehr und fügen hinzu und entdecken. Die Religionsphilosophie dient aber nur, sie mag Erlebnisse klären, aber nur, um wieder reinere Erlebnisse erwachsen zu lassen.« Reinach I, 594 (28.4.1916).

[77] Vgl. »Einfühlung als Weg zum religiösen Erlebnis und zur Gotteserkenntnis« (Beckmann, *Phänomenologie*, 212).

[78] Nach Bernhard Casper eine Ur-Handlung: Casper, Bernhard, *Das Ereignis des Betens. Grundlinien einer Hermeneutik des religiösen Geschehens*, Freiburg 1998.

[79] Reinach I, 188 (Rechtsphilosophie, Versprechen).

[80] Vgl. Reinach I, 596f. (11.5.1916) 3.

[81] Reinach I, 599 (19.5.1916) 1.

den in folgenden Schritten dargelegt:[82] 1. Vorbedingung des religiösen Erlebnisses: das Geöffnetsein[83], 2. Das ›Wie‹ des religiösen Erlebens (die Noesis) als Abhängigkeits- und Geborgenheitserlebnis und die absolute Qualität des Erlebens[84], 3. Das ›Was‹ des Erlebens: Der materiale Gehalt des Erlebens (das Noema) als Allmacht oder Absolutes und die antwortende Stellungnahme des relativen Subjekts[85], 4. Täuschungsmöglichkeiten in der Untersuchung der Erlebnisse[86].

Die Wesensgesetzlichkeit des religiösen Erlebnisses beginnt bereits mit der Vorbereitung auf ein Erlebnis. Diese Vorbereitung ist nicht als eine aktive oder bewußte zu verstehen, es handelt sich um eine innere Bereitschaft, auch ungewohnte, zu Rätseln führende Gedanken zu denken und Erlebnisse zuzulassen. Die veränderte theoretische Einstellung ermöglicht eine erweiterte Erfahrung hinsichtlich der Lebenspraxis, eine »innerhalb der weltlichen Vorgänge unerklärliche Bekehrung«[87].

Das religiöse Erlebnis selbst weist eine noetische und eine noematische Seite auf. Die noetische Seite besteht aus einem Grunderlebnis und daraus abgeleiteten Erlebnissen. Das Grunderlebnis kann einerseits das Abhängigkeits-, andererseits das Geborgenheitserlebnis sein, woraus sich Erlebnisse von Dankbarkeit, Vertrauen und Gebet ableiten. Abhängigkeit zeigt sich im wesentlichen Blick »nach oben«, Geborgenheit zeigt sich in einem unbegrenzten Vertrauen in die Güte des Bergenden. Die Qualität dieser Erlebnisse hat Absolutheitscharakter; sie sind nicht steigerbar, sondern erfüllen »die ganze Seele«.[88] Die noematische Seite zeigt den Gehalt einer all-

---

[82] »Wesensgesetzlichkeit des religiösen Erlebnisses« (Beckmann, *Phänomenologie*, 108). Dabei wird anders als bei Müller vorgegangen, der Reinachs Programm untergliedert in 1. Gotteserlebnis = Geborgenheitserlebnis, 2. Eigenständigkeit der Erkenntnis, 3. Abgrenzung und Zuordnung zur Objektivität der Wissenschaft, 4. Folgerungen. Müller, *Religionsphilosophie*, 139.

[83] »Vorbedingung für das religiöse Erlebnis: Das Geöffnetsein« (Beckmann, *Phänomenologie*, 108).

[84] »Das ›Wie‹ des religiösen Erlebens (die Noesis)« (Beckmann, *Phänomenologie*, 110).

[85] »Das ›Was‹ des Erlebens: Der materiale Gehalt des Erlebens (das Noema)« (Beckmann, *Phänomenologie*, 115).

[86] »Täuschungsmöglichkeiten in der Untersuchung der Erlebnisse« (Beckmann, *Phänomenologie*, 119).

[87] Reinach I, 602 (22.6.1916) 5. Z. 3.

[88] Reinach I, 598 (13.5.1916) 1. Z. 21.

mächtigen Person, des Absoluten. Neben diesen Bestimmungen wird auch die Existenz des Absoluten mit-erlebt. Die Reflexion über Täuschungsmöglichkeiten ist notwendig, um den Gehalt des religiösen Erlebnisses nicht etwa mit seinem Ort, an dem es sich entzündet hat, zu verwechseln, sowie weder mit der Natur noch mit der Wir-Gruppe der Nation noch mit dem Werterlebnis.

8. Das »eigentliche« Menschsein – Reinachs Anthropologie

Die Phänomenologie des religiösen Erlebnisses entläßt nach Reinachs Analyse bemerkenswerterweise eine gewandelte Anthropologie aus sich heraus. Ein wichtiger Reflexionsgang ist bei Reinach nämlich die Deutung der eigenen Person aus dem Erleben der Ichlichkeit innerhalb des religiösen Erlebnisses.[89] Unter »Ich« verstand Reinach in seiner »Einführung in die Philosophie« »nichts Erschlossenes, keine ›Seele‹, ›Seelensubstanz‹ etc.«, sondern es sei direkt unmittelbar als letzte Tatsache gegeben.[90] Reinach kritisierte an Hume, daß das Ich nur ein »Bündel von Erlebnissen«, »von Perzeptionen« ist, so daß die »Psychologie ›ohne Seele‹« entstehen konnte.[91] Er hielt also an der Gegebenheit des Ich als dem letzten Grund der Person fest. Nun kommt es allerdings zu einer Weitung dieses phänomenologischen »Ich«. Denn es erfährt sich selbst nun durch das religiöse Erlebnis als »schlechthin abhängig«, als »in Beziehung zu Gott«. Nicht das »Ich« als »Ich« steht in Beziehung, sondern »der Mensch«, »als ein solcher kleiner, absolut ›endlicher‹«.[92] Von seinem »eigentlichen« Menschsein und zugleich seinem In-Beziehung-Sein erfährt der Mensch erst durch das religiöse Erlebnis des Geborgenseins in »Gott«: »Indem das Ich sich in Beziehung zu Gott fühlt, indem es seine Abhängigkeit von ihm und seine Geborgenheit in ihm mit beseligender Gewißheit empfindet, enthüllt sich ihm etwas Neues, erfaßt es einen Zusammenhang, der ihm nun feststeht und an dem es wissend festhält durch alle Zeit hindurch. Gewiß ist es nicht so, daß das Subjekt in erkenntnissu-

---

[89] Müller wies darauf bereits hin. Müller, *Religionsphilosophie*, 133f.
[90] Ebd.
[91] Ebd. Vgl. Stein, Edith, »Die Seelenburg«, Anhang in: *EES*, 501–525, hier: 521.
[92] Reinach I, 597 (11.5.1916) 4.

chender Haltung jenem Verhältnis nachgegangen wäre; aber auch theoretische Sachverhalte können ja ohne jedes Suchen und sozusagen wider Willen aufleuchten.«[93] Dieses Erlebnis des »In-Beziehung-zu-Gott-Stehens« wurde nicht wie eine Erkenntnis gesucht, sondern ist plötzlich »aufgeleuchtet«. Dieses erkenntnismäßige »Aufleuchten« zeigt einen neuen Zusammenhang für das Verständnis der Welt und des eigenen Ichs auf. »Man möchte von einer erlebten Wesensbeziehung sprechen, die sich vor anderen dadurch auszeichnet, daß ich sie erfasse – nicht durch Betrachtung des einen Gliedes der Beziehung, sondern daß der Erfassende selbst das eine Glied ist, und zwar das seine Beziehung zur Gottheit erlebende Glied.«[94] Die Beziehung des Menschen zum erlebten Absoluten kann nicht als eine »Wesensbeziehung im Vernunftsinne«[95] gefaßt werden, d.h., es ist keine Apriori-Beziehung, die durch Vernunftbetrachtung entdeckt werden könnte, so wie andere Korrelationen des Bewußtseins freigelegt werden können. Ebensowenig kann die Beziehung zu Gott als empirische Tatsache verstanden werden, die der Zufälligkeit und der Wechselhaftigkeit unterworfen wäre. Als einen Grund dafür nennt Reinach eine unwiderrufliche Veränderung, die sich in einer neuen Sicht der Zusammenhänge und einer sich daraus ergebenden Verbindlichkeit äußert. »Vor allem hat es keinen Sinn zu sagen: es kann nachher auch anders werden; wohl auch nicht: es könnte auch anders sein.«[96] Die »erlebte Wesensbeziehung« zwischen Mensch und Gott ist demnach nur in einer dritten, eigenen Kategorie zu erfassen, weder apriorisch noch empirisch. Reinach unterscheidet im Anschluß an Schleiermacher den »eigentlichen Menschen«, der immer vom »aktuellen Menschsein« überlagert ist. Die »eigentliche« Menschennatur meint nicht einen chronologisch »anfänglichen« Zustand oder einen ethisch maßstäblichen »seinsollenden«.[97] Reinach nimmt hier wiederum eine eigene Kategorie an, die er nicht mit der moralischen verwechselt wissen will. Die eigentliche Vollkommenheit meint, daß der Mensch eigentlich

---

[93] Reinach I, 604 1. (Die Beurteilung des Erlebnisses).
[94] Reinach I, 597f. (11.5.1916) 4.
[95] Reinach I, 597 (11.5.1916) 4.
[96] Ebd.
[97] Reinach I, 594 (29.4.1916) Zu 1.

»der Liebe würdig« und dabei »schlechthin abhängig« ist.[98] So wie der Mensch in seinem tiefsten Grunde ist, liebt ihn Gott: ein Erleben, das nicht der intellektuellen Erkenntnis, nur dem religiösen Erleben zugänglich sei.[99] Denn die »tatsächliche« Unvollkommenheit, Sündhaftigkeit und Verderbtheit[100] sind das eigentliche Rätsel: Das eigentliche Menschsein ist überdeckt vom tatsächlichen Menschsein.

Das Verhältnis von »eigentlich« und »tatsächlich« kann nach Reinach verglichen werden mit einem »tatsächlich« Wahnsinnigen, den seine Frau dennoch liebt, weil sie weiß, wie er »eigentlich« ist, nicht nur erscheint. Man kann hier Reinach so verstehen, daß die Differenz zwischen Erbsünde und der wirklichen oder individuellen Sünde gemeint ist. Die eigentliche Menschennatur wäre der erlöste Mensch, die Erbsünde wäre die »Anlage« zur Sünde, das tatsächliche Menschsein die »Betätigung«, die sich in individuellen Sünden auswirkt.[101]

Der Mensch erlebt sich in seiner Eigentlichkeit, im Angenommensein. Das »Ich« erlebt sich nun nicht mehr als Monade, sondern als Glied einer Ganzheit. Das Ich-Sein wird zum Beziehungsgliedsein. Durch die Öffnung für Rätsel, wie Reinach schreibt, erfolgt eine Transformation des Ich, eine Übermächtigung der bisher geglaubten Absolutheit des Ich. Die Selbsthabe wird demnach relativiert, der vermeintlich absolute Standpunkt aufgegeben. So ist ein Sich-Hingeben, Sich-ergreifen-Lassen erst möglich und wird zugleich erfahren als ein »Sich-selbst-Empfangen« mit neuer Daseinsgewißheit. Die Erkenntnisstruktur geht in eine Beziehungsstruktur über, die sich auf Erkenntniskräfte rückwirkend auswirkt in einer »beseligenden Gewißheit«.[102] Es erfolgt die Ableitung der religiösen Betrachtung aus dem »Wesen des in Gott geborgenen und aufgehobenen Ich«.[103]

---

[98] Reinach I, 594 (29.4.1916) 1.
[99] Ebd.
[100] Reinach I, 594 (28.4.1916) 1.
[101] Reinach I, 596 (3.5.1916) 2. Bezug auf: Schleiermacher, Friedrich Ernst Daniel, *Der christliche Glaube nach den Grundsätzen der evangelischen Kirche im Zusammenhange dargestellt*. Neue unveränderte Ausgabe in vier Teilen, eingeleitet durch des Verfassers zwei Sendschreiben über seine Glaubenslehre (Bibliothek theologischer Klassiker, Bd. 13–16), Gotha 1889, 320.
[102] Reinach I, 604. 1. Die Beurteilung des Erlebnisses.
[103] Reinach I, 592 (27.4.1916) 1. Die Ableitung des Unsterblichkeitsgedankens aus dem »Gefühl des Geborgenseins in Gott« übernimmt Gründler von Reinach. Vgl. Gründler, *Religionsphilosophie*, 107.

Das nicht mehr isolierte Ich verliert in Beziehung nicht die »Eigenkraft des Ich«[104]. Man kann Reinach an dieser Stelle so lesen, daß
hierin ein Hinweis auf einen »personalen Kern« des Ich liegt, den
Edith Stein später herausarbeitet als ontische Ermöglichung von
Anteilhabe am Absoluten, wodurch die Begegnung mit dem Absoluten in religiösen Erlebnissen anthropologisch fundiert wäre.[105]
Die Eigenkraft ist es, die eine Willensfreiheit begründet, eine ursprüngliche, nicht kausierte Entwicklung der Person.[106]
Das religiöse Erlebnis versteht Reinach als Umkehr- und Orientie-
rungspunkt für den Lebens- und Sinnzusammenhang des Einzelnen: »Wer eines solchen Erlebnisses teilhaftig geworden ist, der mag
hinübergehoben werden über alle Nöte und Zweifel des Lebens, er
mag eine Umkehrung und Wandlung in sich erfahren, die mit keinem anderen Ereignis seines Lebens vergleichbar ist, er mag eine
feste Richtung erhalten haben, die nunmehr alle Schritte seines Lebens lenkt und sicher macht.«[107] »Nicht so ist das gemeint, als ob der
von Gott Erfüllte das Richtige erkennen müßte [...] Aber wer das
Rechte erkennt und zugleich Gott erlebt, der muß es tun.«[108] Die

---

[104] Reinach I, 602 (22.6.1916) 6. Z. 31.

[105] Der Kern der Person ist »das, was die Person in sich ist, und was im Wandel des
Wie bleibt« (*PA* 122) oder auch die »Essenz« (*PA* 90), »das eigentliche primum mo-
vens« (*EPh* 117ff.). In Anlehnung an die Conrad-Martiussche Terminologie spricht
Stein auch von der »Seele der Seele« (*PA* 172). Schon in *PE* stößt Stein auf einen »unwandelbaren Kern«, den sie als die »personale Struktur« bezeichnet, der aber noch
nicht der »Kern der Person« ist. *PE* 123. Gründler kritisiert an Steins Theorie der
Person in *PE*, daß sich das Wesen der Person nach Stein nicht ändern könne. Er
stimmt zu, daß die Person im psychophysischen Individuum allmählich in Erschei-
nung tritt. Aber das besage noch nicht, daß eine Umwandlung wie die Bekehrung
nicht möglich sei. Er kennt hier nur Steins frühsten Ansatz zur Wandelbarkeit bzw.
Unwandelbarkeit der Person. Gründler, *Religionsphilosophie*, 100–102. In *Psychische
Kausalität* spricht sie vom »Persönlichkeitskern«, dem »unwandelbaren Seinsbe-
stand, der nicht Resultat der Entwicklung ist, sondern umgekehrt den Gang der Entwicklung vorschreibt«. *PK* 84. In der *Einführung in die Philosophie* wird der »Kern
der Person« auch als das »persönliche Ich« bezeichnet in Absetzung vom »reinen
Ich«. *EPh* 134f.; 199. Vgl. »Das ›reine Ich‹ des Bewußtseins und das ›persönliche Ich‹
des Psychischen« (Beckmann, *Phänomenologie*, 192). Während in *Potenz und Akt*
eine detaillierte Untersuchung zum Kern der Person vorliegt, vermeidet Stein in der
Umarbeitung zu *Endliches und ewiges Sein* diesen Begriff nahezu vollständig, synonym wird von der »Tiefe der Seele« oder auch dem »Innersten der Seele« gesprochen.
Vgl. Die »Tiefe der Seele«. (Beckmann, *Phänomenologie*, 205).

[106] Vgl. Reinach I, 600 (28.5.1916) 6.

[107] Reinach I, 611. § 2 Struktur des Erlebnisses.

[108] Reinach I, 596 (3.5.1916) 1.

leichtere Umsetzung von ethischen Forderungen ist daher als ein Ergebnis der Logik des religiösen Erlebnisses festzuhalten.

9. Schlussgedanken

Was man über den Menschen denkt, ob man ihn eher von seiner Sozialität (die eventuell als anderen Sozialitäten, Rassen oder Klassen, überlegen gesehen wird) oder von seiner Individualität her versteht, ob man ihn im letzten als Person oder nur als Sache betrachtet, die es zu vernutzen oder auch zu verräumen (Embryonen-Stammzellen-Forschung und Euthanasie-Debatte) gilt: Immer geht es dabei um den »Unterschied zwischen etwas und jemand« (Robert Spaemann[109]), den Stein in ihrer Anthropologie-Vorlesung herausarbeitet. Es lassen sich gegenwärtig willkürlich anmutende Zu- und Abschreibungen von Personwürde beobachten, in denen Letztbegründungen für die Unantastbarkeit und die Würde des menschlichen Lebens fehlen. Dadurch wird deutlich, daß die philosophische Anthropologie allein offenbar weder eine Begründung von Personwürde noch eine Legitimierung des politischen Schutzes der Menschenwürde leisten kann. Gegenüber dem gegenwärtigen Ethik-Diskurs, aus dem theologische Grundannahmen weitgehend ausgeklammert sind, wirkt Steins unerschrockene Ergänzung der philosophischen durch die theologische Anthropologie erfrischend und richtungsweisend. Stein legt dar, wie das Leben mit und in Jesus Christus und der Kirche einen Menschen verändern und zur Freiheit, zur Erkenntnis der Wahrheit und zum Guten hin befähigen kann.

Die verbindenden Elemente zwischen Steins und Reinachs Anthropologie sind nicht nur die Gottebenbildlichkeit, das Von-Gott-Her der menschlichen Person. Vielmehr entdecken beide als unerläßlich für die Deskription der Person die Erlösungsbedürftigkeit, das Auf-Gott-Zu bzw. das Durch-Gott-Sein des Menschen. Es reicht nicht, die Person als Mensch unter Menschen aus seiner Sozialität heraus zu beschreiben. Erst die Kategorie des Von-Gott-geschaffen-Seins, des Geliebt- und Erlöst-Seins erfaßt die Person in ihrer Tiefendimension.

---

[109] *Personen. Versuche über den Unterschied zwischen »etwas« und »jemand«*, Stuttgart 1996.

Stein und Reinach gemeinsam ist also, daß sie in ihren Analysen auf die Person als »ens metaphysicum« stoßen: der Mensch ist nicht nur nach außen gerichtet und nach innen aufgebrochen, sondern kann sich auch nach oben öffnen und von dort empfangen: ein neues Beziehungsbewußtsein (Liebe) und den veränderten Blick auf Gott und die Welt (Glaube und Hoffnung).

Siglen

AMP: Der Aufbau der menschlichen Person (Anm. 7)
Beckmann, Phänomenologie: Beate Beckmann, Phänomenologie des religiösen Erlebnisses (Anm. 62)
EES: Endliches und ewiges Sein (Anm. 44)
EPh: Einführung in die Philosophie (Anm. 2)
ESGA: Edith Stein Gesamtausgabe (Anm. 1)
ESW: Edith Steins Werke (Anm. 39)
F: Die Frau (Anm. 10)
GA: Martin Heidegger Gesamtausgabe (Anm. 54)
HUA: Husserliana (Anm. 5)
IG: Individuum und Gemeinschaft (Anm. 2)
JPPF: Jahrbuch für Philosophie und phänomenologische Forschung (Anm. 2)
KW: Kreuzeswissenschaft (Anm. 4)
LJF: Aus dem Leben einer jüdischen Familie (Anm. 2)
Müller, Religionsphilosophie: Andreas Uwe Müller, Grundzüge der Religionsphilosophie Edith Steins (Anm. 53)
NFG: Natur, Freiheit und Gnade (Anm. 39)
PA: Potenz und Akt (Anm. 24)
PE: Zum Problem der Einfühlung (Anm. 1)
PK: Psychische Kausalität (Anm. 2)
Reinach I/II: Adolf Reinach, Sämtliche Werke in zwei Bänden, Band I/II (Anm. 53)
SBB: Selbstbildnis in Briefen (Anm. 14)
US: Eine Untersuchung über den Staat (Anm. 2)
WIM: Was ist der Mensch? (Anm. 39)

CHRISTOF BETSCHART

Was ist Lebenskraft?

Edith Steins erkenntnistheoretische Prämissen
in »Psychische Kausalität« (Teil 1)[1]

Mit Edith Stein stellen wir die Frage: Was ist Lebenskraft? Spontan
denkt man vielleicht an eine Kampfansage an die Naturwissenschaften oder an die Ausgrabung eines esoterischen Vitalismus. Ein derartiges Verständnis wird zwar durch eine kleine Internetsuche be-
kräftigt, kann aber nicht als Ausgangslage zur Auseinandersetzung
mit Edith Steins Frühwerk »Psychische Kausalität« (Sigel: PK[2]) dienen. Vielmehr soll möglichst unvoreingenommen nach dem Interesse an einer Lebenskrafttheorie gefragt werden. Steins Überlegungen
scheinen mir in erkenntnistheoretischer und in anthropologischer
Hinsicht besonders interessant. In diesem Artikel stehen die erkenntnistheoretischen Prämissen von Steins Lebenskrafttheorie im
Vordergrund.[3] Zwar bietet Stein in PK keine vollständige erkenntnistheoretische Untersuchung, doch beinhaltet ihr Verständnis des
Bewußtseins wertvolle Indizien: Ihre Bemühung um eine Untersuchung der Psyche aus phänomenologischer Sicht bringt sie zu Hinweisen, die ihr im Bewußtsein selber die Transzendenz der Psyche
aufzeigen. Stein geht es nicht um eine klassische erkenntnistheoretische Argumentation, ob und warum der mir in der sinnlichen Wahrnehmung erscheinende Gegenstand wirklich existiert. Es geht ihr
um die innere Wahrnehmung meines Befindens, d.h. in Steins Terminologie meiner Lebensgefühle, beispielsweise meiner Müdigkeit
oder Frische. In meinen Lebensgefühlen manifestieren sich reale,
psychische Lebenszustände, die in ihrer Abfolge die Lebenskraft er-
geben.

---

[1] Dieser Beitrag entstand aus einer philosophischen Lizentiatsarbeit an der Gregoriana in Rom, eingereicht im April 2008 unter der Leitung von Georg Sans SJ.
[2] EDITH STEIN, »Psychische Kausalität«, in: *Beiträge zur philosophischen Begründung
der Psychologie und der Geisteswissenschaften – Eine Untersuchung über den Staat*,
[ESGA 6], Tübingen: Niemeyer ²1970, 1–116 [Originalausgabe: *Jahrbuch für Philosophie und phänomenologische Forschung* (Sigel: JPPF) 5 (1922) 1–116].
[3] Ein Beitrag über die Lebenskraft in anthropologischer Hinsicht ist für das Edith
Stein Jahrbuch 2010 geplant.

Diese Auffassung läßt zwei Fragen aufkommen: Wie kommt mir erstens die transzendente Lebenskraft zu Bewußtsein? Bei Stein finden wir darüber wenig Auskunft: Sie benutzt den Ausdruck »Bekundung«, um diese Aufnahme ins Bewußtsein zu bezeichnen, ohne sie zu erklären. Hier müßte eine Theorie der inneren Wahrnehmung, des Fühlens meiner Lebenskraft, weiterhelfen. Steins Verdienst ist es dagegen, anhand von Beispielen über Selbsttäuschungen zu zeigen, daß sich das Bewußtsein auf die transzendente Lebenskraft beziehen muß. Eine zweite Frage stellt sich in bezug auf die Unterscheidung der psychischen und physischen Realität. Könnte man nicht davon ausgehen, daß beispielsweise meine Müdigkeit lediglich die Bekundung eines *physischen* Zustandes ist? Es ist zu zeigen, daß Stein keinen Gegensatz zwischen Physischem und Psychischem postuliert, sondern den Unterschied in einer verschiedenen Art der Gegebenheit sieht. Gegeben ist in diesem Fall der eigene Leib, der in der inneren Wahrnehmung als *psychischer* und in der äußeren Wahrnehmung als *physischer* aufgefaßt wird. Demgemäß leugnet Stein nicht, daß beispielsweise meine Müdigkeit in physischer Hinsicht an meinem Leib vom Naturwissenschaftler untersucht werden kann, auch wenn sie sich selber hauptsächlich für die innere Wahrnehmung interessiert.

In diesem Beitrag möchte ich in einem ersten Abschnitt nach der Unterscheidung von Bewußtsein und Psychischem bei Husserl fragen, um davon ausgehend Steins eigenen Ansatz abzugrenzen. Im zweiten Abschnitt kommt zunächst Steins Untersuchung des Bewußtseins zur Sprache, die zeigen soll, wie Stein ausgehend von der eigenen bewußten Befindlichkeit anhand von einigen wichtigen Beispielen die transzendente psychische Realität aufweist. Der dritte Abschnitt fragt im Anschluß an den Aufweis der psychischen Realität, wie diese von der physischen Realität unterschieden werden kann. Der abschließende vierte Abschnitt situiert die Lebenskraft mittels der in diesem Beitrag eingeführten Begriffe, bevor als Ausblick zwei philosophische Inputs der Steinschen Untersuchung in der zeitgenössischen Psychologie und Naturwissenschaft genannt werden können.

1. Zur Kontinuität und Abweichung in Steins Rezeption der Erkenntnistheorie Husserls

Wie Edith Stein selber in ihrem Vorwort angibt, standen ihr während ihrer Assistenzzeit bei ihrem »Meister« Husserl in Freiburg dessen Manuskripte zur Verfügung, und es ist daher selbstverständlich, daß von deren Bearbeitung und von den persönlichen Gesprächen mit ihm viele Anregungen in ihr Werk eingeflossen sind, die nicht präzise kontrolliert werden können (vgl. PK 1f.). Dennoch müssen die Einflüsse in zweifacher Hinsicht relativiert werden: *Erstens* hat Stein Husserls Methode nicht einfach kopiert, sondern sich persönlich angeeignet, und *zweitens* verfolgt sie mit der Frage nach der Lebenskraft einen Themenbereich, der von Husserl nicht behandelt wurde. Kann daraus geschlossen werden, daß Stein in der Frage nach der Lebenskraft keine Anleihen bei Husserl macht? Ich denke nicht, weil die Unterscheidung von Bewußtsein und psychischer Realität ein wichtiges Element von Steins Theorie ist, das sie von Husserl übernimmt. Das heißt jedoch nicht, daß Stein diese Unterscheidung genau wie Husserl interpretiert. Vielmehr wird sich zeigen, wie Stein sich von Husserl abgrenzt und inwiefern diese Abgrenzung erkenntnistheoretisch relevant ist.

Die Abgrenzung von Bewußtsein und Psyche ist im Kontext des sogenannten »Psychologismusstreits« zu situieren.[4] In der Konfronta-

---

[4] Leider kann hier nicht auf diese Kontroverse eingegangen werden. Vgl. dazu die solide Arbeit von Martin Kusch, *Psychologism. A Case Study in the Sociology of Philosophical Knowledge*, London: Routledge 1995. Die Stellung Husserls zum »Psychologismus« ist komplex. In seiner *Philosophie der Arithmetik* vertrat Husserl psychologistische Auffassungen (vgl. Edmund Husserl, *Philosophie der Arithmetik*, mit ergänzenden Texten (1890–1901), Husserliana XII, Den Haag: Nijhoff 1970, von denen er dank der kritischen Bemerkungen Freges abkam (vgl. Gottlob Frege, Rez. »E. Husserl, Philosophie der Arithmetik«, in: *Zeitschrift für Philosophie und philosophische Kritik* 103 (1894) 313–332; Neudruck: Kleine Schriften, hg. von Ignacio Angelelli, Hildesheim [u.a.]: Olms, 179–192). Schließlich wurde Husserl in den *Prolegomena* der *Logischen Untersuchungen* selber zum Protagonisten der antipsychologistischen Argumentation (vgl. Edmund Husserl, *Prolegomena zur reinen Logik*, Bd. I, Text der 1. und 2. Auflage, hg. von Elmar Holenstein, Husserliana XVIII, Den Haag: Nijhoff 1975, insbesondere §§17–24, 63–87). Im zweiten Band der *Logischen Untersuchungen* führten dennoch einige Stellen dazu, daß Husserl z.B. von Rickert wieder als Psychologist bezeichnet wurde (vgl. Martin Kusch, *Psychologism*, 180). Einen kurzen und interessanten Text über das Verhältnis von Phänomenologie und Psychologie bei Husserl findet man im Standardwerk von Herbert Spiegelberg, *The Phenomenological Movement. A Historical Introduction*, Phaenomenologica 5, Bd. 1, Den Haag: Nijhoff 1960, 149–152.

tion zwischen Philosophie und Psychologie mußten die Philosophen den spezifisch philosophischen Charakter ihres Ansatzes aufzeigen können, um nicht der Psychologie eingegliedert zu werden. Nach Soldati ging es Philosophen wie Husserl darum zu zeigen, »dass es bei der philosophischen Untersuchung von Gedanken, Wahrnehmungen und Gefühlen nicht um jene Zusammenhänge gehen durfte, womit sich die Psychologie zu beschäftigen hatte«.[5] Husserl hat sein Verständnis der Phänomenologie in Abgrenzung zur Psychologie insbesondere in *Philosophie als strenge Wissenschaft* (Sigel: PSW[6]) und im ersten Buch der *Ideen zu einer reinen Phänomenologie und phänomenologischen Philosophie* (Sigel: Ideen I[7]) weiter vertieft. Da Stein diese beiden Schriften als ihre direkten Quellen zitiert (vgl. PK 5), sollen diese kurz eingeführt werden. Im programmatischen Logosartikel PSW widersetzt sich Husserl im ersten Teil der » N a t u r a l i s i e r u n g   d e s   B e w u ß t s e i n s « (PSW 9). Das Bewußtsein muß nach Husserl phänomenologisch als *reines* Bewußtsein aufgefaßt werden, wogegen »die Psychologie es mit dem ›empirischen Bewußtsein‹ zu tun habe, mit dem Bewußtsein in der Erfahrungseinstellung, als Daseiendem im Zusammenhang der Natur« (PSW 17). Die empirische Psychologie übersehe »die spezifische Eigenart gewisser Bewußtseinsanalysen, welche vorangegangen sein müssen, damit aus naiven Erfahrungen [...] Erfahrungen in einem wissenschaftlichen Sinn werden können« (PSW 22). Im phänomenologischen Sinn ist ein psychisches Phänomen nicht als *Natur*, sondern als ein *Wesen* ohne Daseinssetzung aufzufassen.

In seinen Ideen I zeigt Husserl ausführlicher, wie er das Wesen und die fehlende Daseinssetzung auffaßt. Die *eidetische* und die *transzendentale* Reduktion – die er auch als »Ausschaltung«, »Einklammerung«, »Umwertung«, »Urteilsenthaltung« oder »ἐποχή« bezeichnet (Ideen I, § 31, 65f.) – ist als Methode einer Bewußtseinsanalyse gedacht. In der *eidetischen* Reduktion handelt es sich um

---

[5] GIANFRANCO SOLDATI, »Frühe Phänomenologie und die Ursprünge der analytischen Philosophie«, *Zeitschrift für philosophische Forschung* 54 (2000) 327.
[6] EDMUND HUSSERL, »Philosophie als strenge Wissenschaft«, in: Aufsätze und Vorträge (1911–1921). Mit ergänzenden Texten, hg. von Thomas Nenon und Hans Rainer Sepp, Husserliana XXV, Dordrecht/Boston/Lancaster: Nijhoff 1987, 3–62 [Originalausgabe: *Logos* 1 (1910/11) 289–341].
[7] EDMUND HUSSERL, *Ideen zu einer reinen Phänomenologie und phänomenologischen Philosophie*. Erstes Buch: Allgemeine Einführung in die reine Phänomenologie, hg. von Karl Schuhmann, Husserliana III/1, Den Haag: Nijhoff ²1976 (1950).

das Absehen von der Individualität.[8] Husserl beschreibt dies als einen Wandel in der Anschauungsart, wenn er sagt, daß »[e]rfahrende oder individuelle Anschauung [...] in Wesensschauung (Ideation) umgewandelt werden« könne (Ideen I, §3, 13). Es soll nicht mehr die *Tatsache* betrachtet werden, z.b. meine aktuelle Müdigkeit, sondern das *Wesen* von Müdigkeit. In den *transzendentalen* Reduktionen geht es um die Einklammerung der Realität oder Transzendenz, die den Erlebnissen in natürlicher Einstellung je nach ihrem Gegenstand anhaftet.[9] So wird beispielsweise auch die *Existenz* der psychischen Realität – z.b. meiner Müdigkeit – eingeklammert, was nicht mit ihrer Leugnung zu verwechseln ist. Das Ziel der Husserlschen Reduktionen ist eine »immanente Wesensanalyse« (Ideen I, §79, 192; vgl. §87, 217), in welcher die Erlebnisse selbst Gegenstand der Untersuchung werden.

Eine derartige Untersuchung ist nach Husserl durch die Reflexion möglich, deren universelle methodologische Aufgabe beteuert wird: »[D]ie phänomenologische Methode bewegt sich durchaus in Akten der Reflexion« (Ideen I, §77, 177). Er wehrt sich insbesondere gegen den skeptischen Einwand von Henry J. Watt,[10] daß die Reflexion über Erlebnisse die letzteren modifiziere und deshalb keine Erkenntnisbedeutung haben könne: »Wer auch nur sagt: Ich bezweifle die Erkenntnisbedeutung der Reflexion, behauptet einen Widersinn. Denn über sein Zweifeln aussagend, reflektiert er, und diese Aussage als gültig hinstellen setzt voraus, daß die Reflexion den bezweifelten Erkenntniswert wirklich und zweifellos (sc. für die vorliegenden Fälle) habe« (Ideen I, §79, 189). In phänomenologischer

---

[8] In dieser Hinsicht ist Steins Interpretation der Intuition beim ersten Treffen der *société thomiste* 1932 in Juvisy bei Paris zum Thema der Phänomenologie wichtig. Stein bringt in ihren Diskussionsbeiträgen die Begriffe »Abstraktion« und »Intuition« miteinander in Verbindung. In der phänomenologischen Intuition sei sehr wohl ein »Herausarbeiten der Wesenheiten durch Erkenntnisarbeit« impliziert (EDITH STEIN, »Texte original des interventions faites en langue allemande«, in: La Phénoménologie, Journées d'études de la société thomiste [ESGA 9], Juvisy: Cerf 1932, 109).

[9] Vgl. Ideen I, §56–62, 136–149. Z.B. die Einklammerung der Existenz der physischen Natur und der Kulturgebilde.

[10] Vgl. HENRY J. WATT, »Über die neueren Forschungen in der Gedächtnis- und Assoziationspsychologie aus dem Jahre 1905«, *Archiv für die gesamte Psychologie* 9 (1907) 1–34. Von Husserl zitiert in den Ideen I, §79, 185–187. Watt richtet sich in seinen Bemerkungen gegen Theodor Lipps und die Möglichkeit der Selbstbeobachtung, doch ist nach Husserl auch die Phänomenologie visiert, insofern Watts »Bedenken [sich] in nahe liegender Weise von der immanent erfahrenden Reflexion auf jede Reflexion überhaupt erstrecken lassen« (Ideen I, §79, 188).

Perspektive besteht die Reflexion in der Fähigkeit, sich auf die eigenen Bewußtseinserlebnisse zu beziehen, indem diese zum Gehalt des reflexiven Erlebnisses gemacht werden. Wie die Bewußtseinsuntersuchung mittels der Reflexion konkret aussehen soll, zeigt Husserl vor allem in dem posthum publizierten zweiten Buch der *Ideen zu einer reinen Phänomenologie und phänomenologischen Philosophie* (Sigel: Ideen II[11]). Stein war selber an der Ausarbeitung des Manuskripts beteiligt[12] und kannte diesen Text mit seinen drei Teilen über die Konstitution der materiellen und animalischen Natur sowie der geistigen Welt. Sie versuchte während ihrer Assistenzzeit vergeblich, Husserl zur Überarbeitung der Ideen II und zur Auseinandersetzung mit den offenen Fragen zu bewegen.[13] Steins Frustration in der Zusammenarbeit mit Husserl kommt bereits Anfang 1917 in einem Brief an Roman Ingarden gut zum Ausdruck:

»Ich habe mir jetzt vorgenommen, unabhängig von den wechselnden Einfällen des lieben Meisters [...] das Material, das ich da habe, in eine Form zu bringen, die es auch andern zugänglich macht. Wenn ich so weit bin und er sich dann immer noch nicht entschlossen hat, die Arbeit systematisch anzugreifen, dann werde ich auf eigene Faust versuchen, die dunkeln Punkte aufzuklären.«[14]

Diese Aussage sollte sich im kommenden Jahr erfüllen. Da auch Steins überarbeitete Version der Ideen II Husserl nicht zur Mitar-

---

[11] EDMUND HUSSERL, *Ideen zu einer reinen Phänomenologie und phänomenologischen Philosophie*. Zweites Buch: Phänomenologische Untersuchungen zur Konstitution, hg. von Mary Biemel, Husserliana IV, Den Haag: Nijhoff ²1991 (1952).
[12] Vgl. Ideen II, XVIf.: Marly Biemel verweist in der Einleitung auf zwei Arbeiten Steins: zunächst die Abschrift eines stenographierten Manuskripts und eine zweite freiere Ausarbeitung im Jahre 1918 unmittelbar vor der Redaktion von PK.
[13] Vgl. ANTONIO CALCAGNO, »Assistant and/or Collaborator? Edith Stein's Relationship to Edmund Husserl's *Ideen II*«, in: Joyce Avrech Berkman (Hg.), Contemplating Edith Stein, Notre Dame: University of Notre Dame 2006, 250: »Edith Stein had a hard time convincing Husserl to examine the texts, for he had a habit of picking up new trains of thought and abandoning older ones. He was always beginning and thinking anew«.
[14] EDITH STEIN, *Selbstbildnis in Briefen III*. Briefe an Roman Ingarden, eingel. von Hanna-Barbara Gerl-Falkovitz, bearb. von Maria Amata Neyer, ESGA 4, Freiburg [u.a.]: Herder 2001, 32: Brief 1 vom 5.1.1917.

beit bewegen konnte, kündigte Stein im Februar 1918[15] ihre Stelle, und sie machte sich vielleicht bereits im selben Monat, sicher aber im Juni 1918 an die Arbeit an PK.[16] Stein übernimmt von Husserl dessen Projekt einer philosophischen Begründung der Psychologie, dem zufolge die Realität des Psychischen vom Bewußtsein her aufzuzeigen ist. Nur auf diesem Weg könne die »Unklarheit über den Begriff des Psychischen« (PK 4) überwunden werden. Stein führt ihre phänomenologische Untersuchung der Psyche hauptsächlich in der Auseinandersetzung mit der damaligen empirisch-exakten Psychologie (Herbart, Münsterberg[17]) durch, was natürlich nicht heißen will, daß Stein nur diese Psychologie kannte. Vielmehr zeigt ein interessanter Artikel von Rath,[18] wie differenziert sie mehrere Begriffe für Psychologie verwendet und wie weit sich ihre Kenntnisse in diesem Bereich erstreckten.

Stein selber bezeichnet ihre Untersuchung mutig als » a p r i o r i - s c h e   P s y c h o l o g i e «,[19] weil diese nicht auf einer empirischen Untersuchung beruht, sondern auf einer phänomenologischen Untersuchung der Bewußtseinserlebnisse. Der nicht geringe Anspruch Steins in PK ist die phänomenologische Analyse der Psyche in ihrem Wesen. Diese Untersuchung versteht Stein als einen Rückgang auf die eigenen Bewußtseinserlebnisse, von denen her sie zu Verallgemeinerungen gelangen will, die etwas vom Wesen der Psyche aussagen. Auch wenn die verwendeten Beispiele aus Steins eigenem Erfahrungsumfeld stammen, sind sie doch so gewählt, daß mit ihnen ein Sachverhalt mit Anspruch auf Allgemeinheit ausgedrückt wird.

In dieser Arbeit steht die Thematik der Lebenskraft im Zentrum, wie sie Stein im Zusammenhang der Kausalität im psychischen Geschehen ausführlich behandelt (besonders im Kapitel 2 von PK). Sie

---

[15] Vgl. ANDREAS MÜLLER und MARIA AMATA NEYER, *Edith Stein*. Das Leben einer ungewöhnlichen Frau, Düsseldorf: Patmos 2002, 118f.

[16] Vgl. JULEN URKIZA, »Nota introductoria«, in: Edith Stein, Obras completas II. Escritos filosóficos (Etapa fenomenológica: 1915–1920), Vitoria/Madrid/Burgos: El Carmen/Espiritualidad/Monte Carmelo 2005, 207–209.

[17] Mit Münsterberg setzt sich Stein explizit in einem Anhang über »Münsterbergs Versuch der Begründung einer exakten Psychologie« auseinander (vgl. PK 111–116).

[18] Vgl. MATTHIAS RATH, »Die Stellung Edith Steins im Psychologismusstreit«, in: Reto Luzius Fetz et al. (Hg.), Studien zur Philosophie von Edith Stein, Freiburg/München: Alber 1993, 197–225.

[19] EDITH STEIN, »Individuum und Gemeinschaft«, in: Beiträge zur philosophischen Begründung der Psychologie und der Geisteswissenschaften – Eine Untersuchung über den Staat [ESGA 6], Tübingen: Niemeyer ²1970, 116–283, hier 274.

versteht die Lebenskraft als eine dauernde Eigenschaft der psychischen Realität, die mir in der Untersuchung meines Bewußtseinsstromes als mein Befinden erkennbar wird. Doch Steins Überlegungen berücksichtigen im Unterschied zu Husserl nicht nur die bewußtseinsmäßige Konstitution der materiellen, psychischen und geistigen Welt,[20] sondern führen auch explizit zur Annahme ihrer Existenz. Stein drückt dies in einer wichtigen Anmerkung zum Bewußtseinsbegriff aus, in welcher sie die Husserlsche Unterscheidung zwischen Noesis (Bewußtseinsakt) und Noema (Bewußtseinskorrelat[21]) neu interpretiert:

> »Wenn wir jetzt das Bewußtsein im Sinne des Noetischen von den Korrelaten aller Stufen abscheiden, so erscheint uns dies durch Husserls eigene Untersuchungen über das ursprüngliche Zeitbewußtsein erforderlich zu werden und wir hoffen darin seine Zustimmung zu finden.« (PK 7)

Ich glaube kaum, daß Husserl diesem Zitat Steins zugestimmt hätte. Er müßte Stein vorhalten, daß sie den Weg einer rein transzendentalen Phänomenologie verlasse, um sich einer phänomenologischen Psychologie zuzuwenden. Denn Stein hebt im Bezug der Noesis auf ein real existierendes Noema die transzendentale Reduktion Husserls auf, gemäß welcher jegliche Seinssetzung eingeklammert bleiben müßte. Steins kritischer Punkt – an welchem sie sich von Husserl trennt – betrifft die Interpretation der Bewußtseinserlebnisse. Nach Stein führt die immanente Analyse der Bewußtseinserlebnisse notwendigerweise zur Annahme eines real existierenden Korrelats, das sich im Erlebnis bekundet. Diese erkenntnistheoretische Diffe-

---

[20] Es wurde bereits gesagt, daß Husserl mit seinen Reduktionen die transzendente Realität nicht leugnet. Inwiefern Husserl in der Analyse der Bewußtseinsstrukturen in seinen Ideen noch von transzendenter Realität spricht, war bereits seinen Göttinger Schülern nicht klar. Viele sahen in der *Konstitution* lediglich die Bildung von bewußtseinsimmanenten Korrelaten, womit Husserls transzendentalphänomenologische Untersuchung von jeglichem Interesse für die Realität losgekommen wäre: »Alle jungen Phänomenologen waren entschiedene Realisten. Die ›Ideen‹ aber enthielten einige Wendungen, die ganz danach klangen, als wollte ihr Meister zum Idealismus zurücklenken. Was er uns mündlich zur Deutung sagte, konnte die Bedenken nicht beschwichtigen« (EDITH STEIN, *Aus dem Leben einer jüdischen Familie und weitere autobiographische Beiträge*, eingel. und bearb. von Maria Amata Neyer, ESGA 1, Freiburg [u.a.]: Herder 2002, 200).
[21] Vgl. Ideen I, §87–96, 216–241.

renz gegenüber Husserl wird von Stein in PK in einem sehr beschränkten Bereich behandelt, nämlich in der Frage nach dem Verhältnis des Lebensgefühls zum Lebenszustand und zur Lebenskraft. Man könnte kurz sagen: Sie zeigt, daß die Lebensgefühle ohne eine ihnen zugrunde liegende Realität nicht erklärbar sind; doch zeigt sie nicht, wie sich diese Realität in den Lebensgefühlen bekundet. Im Unterschied zur äußeren Wahrnehmung der sinnlichen Gegenstände müßte eine Theorie der inneren Wahrnehmung weiterhelfen. Eine solche Theorie hätte zu erklären, wie mir mein psychischer Zustand zu Bewußtsein kommt und wie dabei allfällige Fehler überwunden werden können. In dieser Arbeit geht es nur darum zu zeigen, daß die Lebensgefühle sich auf eine ihnen zugrunde liegende Realität beziehen. Dieser Bezug scheint mir in Abweichung von Husserls Ansatz deutlich und überzeugend aus Steins Untersuchung hervorzugehen. Diese Argumentation soll nun im Anschluß an Stein vorgestellt werden.

2. Vom Lebensgefühl des Bewusstseins zum Lebenszustand der Psyche

Edith Stein geht in PK von einer Bewußtseinsanalyse mittels einer Reflexion über die eigenen Bewußtseinserlebnisse aus. Sie interessiert sich insbesondere dafür, daß ich mich immer irgendwie fühle: frisch oder müde, überwach oder gereizt. Dieses sogenannte Lebensgefühl ist nach Stein so grundlegend, daß es alle meine Erlebnisse beeinflußt. Wenn auch notwendiger Ausgangspunkt, so ist die Bewußtseinsanalyse deswegen nicht Selbstzweck, sondern weist über sich selbst hinaus. Einige Erlebnisse machen deutlich, daß das Lebensgefühl als Bekundung eines realen Lebenszustandes zu verstehen ist. Dazu werden im zweiten Teil dieses Abschnitts die teilweise impliziten Bemerkungen in den Beispielen Steins mit besonderer Sorgfalt ausgefaltet.

2.1. Der Ausgang von der Lebenssphäre und die Aufdeckung der Erlebniskausalität

Im Anschluß an Husserl beginnt Edith Stein ihre Untersuchung in einem grundlegenden Sinn ausgehend vom Bewußtsein. Denn noch bevor die Frage nach der Intentionalität und nach der Bewußtseinsaktivität gestellt werden kann, ist das Bewußtsein bereits ursprünglich zeitlich konstituiert.[22] Husserls Analysen zum gegenwärtigen Zeitpunkt und zu den darin mitgegenwärtigen Retentionen und Protentionen wie auch die Rede vom Bewußtseinsstrom sind bekannt geworden. Das Bewußtsein ist metaphorisch als Strom zu bezeichnen, weil es in einer zeitlichen Folge konstituiert ist und in seiner Ursprünglichkeit zur Bedingung der Möglichkeit von allen intentionalen Akten wird.

Stein kennt diese Überlegungen, die sie als Husserls Assistentin zusammenstellte und für den Druck vorbereitete,[23] und interessiert sich für die Erlebnisse, die sich als Einheiten im Bewußtseinsstrom konstituieren (vgl. PK 9). Der damals in phänomenologischen Kreisen sehr gebräuchliche Begriff »Erlebnis«[24] bezeichnet im weitesten Sinn alles im Bewußtsein Gegebene und läßt daher eine vielfache Differenzierung zu. Stein geht in den ersten beiden Kapiteln von PK ausschließlich auf die sogenannte »Unterschicht« (PK 23) der Erlebnisse ein, d.h. die Sinneswahrnehmungen und bestimmte Gefühle, ohne diese methodologische Einschränkung zu kommentieren. Wie noch zu zeigen bleibt, ist die Begrenzung auf die Unterschicht der Erlebnisse eng mit Steins Verständnis des Psychischen verbunden, das sie vor allem in ihrem zweiten Kapitel über *Psychische Realität und Kausalität* einbringt. Erst zu Beginn des dritten Kapitels expliziert Stein: »Wir heben die Abstraktion auf, in der wir die Untersuchung bisher führten« (PK 34).

---

[22] Vgl. João Piedade, *La sfida del sapere; dalla rappresentazione all'intenzionalità*, Bari: Laterza 2006, insbesondere 247–254 (»La sintesi temporale« bei Husserl): »A questo livello della pura passività, si constata la sintesi più originaria, quella della temporalità« (254).

[23] Steins Ausarbeitung von Husserls Untersuchungen wurde erst 1928 fast ohne Änderungen von Martin Heidegger im Band IX des *JPPF* auf den Seiten 367–490 unter dem Titel »Edmund Husserls Vorlesungen zur Phänomenologie des inneren Zeitbewußtseins« herausgegeben (in den Husserliana: Edmund Husserl, *Zur Phänomenologie des inneren Zeitbewußtseins (1893–1917)*, Husserliana X, Den Haag: Nijhoff 1966, 1–134); vgl. ebenfalls Andreas Müller und Maria Amata Neyer, *Edith Stein*, 115.

[24] Vgl. die interessanten Bemerkungen bei Gadamer, der Wort- und Begriffsgeschichte von »Erlebnis« in seinem Hauptwerk *Wahrheit und Methode* untersucht und zeigt, daß »Erlebnis« insbesondere durch Dilthey zur Zeit Edith Steins zu einem »beliebten Modewort« (67) wurde (vgl. Hans-Georg Gadamer, *Wahrheit und Methode*. Grundzüge einer philosophischen Hermeneutik, Gesammelte Werke 1, Tübingen: Mohr ⁶1990 (1960), 66–76).

Von was wird eigentlich abstrahiert? Zunächst betrifft die Abstraktion die sogenannte Oberschicht aller Erlebnisse: die intentionalen Erlebnisse im eigentlichen Sinn, die Stein auch »Auffassungen« oder »Akte« nennt (vgl. PK 34).[25] Wie es die Termini »Unterschicht« und »Oberschicht« (z.B. PK 23) nahelegen, beziehen sich die beiden Schichten aufeinander. Genauer gesagt ist die Oberschicht in der Unterschicht fundiert, insofern die Akte der Oberschicht intentional auf den Erlebnissen der Unterschicht aufbauen. Die Erlebnisse der Unterschicht beruhen nach Stein im einfachen Haben der Empfindungen und der Gefühle, z.B. »Farbenempfindung, Tonempfindung, sinnliches ›Befinden‹« (PK 9). Es stellt sich aber die schwierige Frage, inwiefern diese Unterschicht möglich ist ohne die intentionalen Akte der Oberschicht. Husserl, der diese Frage in den Ideen I aufwarf, ließ sie offen.[26] Stein scheint zunächst von der Möglichkeit auszugehen, daß Empfindungsdaten nicht notwendigerweise intentionale Gegenstände sind, wenn sie etwa in bezug auf Tonwahrnehmung sagt: »Ton (als reines Empfindungsdatum, nicht als gegenständlicher Ton)« (PK 9). Doch zu Beginn des dritten Kapitels präzisiert sie: »Eine niedere Form der Intentionalität – und korrelativ der Gegenständlichkeit – liegt schon im Haben der immanenten Daten« (PK 34). Das Zitat läßt *erstens* erkennen, daß Stein den Be-

---

[25] Folglich sind die Akte verstanden als intentionale Erlebnisse in dieser Untersuchung zunächst ausgeklammert. Im Hintergrund ist Husserls Definition des Aktbegriffs in seiner fünften Logischen Untersuchung zu behalten: »Es wird sich herausstellen, daß der Begriff des Aktes im Sinne des intentionalen Erlebnisses eine wichtige Gattungseinheit in der Sphäre der (in phänomenologischer Reinheit erfaßten) Erlebnisse begrenzt« (EDMUND HUSSERL, *Logische Untersuchungen*. Untersuchungen zur Phänomenologie und Theorie der Erkenntnis, Bd. II/1, Text der 1. und 2. Auflage, hg. von Ursula Panzer, Husserliana XIX/1, Den Haag: Nijhoff 1984, 353).

[26] Vgl. dazu seine Überlegungen in den Ideen II, §85, 207–212. Er unterscheidet zwei große Erlebnisklassen und spricht in Anlehnung an die aristotelische Terminologie von »sensueller ὕλη und intentionaler μορφή« (209). Es stellt sich folglich die Frage, ob eine ὕλη ohne μορφή, d.h. eine Empfindung ohne Intention, denkbar ist. Der Rückgriff auf Aristoteles scheint die notwendige Verbindung der beiden Erlebnisklassen nahezulegen. Husserl bleibt in seiner Einschätzung zurückhaltender: Ob die sensuellen Erlebnisse (die ὕλη) »immer in intentionalen Funktionen stehen, ist hier nicht zu entscheiden« (208). Spätere Untersuchungen Husserls, die Stein allerdings zur Zeit der Abfassung nicht zur Verfügung standen, gehen darauf ein: EDMUND HUSSERL, *Analysen zur passiven Synthesis*. Aus Vorlesungs- und Forschungsmanuskripten 1918–1926, Husserliana XI, Den Haag: Nijhoff 1966, 78–100: »Die passive Intention [sic!] und die Formen ihrer Bewährung«. Der Einfluß Husserls auf Stein wird von Pezzella gut herausgestellt (vgl. ANNA MARIA PEZZELLA, *L'antropologia filosofica di Edith Stein*. Indagine fenomenologica della persona umana, Roma: Città Nuova 2003, 41f.).

griff »Intentionalität« korrelativ zum Begriff »Gegenständlichkeit« auffaßt und daß *zweitens* beide Begriffe verschiedene Grade zulassen.[27] So können mir beispielsweise die Töne einer Lautsprecherdurchsage in ganz verschiedener Weise gegenständlich werden: Angefangen vom beiläufigen Hören einiger Wortbrocken bis hin zum konzentrierten Horchen auf die Durchsage gibt es unzählige ineinanderfließende Grade der intentionalen Ausrichtung auf dieselben Töne. Wir konzentrieren uns zunächst mit Stein auf die Unterschicht der Empfindungs- und Gefühlserlebnisse, d.h. ein Haben und Fühlen ohne Intentionalität im höheren Sinn. Sie ordnet im zweiten Paragraphen des ersten Kapitels die Empfindungen der fünf Sinne und die Gefühle verschiedenen Erlebnisgattungen zu, die sich zu mehr oder weniger kontinuierlichen Feldern zusammenschließen. Wie kommt es nun, daß ich die Felder der verschiedenen Gattungen nicht als verschiedene beziehungslose Ströme verstehe, sondern als einen Erlebnisstrom, der alle Erlebniseinheiten der verschiedenen Gattungen umfaßt? Der Grund dafür ist offenbar, daß *ich* selber das Prinzip dieser Einheit bin oder wie Stein sich ausdrückt: »[D]er Strom ist einer, weil er einem Ich entströmt (PK 11).«

Für unsere Fragestellung ist die Auffassung Steins interessant, daß es nicht nur ein Gehör- und ein Gesichtsfeld gibt, sondern daß auch das menschliche Befinden ein kontinuierliches Feld bildet: »Immer ›befinde‹ ich mich z.b. ›irgendwie‹, und auch der Indifferenzzustand, in dem mir weder wohl noch übel ist, ist ein ganz bestimmter Zustand und nicht etwa ein ›Nichtbefinden‹« (PK 10). Diese Gefühlserlebnisse in der Unterschicht des Erlebnisstroms nennt Stein *Lebensgefühle* in Abgrenzung zu den intentionalen Gefühlen der Oberschicht.[28] Mit Stein können zwei Paare von Lebensgefühlen unterschieden werden: zunächst die Frische und Mattigkeit als Idealfall des Bewußtseinslebens und dann die Überwachheit

---

[27] Wo es eine niedere Form der Intentionalität gibt, muß es auch eine höhere geben (weil »nieder« und »höher« korrelative Begriffe sind). Analog zur Intentionalität können auch verschiedene Formen der Gegenständlichkeit unterschieden werden.

[28] Stein kennt Schelers materiale Wertethik gut, ohne diese in PK zu zitieren. Scheler unterscheidet fünf verschiedene Schichtungen des emotionalen Lebens: sinnliche Gefühle, Leibgefühle, Lebensgefühle, rein seelische Gefühle und geistige Gefühle (vgl. Max Scheler, *Der Formalismus in der Ethik und die materiale Wertethik*. Neuer Versuch der Grundlegung eines ethischen Personalismus, Bern: Francke ⁴1954, 341–356, besonders 344).

und Reizbarkeit im Falle gesteigerter Empfänglichkeit für Eindrücke. Stein schließt weitere Lebensgefühle nicht aus, wie es der Ausdruck »z.B.« (PK 16) in ihrer Aufzählung der vier Lebensgefühle bestätigt.[29] Man könnte Gefühle wie Wohlbehagen oder Unbehagen zu den Lebensgefühlen zählen, insofern häufig nicht gesagt werden kann, worauf sich Wohl- und Unbehagen beziehen. Weiter unten spricht Stein auch von den Gefühlen der Freude (vgl. PK 67–69) und der Trauer (vgl. PK 43). Doch beschreibt sie diese Gefühle als intentional begründete, d.h. als Freude an *etwas* (z.b. an einer guten Nachricht) sowie als Trauer über *etwas* (z.b. über den Tod eines geliebten Menschen). Dennoch stehen Freude und Trauer als intentional bestimmt nicht beziehungslos zu den Lebensgefühlen, wie Stein dies am Beispiel der Freude zeigt: »Die Freude ist nicht bloß Freude an der Nachricht, sondern sie erfüllt zugleich ›mich‹, sie greift ein in den Bestand meines Lebensgefühls« (PK 68). Das bedeutet, daß meine Gefühle das ihnen zugrunde liegende Lebensgefühl modifizieren, so wie bereits das Lebensgefühl das Erleben der Freude bestimmte.

Bezeichnen die Lebensgefühle mein Befinden zu einem bestimmten Moment, so bezieht sich der Ausdruck »Lebenssphäre« auf mein Lebensgefühl im Wandel. Stein erleichtert die Interpretation in diesem Punkt nicht. Sie spricht zunächst von der »Sphäre des ›Sichbefindens‹ [...] oder der Lebensgefühle« (PK 12), und anschließend führt sie in PK 13 unvermittelt den Ausdruck »Lebenssphäre« ein, obwohl sie nicht ausdrücklich sagt, daß sie darunter die Sphäre versteht, die von den Lebensgefühlen im ständigen Wandel konstituiert wird.

Die Lebenssphäre ist sehr wichtig, weil von ihr alle weiteren Erlebnisse beeinflußt oder gefärbt werden. Nach Stein kann von einer Art Kausalität in der Erlebnissphäre gesprochen werden. Der Wandel in der Lebenssphäre erscheint als wirkend: »Jeder Wandel in der Sphäre des ›Sichbefindens‹, wie wir vorhin sagten (PK 10), oder der Lebensgefühle (wie wir mit Rücksicht auf die Rolle, die sie spielen,

---

[29] Bereits in ihrer Doktorarbeit *Zum Problem der Einfühlung* thematisierte Stein die Lebensgefühle unter dem Titel »Gemeingefühle« und »Stimmungen«, die alle Akte färben: »Es gibt sodann eine Art von Gefühlen, die in einem besonderen Sinne ›Sich-Erleben‹ sind: die Gemeingefühle und die Stimmungen. [...] [S]ie sind keine gebenden Akte« wie die Gefühle im prägnanten Sinn, die »immer Fühlen von etwas« sind (EDITH STEIN, *Zum Problem der Einfühlung*, eingel. und bearb. von Maria Antonia Sondermann, ESGA 5, Freiburg/Br. [u.a.]: Herder 2008 [Sigel: PE], 118f. [112 in der Originalausgabe von 1917]).

jetzt sagen wollen) bedingt einen Wandel im gesamten Ablauf des gleichzeitigen Erlebens« (PK 12). Diese aufgrund von Reflexion über die eigenen Erlebnisse gewonnene Feststellung führt zu einer Erörterung der Erlebniskausalität analog zur Kausalität in der physischen Natur. Als Beispiel der physischen Kausalität nimmt Stein eine Kugel, die eine andere anstößt.[30] Stein unterscheidet dabei »ein v e r u r s a c h e n d e s G e s c h e h e n – die Bewegung der einen Kugel –, ein v e r u r s a c h t e s G e s c h e h e n – die Bewegung der anderen Kugel – und ein E r e i g n i s , das zwischen beiden vermittelt und das wir speziell als › U r s a c h e ‹ bezeichnen können: daß die eine Kugel auf die andere stößt« (PK 13). *Analog* sei im Bewußtsein das verursachende Geschehen das jeweilige Lebensgefühl, das verursachte Geschehen seien die dadurch gefärbten Erlebnisse und die Ursache sei der Wandel in der Lebenssphäre (d.h. der Wandel in den Lebensgefühlen, von denen die Lebenssphäre konstituiert wird). Wie aber ist diese »Determination« der Erlebnisse durch die Lebensgefühle zu verstehen? Nach Stein handelt es sich um den Einfluß der Lebensgefühle auf das Erleben, d.h. auf die Intensität, mit welcher die Erlebnisgehalte bewußt erlebt werden.[31] Folglich sagt die Erlebniskausalität nichts darüber, *was* ich erlebe (der objektive Gehalt). Dieser Frage geht Stein erst im dritten Kapitel ihrer Arbeit über Motivation nach: Wie motiviert ein mir gegebener Erlebnisgehalt andere Gehalte? In der Erlebniskausalität geht es vorerst einfach darum, *wie* ich etwas erlebe (die subjektive Modalität) oder wie Stein selber sagt »die ›Lebendigkeit‹ der Gehalte« (PK 16). In diesem letzten Ausdruck ersetzt Stein »Erleben« durch »Lebendigkeit«. Sie versteht die Lebendigkeit der Lebensgefühle und die Intensität des Erlebens als einander zugeordnet. Die Wirkung des Lebensgefühls auf den Erlebnisgehalt kann man durchaus verstehen, wenn das Lebensgefühl selber als die Spannung des Erlebens aufge-

---

[30] Hume benutzte bereits das Beispiel der Billardkugeln, allerdings um zu zeigen, daß die Kausalität lediglich als »custom« zu verstehen sei. Vgl. DAVID HUME, »An Enquiry concerning Human Understanding«, in: The Philosophical Works IV, Aalen: Scientia 1964, 1–135, hier 25f. in der Section 4 mit dem Titel »Sceptical Doubts Concerning the Operations of the Understanding«; vgl. ebenfalls DAVID HUME, »A Treatise of Human Nature. Book I: Of the Understanding«, in: The Philosophical Works I, Aalen: Scientia 1964, 301–553, hier 459. Stein hat bereits zu Beginn ihrer Arbeit ihr Verständnis der Kausalität kritisch von Hume abgegrenzt (vgl. PK 3f.).

[31] Ich lasse eine genauere Untersuchung von Steins Unterscheidung der Erlebnisse in ihren Gehalt, das Erleben des Gehaltes sowie das Bewußtsein des Erlebens hier absichtlich aus.

faßt wird. Wenn ich frisch bin, dann erlebe ich alle meine Erlebnisgehalte mit hoher Intensität, auf einem Spaziergang nehme ich die Natur intensiver wahr oder ich lese mein Buch aufmerksamer. Das bedeutet auch, daß eine gewisse Frische zum Erleben je nach dem erlebten Gehalt notwendig ist.

Im gewöhnlichen Sprachgebrauch kann ich gut sagen, daß sich die verschiedenen Arten des Erlebens in *psychischer* Hinsicht unterscheiden. Ich erlebe ein Gespräch auf bestimmte Weise, weil ich in einer bestimmten psychischen Verfassung bin. Diese Aussage macht eine direkte Verbindung zwischen psychischer Verfassung und Erlebnis. Ob und inwiefern diese Verbindung möglich ist, muß phänomenologisch untersucht werden. Wir werden sehen, daß Stein darin eine »Verwechslung von B e w u ß t s e i n und P s y c h i s c h e m « (PK 5) erkennt und einen Weg zeigen will, um sie zu vermeiden. Der Husserlschen Unterscheidung zwischen Bewußtsein und Psychischem mißt Stein einen hohen Stellenwert bei, denn in ihr »beruht die Abgrenzung von Phänomenologie und Psychologie« (PK 5). Diese Abgrenzung soll jetzt wie angekündigt anhand von Steins Untersuchungen und Beispielen verdeutlicht werden.

2.2. Das Lebensgefühl und der Lebenszustand: die Bekundung der psychischen Realität im Bewußtsein aufgezeigt anhand von Beispielen

Edith Stein übernimmt die Unterscheidung von Bewußtsein und Psychischem nicht als dogmatisches Resultat von Husserls Untersuchungen, sondern begründet sie mit einer kritischen Reflexion über die eigenen Erlebnisse, die hier anhand mehrerer Beispiele aufgezeigt wird. Bisher ist Steins Bewußtseinsanalyse im ersten Kapitel von PK als Suche nach dem Wesen der Unterschicht des Bewußtseinsstroms nachvollzogen worden. Diese Analyse reicht Stein zufolge noch nicht aus, um die psychische Realität zu untersuchen. Wie aber kann diese überhaupt untersucht werden? Genau an dieser Stelle ist der erkenntnistheoretische Standpunkt der Philosophin zu situieren. Es ist für Stein nicht möglich, psychische Zustände in sogenannter »natürlicher Einstellung«[32] dogmatisch zu setzen (vgl. PK 5).

---

[32] Dieser *terminus technicus* der Husserlschen Phänomenologie wird von Husserl ausführlich in den Ideen I, Zweiter Abschnitt, 1. Kapitel: »Die Thesis der natürlichen Einstellung und ihre Ausschaltung«, §27–32, 57–69 behandelt.

Vielmehr versucht Stein ausgehend von der Untersuchung des Bewußtseins einen Begriff des Psychischen zu erarbeiten, obwohl ein derartiges Unternehmen von jedem überzeugten empirischen Psychologen abgelehnt würde. Wie angedeutet ist es nach Stein die »reflektierende Betrachtung« (PK 5), die das Psychische als Korrelat des Bewußtseins erkennen läßt. Sie spricht von der Bekundung[33] des Psychischen im Bewußtsein. Gibt es in meinem Bewußtseinsstrom Erlebnisse, die mich nötigen anzunehmen, daß sie einer vom Bewußtsein zu unterscheidenden psychischen Realität Ausdruck geben? In der natürlichen Einstellung stellt sich diese Frage nicht, weil das Erleben spontan als Psychisches gesetzt wird. Alltagspsychologisch fasse ich etwa meine Gefühle kritiklos als psychische Zustände auf; z.B. kann ich sagen, daß ich müde *bin*, wenn ich mich müde *fühle*. In der reflektierenden Betrachtung dagegen konfrontiere ich mich kritisch mit meinen Erlebnissen, d.h. hier mit den Lebensgefühlen. Steins wichtiger Punkt ist, daß es Situationen gibt, in denen ich meine Gefühle als verfälschend entlarven kann. Diese Entdeckung in der Bewußtseinssphäre nötigt zur Ausweitung der Untersuchung auf Gegenstände, die der Manifestation im Bewußtsein zugrunde liegen, aber nicht immer korrekt darin aufgefaßt werden. Im Lebensgefühl bekundet sich ein Lebenszustand[34], den Stein der »psychischen Realität« zuordnet. Es wird nun versucht, diese Entdeckung anhand von Steins und von eigenen Beispielen aufzuzeigen.

---

[33] Der Begriff der Bekundung ist ein weiterer wichtiger Begriff Steins im Anschluß an Husserl. In den Ideen I verwendet Husserl den Begriff »bekundend« in einer wichtigen Unterscheidung zwischen »Sein als Bewußtsein und Sein als sich im Bewußtsein ›bekundendes‹, ›transzendentes‹ Sein« (Ideen I, §76, 174). In den Ideen I findet sich ebenfalls das Substantiv »Bekundung« (§51, 121, vgl. 122) und das Verb »bekunden« (§52 u. §53, 127 u. 131). In den Ideen II findet sich das Substantiv »Bekundung« mehrmals im Kapitel über »Die seelische Realität« (Ideen II, §30–34, 120–143, besonders 127.131.133).

[34] Diese terminologische Unterscheidung von Lebensgefühl und Lebenszustand führt Stein zu Beginn des zweiten Kapitels ein. Im ersten Kapitel benutzt sie den Begriff »Zustand« noch synonym mit »Gefühl« für die Beschreibung des Bewußtseinslebens (vgl. verschiedene Aussagen in PK 15–18). Erst ab dem zweiten Kapitel gewinnt der Ausdruck den Sinn des bewußtseinstranszendenten Korrelats des Gefühls: »Die Lebenszustände bewußter Wesen pflegen sich bewußtseinsmäßig geltend zu machen, und ein solches Bewußtsein von einer Lebenszuständlichkeit, ihr Erlebtwerden, ist ein Lebensgefühl« (PK 18).

Das erste Beispiel Steins am Ende des ersten Kapitels (vgl. PK 17f.) geht vom Lebensgefühl der Reizbarkeit aus. Es wurde bereits hervorgehoben, daß die Reizbarkeit durch eine übertriebene Empfänglichkeit für Eindrücke ausgezeichnet ist. Stein beschreibt die Situation, in der ein fieberhaftes Treiben in Erschöpfung endet, die sich von der wohligen Mattigkeit dadurch unterscheidet, daß das Bewußtsein wehrlos allen Eindrücken ausgesetzt ist. Dieses zwangsweise Erleben macht »uns evtl. Eindrücke zugänglich, deren wir sonst gar nicht habhaft werden können, und diese Bereicherung des Erlebens kann uns geradezu als eine Lebenssteigerung erscheinen und uns über den ›wahren‹ Zustand, in dem wir uns befinden, hinwegtäuschen« (PK 18). Es scheint mir möglich, daß Stein sehr konkret an ein »Arbeitsfieber« denkt. Wenn ich mich bei der Redaktion eines Textes ganz in die mich bewegende Gedankenwelt hineindenke und darin aufgehe, ohne zu merken, daß ich vielleicht schon lange eine Pause nötig hätte, dann bin ich Eindrücken hingegeben, die über meinen »wahren« Zustand hinwegtäuschen. Stein will damit offenbar sagen, daß die übersteigerte Empfänglichkeit für Eindrücke mir einen Zustand vorspiegelt, der gar nicht ist. Wie aber kann diese Täuschung und die damit zusammenhängende »Unterscheidung von ›wahren‹ und ›scheinbaren‹ Zuständen, die sich hier aufdrängt« (PK 18), einsichtig gemacht werden?

Stein nimmt sie als genügend deutlich an, um ihre Untersuchungen im zweiten Kapitel über die Bewußtseinssphäre hinaus auszuweiten. Dennoch gilt es auf der Frage zu beharren, was genau das Erkennen von Täuschungen ermöglicht. Da bis jetzt nur vom Bewußtsein die Rede war, muß es im Bewußtsein selber etwas geben, das diese Täuschung offenbart. M.E. geht es um die Diskrepanz, die im Erleben zwischen der Lebenssteigerung und den widersprechenden Informationen entsteht. Das kann z.B. geschehen, wenn ich selber zwar die von Stein genannte Lebenssteigerung erlebe, aber gleichzeitig die Schwäche meines Körpers spüre oder gleichzeitig ein Freund oder eine Freundin mich fragt, warum ich so gereizt und aggressiv sei. Eine solche Korrektur kann eine Reflexion[35] über das eigene Erleben in Gang setzen, in der ich mir bewußt werde, daß

---

[35] Stein selber bemerkt, daß die Reizbarkeit »leicht übergeht in eine Reflexion, in ein zuschauendes Verhalten gegenüber dem, was ›mit mir geschieht‹« (PK 17). Diese Disposition zur Reflexion ist eine Bedingung der Unterscheidung von »wahren« und »scheinbaren« Zuständen.

mein Gefühl mich täuscht, eben weil es von anderen Quellen eine Korrektur erhalten kann. Daraus kann ich schließen, daß mein Erleben meinen »wahren« Zustand verzerrt wiedergibt, und mich als gereizt auffassen, obwohl ich mich nicht so fühle. Zu Beginn des zweiten Kapitels (PK 18f.) erwägt Stein die Möglichkeit von Zuständen, die vom Bewußtsein nicht erfaßt werden und folglich nicht bewußt erlebt sind. Zunächst nennt sie die Mattigkeit: Diese »kann vorhanden sein (sich evtl. anderen durch mein Äußeres verraten), ohne daß ich selbst etwas davon weiß« (PK 18). In diesem Fall fehlt das Gefühl der Mattigkeit, aber es gibt andere Wege, die mir klar machen können, daß ich wirklich matt bin, obwohl ich es nicht so fühle. Stein weist selber darauf hin, daß sich die Mattigkeit eventuell »durch mein Äußeres«, d.h. leiblich ausdrückt.[36] Dieser leibliche Ausdruck der Mattigkeit kann mir beispielsweise zu Bewußtsein kommen, indem ich mich beim Gähnen ertappe oder indem mich jemand – der mich beobachtet – fragt, ob ich überarbeitet sei oder nicht genügend geschlafen habe. Der eigene leibliche Ausdruck und der Bezug zum fremden Subjekt können auch kombiniert erscheinen: Wenn ich gähne, ohne mir dessen bewußt zu sein, dann mag dies jemanden ebenfalls zum Gähnen zu bringen. Wenn ich sodann das Gähnen des Anderen wahrnehme, mag dieses mich reflexiv auf das eigene Gähnen lenken, und ich schließe daraus auf meine Mattigkeit. Dieses Bewußtwerden kann bewirken, daß ich den realen Zustand der Mattigkeit für mich annehme, bevor ich das in der Regel leicht verzögert eintretende Gefühl habe. Wenn mich jemand fragt, ob ich müde sei, dann werde ich das vielleicht spontan verneinen, z.B. weil ich ganz mit etwas anderem beschäftigt bin. Doch indem mich diese Frage aufmerksamer auf mich selber macht, entdecke ich vielleicht zunächst äußere Zeichen meiner Mattigkeit

---

[36] Die Verbindung zwischen der Mattigkeit und ihrem äußeren Ausdruck ist nicht notwendig und nicht bei allen Individuen gleich. In diesem Kontext stellt sich die schwierige Frage der *willentlichen* Ausdrucksregelung. In den zwischenmenschlichen Beziehungen wird die Fähigkeit der Individuen vorausgesetzt, eigenen Gefühlen nicht vollen Lauf zu lassen. Während eines uninteressanten Vortrags kann ich beispielsweise mein Gähnen (als Ausdruck meiner Müdigkeit oder Langeweile) in einem gewissen Maß unterdrücken oder wenigstens verstecken. Handelt es sich um Dressur oder um eine anerzogene Fähigkeit, die Betätigung von Freiheit umfaßt? Stein hat bereits in ihrer Doktorarbeit die Frage nach dem Zusammenhang zwischen Gefühl und Ausdruck behandelt und die Möglichkeit erwogen, daß Ausdrücke entweder willkürlich (d.h. ohne zugrunde liegendes Gefühl) hervorgerufen werden oder daß umgekehrt Gefühle einen nur abgeschwächten Ausdruck finden; vgl. PE 68–72 [56–60]. 93–103 [85–96].

(z.B. ein Mangel an Konzentration in einer Diskussion), und erst anschließend stellt sich das Gefühl der Mattigkeit ein. Die Aufmerksamkeit auf mich selber ist daher die Bedingung, einen bereits existierenden Zustand bewußtseinsmäßig zu fühlen. Ein weiteres Beispiel Steins kann verdeutlichen, wie Befinden und realer Zustand zueinander stehen:

> »In einem Erregungszustand oder während einer angespannten Tätigkeit, der ich ganz hingegeben bin, kommt es mir evtl. gar nicht zum Bewußtsein, wie ich mich befinde. Und erst wenn mit dem Aufhören der Anspannung ein Zustand völliger Erschöpfung eintritt – nun völlig bewußt –, merke ich, indem ich ihn mir zur Gegebenheit bringe, daß er schon vorher bestanden hat und daß jene Anspannung mich unverhältnismäßig viel gekostet hat.« (PK 18)

Das Beispiel zeigt, daß die Wahrnehmung des eigenen Befindens vorübergehend von der Anspannung der eigenen Tätigkeit verdeckt wird. Erst wenn die Anspannung zu Ende geht (z.B. nach einer wichtigen Prüfung), kommt die Erschöpfung zum Vorschein. Was Stein nicht selber erklärt, kann wie folgt auseinandergelegt werden. Der neuralgische Punkt ist, daß eine reine Bewußtseinsbetrachtung den »Zustand völliger Erschöpfung«[37] nicht zu erklären vermag: Das Gefühl der Erschöpfung taucht wie aus heiterem Himmel erklärungslos in meinem Bewußtseinsstrom auf. Wird die Situation genauer betrachtet, dann ist mir zweierlei gegeben: *zunächst* eine angespannte Tätigkeit, in der ich ganz aufgehe, und *dann* eine plötzlich wahrgenommene Erschöpfung. Weil aber die Anspannung meiner Tätigkeit meine ganze Aufmerksamkeit beansprucht hat, kann mir mein Bewußtsein keine Antwort auf die Frage nach der Entstehung der Erschöpfung geben. Diese Frage nach der Entstehung ist gerechtfertigt, weil es mir in anderen Situationen möglich war, die Erschöpfung in ihrem Entstehen zu erleben: Bei weniger angespannten Tätigkeiten war ich mir bewußt, daß ich immer müder wurde, eventuell bis zur Erschöpfung. Deshalb darf ich auch für un-

---

[37] Dieser Ausdruck ist insofern problematisch, als er einen bewußtseinstranszendenten Zustand bereits voraussetzt, bevor ein solcher überhaupt bewiesen ist. M.E. müßte Stein vom plötzlich eintretenden Gefühl der Erschöpfung ausgehen, das ohne die Annahme eines realen Zustandes der Erschöpfung sinnlos bliebe.

ser Beispiel voraussetzen, daß meine Erschöpfung eine Entstehungsgeschichte hat. Weil mir diese aber bewußtseinsmäßig nicht gegeben ist, muß ich sie als bewußtseinstranszendent annehmen, oder es ist, wie Stein sich ausdrückt, ein solcher Zustand der Erschöpfung »dem Erleben gegenüber ein Transzendentes, das sich in ihm bekundet« (PK 18).[38]

Ein eigenes Beispiel kann Steins Schritt zu einer bewußtseinstranszendenten Analyse weiter verdeutlichen: Wenn ich abends müde bin und mich morgens nach einigen Stunden Schlaf frisch fühle, dann kann ich den Wechsel in meiner Lebenssphäre bewußtseinsmäßig nicht nachvollziehen. Mir sind lediglich abends das Gefühl der Müdigkeit und morgens das Gefühl der Frische gegeben, doch was dazwischen liegt, bleibt unbewußt. Analog zum obigen Beispiel sind den Gefühlen von Müdigkeit und Frische die Zustände von Müdigkeit und Frische gegenüberzustellen, denn diese Zustände decken auch die unbewußten Momente des Schlafes. Die Untersuchung dieser Zustände und deren Veränderungen ist freilich nicht mehr Aufgabe der Philosophie, sondern der »Realitätswissenschaften«[39], in diesem Fall etwa der Biologie, der Neurowissenschaften und der Psychologie.

Ich habe versucht, die Beispiele Steins darzustellen und die darin enthaltenen impliziten Informationen auszufalten, um besser auf die Frage nach dem Verhältnis zwischen Lebensgefühlen und -zuständen eingehen zu können. Stein sagt explizit, daß sie sich in dieser Arbeit nicht um die Kritik der Gefühle bemüht. Aus den Beispielen ist ersichtlich, daß es Lebensgefühle gibt, die über den wahren Zustand täuschen: »Die Möglichkeit solcher Täuschungen und ihrer Aufhebung verständlich zu machen, ist Aufgabe einer erkenntniskritischen Betrachtung der inneren Wahrnehmung und darf uns hier nicht weiter beschäftigen« (PK 20). Obwohl sie eine Absage an eine weitergehende Untersuchung der Gefühle erteilt, kann ein wichtiger Punkt entnommen werden: Stein erachtet die Aufhebung der Gefühlstäuschungen

---

[38] Das Beispiel der Erschöpfung entspricht leicht verändert der Arbeitsüberlastung und der damit einhergehenden »Verzweiflung«, die Stein bei der gleichzeitigen Vorbereitung ihrer Doktorarbeit und ihres Staatsexamens erlebte (vgl. EDITH STEIN, *Aus dem Leben einer jüdischen Familie*, 226f. und ANDREAS MÜLLER und MARIA AMATA NEYER, *Edith Stein*, 92).

[39] EDITH STEIN, *Individuum und Gemeinschaft*, 280. Zu diesen empirischen Wissenschaften zählt Stein die Naturwissenschaften sowie die Psychologie und unter einem bestimmten Gesichtspunkt auch die Geisteswissenschaften.

mittels einer erkenntniskritischen Betrachtung als möglich.[40] In den vorangehenden Beispielen ging es um »täuschende« oder »falsche« Gefühle. Doch wie kommen wir überhaupt dazu, von Täuschung und Falschheit im Bezug auf die Gefühle sprechen zu können? Die hier vorgelegte Interpretation der Beispiele beantwortet diese Frage dahingehend, daß ich gewisse Gefühle als täuschend oder falsch erkenne, weil sie korrigierbar sind. Die Möglichkeit von Korrekturen der Gefühle wurden in zweierlei Hinsicht festgestellt. *Erstens* durch die äußere Wahrnehmung des eigenen Leibes, die mit dem Gefühl von demselben (d.h. dessen innerer Wahrnehmung) inkompatibel sein und zu einer Infragestellung und Modifikation des Gefühls führen kann.[41] Die Inkompatibilität führt m.E. zwar nicht zu einer direkten Modifikation des Gefühls, als ob ich mir befehlen könnte, was ich gemäß meiner äußeren Wahrnehmung zu fühlen habe. Jedoch richtet die äußere Wahrnehmung des Leibes die Aufmerksamkeit auf das eigene Befinden und ermöglicht dadurch indirekt eine Modifikation des bisherigen Gefühls. *Zweitens* können Gefühle in der zwischenmenschlichen Kommunikation korrigiert werden. Ohne diesen Aspekt bis in die letzten Möglichkeiten ausgeschöpft zu haben, ging es um die einfache Feststellung, daß sich Menschen im Gespräch gegenseitig in der Selbstwahrnehmung helfen können. Natürlich ändert eine Feststellung wie »du bist müde« nicht umgehend mein Befinden, doch analog zur Leibeswahrnehmung trägt ein solcher Hinweis dazu bei, die Aufmerksamkeit auf das eigene Befinden zu richten und damit die Anpassung des Lebensgefühls einzuleiten.[42] Die beiden erörterten Korrekturmöglichkeiten erlauben eine bessere Bekundung des realen Zustandes im Lebensgefühl.

---

[40] »Yet I know about the life-power always only in this fallible way [in the life-feeling]. However, acquaintance with the signals of deception is part of a critical epistemology of inner perception, and we acquire it (well or not so well) through experience« (METTE LEBECH, »Study Guide to Edith Stein's Philosophy of Psychology and the Humanities« [Stand 13.02.2009], http://eprints.nuim.ie/archive/00000393/).
[41] Man müßte an dieser Stelle noch weiter fragen und auch die äußere Wahrnehmung des eigenen Leibes einer Kritik unterziehen. Es ist beispielsweise vorstellbar zu gähnen, ohne wirklich müde zu sein, sondern aus Langeweile oder als Reaktion auf eine unangenehme Äußerung.
[42] Selbstverständlich kann die fremde Kritik nicht absolut gesetzt werden; es ist ja nicht notwendig, daß fremde Subjekte meinen Zustand richtig erkennen oder auch nur besser als ich selber. Eine Aussage über meinen Zustand muß daher vom fremden Subjekt zu rechtfertigen sein.

Die vorangehenden konkreten Überlegungen sollen eine Antwort geben, warum es notwendig ist, überhaupt eine transzendente Realität anzunehmen, obwohl diese in sich selbst betrachtet nicht faßbar ist. Könnte nicht das Bewußtsein diese Bekundungen selber erzeugen? Steins Antwort ist, daß die Korrektur von Gefühlen völlig irrational wäre, wenn sich diese nicht an einer ihnen zugrunde liegenden Realität orientieren würde.[43] Diese ist im Bewußtsein als Bekundung gegeben, auch wenn eine Korrektur derselben mittels der reflektierenden Betrachtung nicht ausgeschlossen ist. Die möglichst gut an den realen Zustand angepaßten Gefühle sind von Wichtigkeit, weil eine phänomenologische Untersuchung über die Lebenszustände und über die Lebenskraft notwendigerweise von ihrer Bekundung im Bewußtsein ausgehen muß.

3. Mein Leib als psychische und physische Realität

Es ist im vorangehenden Abschnitt hoffentlich deutlich geworden, daß der psychische Lebenszustand nicht mit dem bewußten Lebensgefühl identisch ist und daß sich der Lebenszustand im Lebensgefühl bekundet. Doch warum sollte das Lebensgefühl einen *psychischen* Zustand bekunden? Könnte man nicht sagen, daß das Lebensgefühl Ausdruck eines *physischen* Zustands ist? Meine Frische und meine Müdigkeit wären dann nichts anderes als ein bestimmter Zustand meines Körpers. Um diesem Einwand nachzugehen, möchte ich in diesem Abschnitt die Frage nach der Unterscheidung von Physischem und Psychischem stellen.
Eine ausführliche Behandlung dieser Unterscheidung würde eine Auseinandersetzung mit Husserl und dessen Lehrer Brentano not-

---

[43] Vgl. Steins *Exkurs über den transzendentalen Idealismus* in *Potenz und Akt* (1931), in dem sie ein ähnliches Argument gegen den Idealismus (verstanden als Erzeugungsidealismus) vorbringt: Das Problem liegt in der »Tatsache, daß dieser transzendentale Idealismus selbst das Empfindungsmaterial, das für alle Konstitution vorausgesetzt ist, und das Faktum der konstitutiven Leistung als ungelösten und unlösbaren, völlig irrationalen Rest zurückbehält« (EDITH STEIN, *Potenz und Akt*. Studien zu einer Philosophie des Seins, eingel. und bearb. von Hans Rainer Sepp, ESGA 10, Freiburg [u.a.]: Herder 2005, 236). Stein scheint Husserl einen solchen transzendentalen Erzeugungsidealismus zuzuschreiben. Wahrscheinlich ist diese Interpretation nicht ausreichend begründet, da Husserl immer auf der methodologischen Ausklammerung und nicht auf der Negierung der transzendenten Realität bestand.

wendig machen, die an dieser Stelle zu weit führen würde.[44] Stein hat ihre Anregungen aufgenommen und bereits in ihrer Doktorarbeit sowie in der *Einführung in die Philosophie* und in späteren Schriften eigenständig untersucht.[45] In PK allerdings erwähnt sie an mehreren Stellen, daß diese Untersuchung wahrscheinlich aus Platzgründen ausgeklammert werden muß. Diese Ausklammerung gilt der Frage nach der Abgrenzung von psychischer und physischer Realität, aber auch der damit zusammenhängenden Frage nach ihrem Verhältnis. Offensichtlich setzt die Frage nach dem Verhältnis von psychischer und physischer Realität bereits voraus, daß die Unterscheidung von Physis und Psyche überhaupt angenommen wird.

In bezug auf die Frage nach der Unterscheidung gibt Stein nur zu Beginn von PK den Hinweis, daß uns Physis und Psyche verschieden zu Bewußtsein kommen: »In dieser Welt begegnen uns [...] Menschen und Tiere, die außer dem, was sie mit Dingen und bloßen Lebewesen gemein haben, noch gewisse Eigentümlichkeiten zeigen, die sie allein auszeichnen. Die Gesamtheit dieser Eigentümlichkeiten nennen wir das Psychische, und seine Erforschung ist Aufgabe der Psychologie« (PK 5). Stein geht es darum, daß ich spontan Gegenstände mit oder ohne psychische Eigentümlichkeiten erfasse. Die Frage wird noch etwas komplizierter, weil Stein im Zitat von Fremdpsychischem spricht, das mir nicht direkt gegeben ist, son-

---

[44] Brentanos Unterscheidung der *psychischen* und *physischen Phänomene* ist grundlegend für die weiteren Entwicklungen in phänomenologischen Kreisen (vgl. FRANZ BRENTANO, *Psychologie vom empirischen Standpunkt*, Leipzig: von Duncker & Humblot 1874). Brentano spricht auf S. 10 von der Psychologie als der »Wissenschaft von den psychischen Phänomenen« sowie von der Naturwissenschaft als der »Wissenschaft von den physischen Phänomenen«. Der Großteil des Buches ist der Klärung gewidmet, was unter psychischen Phänomenen zu verstehen ist. In bezug auf Husserl sind insbesondere PSW 25–31 und Ideen II, §18c u. §35–42, 65–75 u. 143–161 über die Konstitution der seelischen Realität durch den Leib zu erwähnen. Interessant ist bei Husserl die Unterscheidung verschiedener Schichten. So versteht er den Menschen zunächst »als materielle[n] Körper, auf den sich neue Seinsschichten, die leiblich-seelischen, aufbauen« (Ideen II, §35, 143).

[45] Vgl. PE 53–107 [40–101] (Die Konstitution des psychophysischen Individuums), insbesondere 56–74 [44–63] (Ich und Leib); EDITH STEIN, *Einführung in die Philosophie*, eingel. und bearb. von Claudia Mariéle Wulf, ESGA 8, Freiburg [u.a.]: Herder 2004, 113–148 (Die ontische Struktur psychophysischer Subjekte) und EDITH STEIN, *Der Aufbau der menschlichen Person. Vorlesung zur philosophischen Anthropologie*, eingel. und bearb. von Beate Beckmann-Zöller, ESGA 14, Freiburg [u.a.]: Herder 2004, 74–92 (Das Animalische im Menschen und das spezifisch Menschliche).

dern nur vermittelt durch den fremden Körper, in den ich Psychisches einfühle.[46] So ist es möglich, daß ich mich in bezug auf fremde Subjekte täuschen kann, wenn ich beispielsweise in den vor mir stehenden Gegenstand im Museum psychische Eigentümlichkeiten einfühle, obwohl es sich nur um eine Wachsfigur handelt.

Deutlicher wird der Fall, wenn ich mich auf mich selber beziehe: Ich kann meinen Körper von außen betrachten, als wäre er ein lebloser Gegenstand, doch dazu muß ich von meiner inneren Wahrnehmung abstrahieren, in welcher mir dieser Körper als mein empfindender Leib[47] gegeben ist. Das Besondere meines Leibes gegenüber allen anderen Gegenständen ist, daß dieser mir auf zwei Weisen gegeben ist: sowohl in der inneren als auch in der äußeren Wahrnehmung. Ich sehe beispielsweise, wie meine Hand sich auf die Tischfläche stützt, und zugleich empfinde ich den Druck gegen die Tischfläche. Auch wenn ich die Empfindung an sich nicht sehe, so ist sie mir doch unmißverständlich gegeben: Ich empfinde wirklich den Druck meiner Hand gegen die Tischfläche. Der phänomenale Unterschied zwischen innerer und äußerer Wahrnehmung verhilft m.E. zu einem besseren Verständnis der Unterscheidung zwischen psychischer und physischer Realität.[48] In der Wahrnehmung kommt mir *etwas* zu Bewußtsein: in der inneren Wahrnehmung die psychische Realität und in der äußeren die physische. Interessant ist dabei, daß sowohl die innere als auch die äußere Wahrnehmung sich auf denselben Gegenstand – meinen Leib – beziehen, der mir allerdings auf verschiedene Weise gegeben ist. Stein bringt das zum Ausdruck, wenn sie sagt, daß der psychische Zustand immer auch ein leiblicher ist (vgl. PK 73[49]). Folglich betrifft die Abgrenzung von psychischer und

---

[46] Vgl. GIANFRANCO SOLDATI, »Le rôle du corps dans la conscience d'autrui«, *Studia Philosophica* 62 (2003) 105f.

[47] Leib nennt Stein den menschlichen Körper aufgrund seiner Empfindsamkeit, die ihn von allen anderen nur materiellen Körpern unterscheidet.

[48] Vgl. die Überlegungen von Ales Bello in leicht verschiedener Terminologie: »Sensations derive from our perceptions and these sensations lead to our corporeity just as our emotional responses tell us that we are constituted by a psychic dimension that is qualitatively different from that of our bodily one« (ANGELA ALES BELLO, »The Spiritual Life and Its Degrees According to Edith Stein«, *Listening* 41 (2006) 155).

[49] Vgl. diesbezüglich die interessanten Bemerkungen Ingardens zu Steins Auffassung der Seele, d.h. der Psyche in PK, in ihrem Frühwerk: »Jedenfalls gibt es bei Edith Stein eine starke Betonung der Frage nach der Sphäre der Seele, welche mit meinem Leib verbunden ist, zusammen mit der Frage nach der Lokalisierung meiner sinnlichen Empfindungen in meinem Leib« (ROMAN INGARDEN, »Zu Edith Steins Analyse der Einfühlung und des Aufbaus der menschlichen Person«, in: Waltraud Herbstrith

physischer Realität nicht den Gegenstand selber, als ob damit zwei zusammenhangslose Gegenstände gemeint wären. Vielmehr liegt der Unterschied in der Gegebenheitsweise desselben Gegenstands in innerer oder äußerer Wahrnehmung.[50] Diese Erwägungen können auf die Frage nach den Lebensgefühlen und -zuständen angewandt werden. Wenn Stein Müdigkeit und Frische als Bekundungen des psychischen Lebenszustandes versteht, ist damit notwendig verbunden, daß mein Lebenszustand zugleich auch physisch ist. Es öffnet sich ein weites Feld für die Erfahrungswissenschaften, die Stein keineswegs geringschätzt.[51] In neuerer Zeit kümmern sich insbesondere die Neurowissenschaften um die Frage, was im Körper beispielsweise bei Erschöpfung oder im Schlaf vor sich geht. Stein selber sagt in einem Brief an Ingarden, daß sie mit Psyche umgangssprachlich »Nerven« meint.[52] Die Nerven sind einer neurowissenschaftlichen Untersuchung zugänglich, aber warum sollte damit bereits alles über Nerven gesagt sein? Muß man nicht weiter fragen: »[W]as macht die psychologische Relevanz einer Beschreibung von körperlichen oder neuronalen Vorgängen aus, wenn nicht mindestens die Möglichkeit besteht, sie in Zusammenhang mit bewußten Erlebnissen zu bringen?«[53]

Natürlich kann eingewandt werden, daß die bewußten Erlebnisse selber nichts anderes als neuronale Vorgänge sind, auch wenn das eine von den Neurowissenschaften bis heute unbewiesene Behauptung ist.[54] Und selbst wenn ich hypothetisiere, daß meine innere Wahrneh-

---

(Hg.), Denken im Dialog. Zur Philosophie Edith Steins, Tübingen: Attempto 1991, 80f.).

[50] Vgl. PE 56–66 [44–54].

[51] Vgl. in dieser Hinsicht die Doktorarbeit von MARIAN MASKULAK, *Edith Stein and the Body-Soul-Spirit at the Center of Holistic Formation*, New York [u.a.]: Peter Lang 2007. Im letzten Kapitel mit dem Titel *Contemporary Views Regarding the Human Being Based on Research in Neuroscience* (167–197) versucht sie, Stein mit der aktuellen Neuroforschung in Verbindung zu setzen. Das Potential ist damit noch lange nicht ausgeschöpft.

[52] Vgl. EDITH STEIN, *Selbstbildnis in Briefen III*, 122–124: Brief 65 vom 16.9.1919: Stein beschreibt ihr »Befinden« in körperlicher, geistiger, seelischer und psychischer Hinsicht und präzisiert: »psychisch (was Sie sich aus meiner Terminologie in die gewöhnliche Redeweise mit ›Nerven‹ übersetzen können) dauernd miserabel« (123).

[53] GIANFRANCO SOLDATI, »Frühe Phänomenologie und die Ursprünge der analytischen Philosophie«, *Zeitschrift für philosophische Forschung* 54 (2000) 325.

[54] Nach den großartigen Erfolgen der beginnenden Neurowissenschaften scheint der erste Enthusiasmus bereits gewichen, insbesondere weil mit den meisten neuen Erkenntnissen zugleich noch komplexere Zusammenhänge entdeckt werden, die

mung genau einem bestimmten neuronalen Vorgang zugeordnet werden kann, dann heißt das noch lange nicht, daß ein Diagramm oder eine andere Darstellungsweise die Komplexität des Vorgangs zu erfassen vermag. Zudem würde m.E. eine objektivierte Auffassung des Bewußtseins, wenn dieses rein neuronal aufzufassen wäre, nicht die Untersuchung des Erlebnisses ersetzen. Denn der Versuch einer *Objektivierung* der körperlichen Vorgänge beruht auf einer anderen Sichtweise als meine innere Wahrnehmung, die ich von mir selber als Subjekt eines empfindenden Leibes habe. Oder anders gesagt: Der Neurowissenschaftler kümmert sich um den physischen Aspekt meines Körpers, wogegen sich Stein für den psychischen Aspekt interessiert, der in einer Analyse des Bewußtseins zugänglich wird.

4. Schluss und Ausblick

Die vorhergehenden erkenntnistheoretischen Überlegungen sind m.E. notwendig, um die Lebenskraft einzuführen, weil diese nach Edith Stein weder Bewußtsein noch Physisches, sondern eine psychische Realität ist. Die Rede von der Lebenskraft kann daher erst im Anschluß an die Unterscheidungen zwischen Bewußtsein und Psyche sowie zwischen Psyche und Physis eingeführt werden. In diesem abschließenden Abschnitt soll aufgrund der vorhergehenden Erörterungen gesagt werden, was Stein unter Lebenskraft versteht. Zugleich wird kurz angedeutet, daß sich die beiden Unterscheidungen als wertvolle Brücken zu Psychologie und Naturwissenschaften erweisen und einen Dialog mit diesen ermöglichen.

4.1. Die Lebenskraft als dauernde, psychische Eigenschaft im Wandel der Lebenszustände

In diesem Artikel sind die Begriffe »Lebensgefühl«, »Lebenssphäre« und »Lebenszustand« eingeführt worden. Der Übergang zur Le-

---

zeigen, daß die Neurowissenschaften noch ganz am Anfang stehen; vgl. David G. Myers, *Psychologie*, Heidelberg: Springer Medizin 2005, 59–102: Kapitel über *Neurowissenschaft und Verhalten*. Interessant sind insbesondere die abschließenden Bemerkungen auf S. 102 über das »Staunen und Fragen« der führenden Neurowissenschaftler. Einen guten Einblick in die derzeitigen Forschungsmethoden mit ihren jeweiligen Vorteilen und Schwächen gibt Marc Jeannerod, *Le cerveau intime*, Paris: Odile Jacob 2005, 35–60.

benskraft ist damit bereits vorgezeichnet, wie aus folgendem Zitat Edith Steins ersichtlich wird:

Es »bekundet sich im Lebensgefühl eine augenblickliche Beschaffenheit meines Ich – seine Lebenszuständlichkeit – und im Wechsel solcher Beschaffenheiten eine dauernde reale Eigenschaft: die L e b e n s k r a f t «[55] (PK 19).

Daß Stein die bewußten Lebensgefühle als Bekundung der Lebenszustände versteht, ist bereits gezeigt worden. Neu ist nun, daß die sich verändernden Lebenszustände eine dauernde reale Eigenschaft der psychischen Realität – die *Lebenskraft* – bekunden. Lebenskraft ist eine »dauernde Eigenschaft in wechselnder Zuständlichkeit« (PK 21) und umfaßt folglich die verschiedenen Lebenszustände. Die Lebenskraft besteht aus den sich folgenden Lebenszuständen des psychischen Subjekts, und umgekehrt ist die Lebenskraft die Einheit der Lebenszustände. Mit anderen Worten: der Lebenszustand ist die Lebenskraft zu einem bestimmten Moment.

Der Zugang zur Lebenskraft ist wie für die Lebenszustände immer nur als Bekundung denkbar: Wie sich mir die Lebenszustände in meinen Lebensgefühlen bekunden, so bekundet sich mir die Lebenskraft in meiner Lebenssphäre. Dies bedeutet, daß ich meine Lebenskraft in einer phänomenologischen Perspektive immer *indirekt* in meiner bewußten Lebenssphäre zu entdecken habe. Die terminologische Klärungsarbeit war in diesem Artikel wichtig, weil Stein die Lebenskraft relativ zu den Lebenszuständen sowie zu den Lebensgefühlen und der Lebenssphäre versteht. Auch wenn in den vorhergehenden Abschnitten noch nicht explizit von Lebenskraft die Rede war, haben die Beispiele im zweiten Abschnitt dieses Beitrags einen nahen Bezug zur Frage der Lebenskraft, da die momentane Lebenskraft nichts anderes als der Lebenszustand ist, der sich im Lebensgefühl bekundet. So ist beispielsweise mein Zustand der Müdigkeit Ausdruck meiner aktuellen Lebenskraft, auch wenn sich diese in der Folge wieder ändert. Die Änderung der Lebenskraft eröffnet einen neuen und interessanten Fragehorizont, der eigens untersucht wer-

---

[55] Stein erläutert das Verhältnis zwischen Lebenszustand und -kraft analog zum Verhältnis zwischen »augenblickliche[r] optische[r] Zuständlichkeit« und »dauernde[r] optische[r] Eigenschaft« (PK 19). An dieser Stelle würde eine parallele Untersuchung der Sinneswahrnehmung zu weit führen.

den muß.[56] Diese Fragen könnten zeigen, wie die Lebenskraft im psychischen Geschehen zu situieren ist und wie die Lebenskraft zur physischen und zur geistigen Welt in Beziehung steht.

4.2. Möglichkeiten zum Dialog mit der zeitgenössischen Psychologie und Naturwissenschaft

Eine erste Dialogmöglichkeit sehe ich in der Konfrontation der Phänomenologie Edith Steins mit der zeitgenössischen Psychologie, insbesondere der Tiefenpsychologie. Meine Hypothese ist, daß die tiefenpsychologische Praxis durch die Vermittlung einer phänomenologischen Untersuchung besser theoretisiert werden kann, als dies mittels einer naturalistischen Trieblehre möglich ist. Gemäß der Analyse des Bewußtseinsstroms versinken meine Erlebnisse nach und nach im Strom und können nur noch teilweise als Erinnerungen ins Bewußtsein zurückgerufen werden. Dieses Versinken im Strom kann mit Sigmund Freuds Konzept des Vorbewußten in Verbindung gebracht werden. Doch noch interessanter wird die Auseinandersetzung mittels der Steinschen Unterscheidung zwischen Bewußtsein und psychischer Realität, von der her m.E. eine Theorie des Unbewußten entwickelt werden kann. Freuds Trennung des Bewußten und Unbewußten kann mittels der in dieser Arbeit behandelten teilweisen Bekundung der psychischen Realität im Bewußtsein erklärt werden. Meine eigene psychische Realität bleibt mir ein Rätsel, weil sie sich nie ganz im Bewußtsein bekundet. Es ist erstaunlich, daß Freud in einem wichtigen Text sehr ähnlich wie Stein die Unterscheidung von Bewußtsein und Psychischem einführt, obwohl diese für die meisten Philosophen ein Widersinn sei: »Den meisten philosophisch Gebildeten ist die Idee eines Psychischen, das nicht auch bewußt ist, so unfaßbar, daß sie ihnen absurd und durch bloße Logik abweisbar erscheint«.[57] Gegenüber Freud scheint mir Stein nicht nur eine plausible phänomenologische Untersuchung zu bieten, sondern auch in bezug auf das Verständnis der menschlichen Triebe eine ausgeglichenere Auffassung zu vertreten: Freuds Unterscheidung von zwei Triebarten,

---

[56] Wie bereits in Anmerkung 3 angedeutet, soll diese Aufgabe in einem Beitrag in der nächsten Ausgabe des Edith Stein Jahrbuchs ausgeführt werden.

[57] SIGMUND FREUD, »Das Ich und das Es«, in: Gesammelte Werke 13, Frankfurt a. M.: Fischer [6]1969, 239.

dem Sexual- und dem Todestrieb,[58] kann mit der umfassenderen Artikulation von Betätigungs- und Bedürfnistrieb (vgl. PK 61) von ihrer Einseitigkeit befreit werden.

Eine zweite Dialogmöglichkeit sehe ich im Kontakt der phänomenologischen Bewußtseinsanalyse mit den heutigen Neurowissenschaften. Natürlich hat die Phänomenologin den Neurowissenschaftlern nicht zu erklären, wie diese bei ihren Forschungen vorzugehen haben. Doch kann jeder Neurowissenschaftler von Stein lernen, daß sein naturwissenschaftlicher Gesichtspunkt das menschliche Bewußtsein mit seinem Erlebnisstrom nicht zu erfassen vermag. Die Unterscheidung der physischen und der psychischen Realität als zweier Betrachtungsweisen meines Leibes ist lehrreich und wichtig, weil daraus die Komplementarität – nicht die Konkurrenz – der Phänomenologie und der Neurowissenschaften hervorgeht. Diese Komplementarität der Untersuchung bedeutet zugleich, daß weder die Phänomenologie auf Neurowissenschaft noch die Neurowissenschaft auf Phänomenologie reduziert werden kann. Vielmehr steht die Phänomenologie den Resultaten der Neurowissenschaften offen gegenüber, wie dies auch umgekehrt der Fall sein sollte. Eine Konsequenz dieser Auffassung ist m.E., daß nur aufgrund beider Gesichtspunkte ein vollständiges Bild des menschlichen Leibes erlangt werden kann. Die Phänomenologie und die Naturwissenschaften sollten sich daher vermehrt als komplementäre Disziplinen verstehen.

Dieser Ausblick konnte hoffentlich zeigen, daß Steins Arbeit beträchtliche Möglichkeiten zum Dialog mit anderen Disziplinen, insbesondere mit der Tiefenpsychologie und mit den Neurowissenschaften, in sich birgt. Es bleibt nun die Aufgabe, nach und nach diese Dialogmöglichkeiten in die Tat umzusetzen.

SIGELVERZEICHNIS

ESGA = Edith Stein Gesamtausgabe, 26 Bände, Freiburg/Br. [u.a.]: Herder 2000 – voraussichtlich 2010.

---

[58] Vgl. SIGMUND FREUD, »Das Ich und das Es«, 268f.

Ideen I = EDMUND HUSSERL, *Ideen zu einer reinen Phänomenologie und phänomenologischen Philosophie*. Erstes Buch: Allgemeine Einführung in die reine Phänomenologie, hg. von Karl Schuhmann, Husserliana III/1, Den Haag: Nijhoff ²1976 (1950).

Ideen II = EDMUND HUSSERL, *Ideen zu einer reinen Phänomenologie und phänomenologischen Philosophie*. Zweites Buch: Phänomenologische Untersuchungen zur Konstitution, hg. von Mary Biemel, Husserliana IV, Den Haag: Nijhoff ²1991 (1952).

JPPF = *Jahrbuch für Philosophie und phänomenologische Forschung*. In Gemeinschaft mit Oskar Becker, Moritz Geiger, Martin Heidegger, Alexander Pfänder, Adolf Reinach, Max Scheler, hg. von Edmund Husserl, 11 Bände, Halle a. S.: Niemeyer 1913–1930.

PE = EDITH STEIN, *Zum Problem der Einfühlung*, eingel. und bearb. von Maria Antonia Sondermann, ESGA 5, Freiburg/Br. [u.a.]: Herder 2008 (Originalausgabe 1917).

PK = EDITH STEIN, »Psychische Kausalität«, in: *Beiträge zur philosophischen Begründung der Psychologie und der Geisteswissenschaften – Eine Untersuchung über den Staat* [ESGA 6], Tübingen: Niemeyer ²1970, 1–116 [Originalausgabe: JPPF 5 (1922) 1–116].

PSW = EDMUND HUSSERL, »Philosophie als strenge Wissenschaft«, in: Aufsätze und Vorträge (1911–1921). Mit ergänzenden Texten, hg. von Thomas Nenon und Hans Rainer Sepp, Husserliana XXV, Dordrecht/Boston/Lancaster: Nijhoff 1987, 3–62 [Originalausgabe: *Logos* 1 (1910/11) 289–341].

4. Spiritualität

HARM KLUETING

»Fiat voluntas tua« – Nachfolge, ohne zu fragen: wohin?

Die hl. Teresia Benedicta a Cruce[1]

I.

Im vergangenen Jahr war ich in den Vereinigten Staaten Gast im »Institute for Advanced Study« in Princeton, New Jersey. Es gab ein Abendessen in einem Kreis von Mitgliedern des Instituts in einer Professorenvilla am »Einstein Drive«.[2] Dabei war es, wie es immer ist bei solchen Begegnungen: Man wird gefragt, worüber man arbeitet, worüber man sein letztes Buch geschrieben hat und was Gegenstand des nächsten sein wird. Man wird gebeten, darüber etwas zu sagen. In meiner Antwort wies ich unter anderem auf Edith Stein hin, der ich in letzter Zeit einige kleinere Arbeiten gewidmet hatte.[3]

---

[1] Vortrag in Anwesenheit des H. H. Erzbischofs von Köln, Joachim Kardinal Meisner, aus Anlaß der Errichtung der Edith-Stein-Stiftung unter der Treuhandschaft des Erzbistums Köln am 12. Oktober 2007 – dem Geburtstag Ediths Steins (12.10.1891–9.8.1942) – in der Kirche des Karmelitinnenklosters »Maria vom Frieden« in Köln. – Ohne Zitatnachweise und ohne sonstige Anmerkungen erschien der Vortragstext geringfügig gekürzt bereits unter demselben Titel in »Theologisches. Katholische Monatsschrift« 37 (2007), 415–422. Eine stark gekürzte Fassung wurde unter dem Titel »Nachfolge ohne zu fragen Wohin? War Edith Stein eine Mystikerin? – Gedanken zu ihrer Theologie« in der Zeitung »Die Tagespost. Katholische Zeitung für Politik, Gesellschaft und Kultur« Nr. 123 vom 13.10.2007, dort 5, abgedruckt. – Viele Einzelheiten, die in diesem Vortrag angesprochen werden, finden sich breiter ausgeführt und mit ausführlicheren Anmerkungen belegt bei Harm Klueting, Teresia Benedicta a Cruce. Theologie der Kreuzesnachfolge. In: Joachim Kardinal Meisner (Hg.), Edith Stein – Jüdische Christin und christliche Jüdin. Kevelaer 2006, 23–63. – Abkürzungen: DBW = Dietrich Bonhoeffer Werke; ESGA = Edith Stein Gesamtausgabe, ESW = Edith Steins Werke.

[2] Das Abendessen in Princeton fand am 2. Oktober 2006 statt.

[3] Harm Klueting, Edith Stein und Dietrich Bonhoeffer. Zwei Wege in der Nachfolge

Mein Gastgeber an diesem hervorragenden Ort amerikanischer Wissenschaftskultur – und in der Zeit der Nazi-Herrschaft in Deutschland Asylort vieler emigrierter deutscher Gelehrter und Intellektueller oft mit jüdischem Hintergrund von Albert Einstein über Thomas Mann bis zu dem Kunsthistoriker Erwin Panofsky – war ein amerikanischer Historiker, als Deutscher in Berlin geboren und während der Nazi-Zeit mit seinen Eltern in die Vereinigten Staaten emigriert.[4] Bei einer ähnlichen Begegnung im Jahr zuvor aus Anlaß einer Tagung des »Centro per gli studi storici italo-germanici« in Trient in Italien[5] hatte dieser außerordentlich schätzenswerte, aber unter ganz anderen geistigen Horizonten beheimatete ältere Kollege mir zu demselben Thema schon einmal seine Meinung gesagt: »Edith Stein – das war eine Mystikerin.« Jetzt wiederholte er diese Aussage, wobei man die damit verbundene Geste als ›wegwerfende Handbewegung‹ hätte beschreiben können. Mit einer Mystikerin muß man sich als Wissenschaftler wohl nicht aufhalten. Es gibt andere, die das ganz anders sehen und für die Edith Stein vor allem als Mystikerin von Interesse ist. In Princeton aber wandte sich das Tischgespräch an jenem Abend einem anderen Thema zu, und ich wurde gebeten, statt über Edith Stein über den niederländischen Historiker Johan Huizinga in seiner Beziehung zu dem Basler Historiker Jakob Burckhardt – zwei hervorragende Erforscher der Renaissance in Italien und der burgundischen Hofkultur im 15. Jahrhundert – zu referieren, womit ich mich gleichfalls beschäftigt hatte.

Man kennt Edith Stein als Jüdin und als Konvertitin zum katholischen Glauben, zu dem sie nach einer Zeit der Distanz zu allem Religiösen endgültig 1921 fand. Man kennt sie als Philosophin, als Schülerin Edmund Husserls, als verhinderte Privatdozentin der Philosophie wegen der ihr wiederholt unmöglich gemachten Habilitation, als Übersetzerin der »Quaestiones disputatae de veritate« des hl. Thomas

Christi. Leutesdorf 2004 (dasselbe gekürzt: ders., »In obsequio Jesu Christi vivere et mori«: Edith Stein und Dietrich Bonhoeffer. In: Erträge der Augustana. Theologische Hochschule der Ev.-Lutherischen Kirche in Bayern, Sommersemester 2004, 12–22; ders., Reise in eine andere Welt. In: Frankfurter Allgemeine Zeitung, Nr. 166 vom 20.7.2004, 7); ders., »Secretum meum mihi«. Eine Anmerkung zu Edith Stein. In: Edith Stein Jahrbuch 11 (2005), 65–75; ders., Art. Edith Stein (1891–1942). In: Thomistenlexikon. Hg. von David Berger u. Jörgen Vijgen im Auftrag der Deutschen Thomas-Gesellschaft sowie der Nederlands Thomas Gezelschap. Bonn 2006, 639–644; ders., Teresia Benedicta a Cruce (wie Anm. 1).
[4] Es handelt sich um Professor Dr. Peter Paret.
[5] Bei einem Abendessen am 13. September 2005 auf dem Lande nahe Trient.

von Aquin[6] und als diejenige, die den Versuch einer Verbindung von Thomas und Husserl, von Scholastik und Phänomenologie, unternahm. Man kennt sie schließlich als Karmelitin, als die sie nach ihrem Ordenseintritt 1933 hier in Köln seit Ablegung der einfachen Gelübde im April 1934 den Ordensnamen Teresia Benedicta a Cruce führte, und als Opfer des Holocaust in Auschwitz, wo sie am 9. August 1942 vergast wurde. Seit 2003 kennt man auch ihren Brief an Papst Pius XI., in dem sie »als ein Kind des jüdischen Volkes, das durch Gottes Gnade seit elf Jahren ein Kind der katholischen Kirche ist«[7], nach den ersten antisemitischen Ausschreitungen des SA-Mobs unter der eben begonnenen Nazi-Herrschaft ihre warnende Stimme erhob.[8] Papst Johannes Paul II. hat sie 1987 selig- und 1998 heiliggesprochen und 1999 zur Mitpatronin Europas neben der hl. Brigitta von Schweden und der hl. Katharina von Siena erhoben.

Aber war Edith Stein eine Mystikerin? An diese Frage möchte ich einige Überlegungen zu einem Kerngedanken ihrer Theologie anknüpfen, um damit im Rahmen des Anlasses, der uns hier zusammengeführt hat, einen Beitrag im Bemühen zu leisten, Edith Stein zu begreifen.

Edith Stein verdankte ihren Weg zum katholischen Glauben und auch ihren schon in den zwanziger Jahren gehegten Wunsch nach Eintritt in den Karmel in entscheidendem Maße Teresa von Ávila, der großen Karmelitin aus dem Spanien des 16. Jahrhunderts, deren Autobiographie sie 1921 las.[9] Dieser »Libro de la Vida«, eine reli-

---

[6] ESGA 23 u. 24, beide Freiburg 2008.
[7] Archivio Segreto Vaticano, AES, Germania, Pos. 643, fol. 16f. Zum Nachweis des Zitats u. überhaupt zu diesem Brief Klueting, Edith Stein und Dietrich Bonhoeffer (wie Anm. 3), 88, Anm. 71.
[8] Dazu auch Konrad Repgen, Hitlers »Machtergreifung«, die christlichen Kirchen, die Judenfrage und Edith Steins Eingabe an Pius XI. vom [9.] April 1933. In: Edith Stein Jahrbuch 10 (2004), 31–68. Bei Repgen 18, falsche Blattzahl (15).
[9] Professor Dr. Dr. h. c. Konrad Repgen sagte mir bei einem Abendessen in einem Hotel in Bayreuth am 22. Mai 2008, er hätte, wäre er 1933 die Priorin des Karmel in Köln gewesen, Probleme darin gesehen, Edith Stein in den Konvent aufzunehmen (»Konnte die denn überhaupt Kartoffeln schälen?«), und fragte, warum Edith Stein denn eigentlich Karmelitin und nicht z.B. Benediktinerin der ewigen Anbetung, etwa in der Abtei Eibingen im Rheingau, geworden sei. Die Antwort kann nur lauten: Wegen Teresa von Ávila kam für Edith Stein nur der Teresianische Karmel in Betracht. Als weiterer Aspekt dürfte hinzukommen, daß Edith Stein nicht in der Lage gewesen wäre, die bei den Benediktinerinnen geforderte Mitgift aufzubringen, und als 1933 bereits 42 Jahre alte Frau damals in einem Benediktinerinnenkonvent wohl auch kaum noch als Postulantin akzeptiert worden wäre.

giöse Autobiographie von weltliterarischem Rang, gibt Zeugnis von der mystischen Gotteserfahrung der 1622 heiliggesprochenen Teresa von Ávila. Edith Steins letztes – und zugleich ihr wichtigstes theologisches – Werk, die »Kreuzeswissenschaft«,[10] handelt von einem anderen spanischen Karmeliten des 16. Jahrhunderts, dem mit Teresa von Ávila eng verbundenen Johannes vom Kreuz. Sie schrieb dieses vor ihrer Deportation 1942 vollendete, aber noch nicht ganz abgeschlossene Buch[11] seit 1940 im Karmel in Echt in der niederländischen Provinz Limburg, wohin sie von Köln aus ausgewichen war, nachdem in Deutschland am 9. November 1938 die Synagogen gebrannt hatten. Auch der 1726 heiliggesprochene Johannes vom Kreuz war ein bedeutender Mystiker, dessen Mystik sich vor allem in lyrischen Texten wie den 1578 im Gefängnis in Toledo entstandenen Dichtungen »En una noche oscura« (»Die dunkle Nacht«) und »Cántico espiritual« (»Geistlicher Gesang«) findet. Zu denken ist auch an Edith Steins zu Lebzeiten unveröffentlichtes, wahrscheinlich seit 1933 entstandenes Buchmanuskript »Was ist der Mensch. Eine theologische Anthropologie«[12] und an ihren 1940/41 verfaßten Aufsatz »Wege der Gotteserkenntnis. Die ›Symbolische Theologie‹ des Areopagiten‹«.[13] Im Rahmen ihrer Übersetzertätigkeit übersetzte sie Dionysius Areopagita bzw. den unter diesem Pseudonym schreibenden spätantiken Autor, den man als »Vater der mystischen Theologie« kennt.[14]

Aber Edith Stein? War auch sie eine Mystikerin? Es gibt bei Edith Stein keine Visionen und Auditionen, keine Wahrnehmungen wie Marienerscheinungen oder gar Stigmatisationen. Aber das heißt nicht viel. Es gibt auch eine Mystik ohne Visionen oder Auditionen. Gewiß ist, daß sich bei Teresia Benedicta a Cruce auch dort, wo sie selbst spricht und nicht Johannes vom Kreuz, Teresa von Ávila oder

---

[10] Edith Stein, Kreuzeswissenschaft. Studie über Johannes vom Kreuz = ESGA 18. Freiburg 2003, 2. Aufl. 2004, 3. Aufl. 2007.

[11] Dazu Ulrich Dobhan, Einführung. In: ESGA 18, XI–XXX, hier XXVII; Klueting, Teresia Benedicta (wie Anm. 1), 64.

[12] ESGA 15.

[13] Edith Stein, Wege der Gotteserkenntnis. Die »Symbolische Theologie« des Areopagiten und ihre sachlichen Voraussetzungen. In: ESGA 17. Freiburg 2003, 2. Aufl. 2007 [benutzt nach der 1. Aufl.], 21–76.

[14] ESGA 17 (wie Anm. 13), darin Edith Steins Übersetzung der Schriften »Von den göttlichen Namen« (86–157), »Himmlische Hierarchie« (160–191), »Kirchliche Hierarchie« (194–244) u. »Mystische Theologie« (245–250) u. der »Briefe« (252–277) des Areopagiten.

Dionysius Areopagita zitiert, Teile des Vokabulars der christlichen Mystik ausmachen lassen. So findet sich bei ihr der Dualismus von Licht und Finsternis und der Gedanke der »unio mystica«, der Vereinigung mit Gott, aber auch der Gedanke der Brautschaft und der heiligen Vermählung mit Christus, des »matrimonium spirituale«. In einem Brief vom 9. Dezember 1938 kann sie von sich sagen, »dem Herrn im Zeichen des Kreuzes vermählt zu sein«[15]. Das klingt nach Mystik, auch wenn auffällig ist, daß das Hausbuch der Brautmystik, das Hohelied Salomos oder das »Canticum Canticorum« aus dem Alten Testament, dabei bei ihr keine Rolle spielt. Stattdessen hält sie sich an Jesusworte der synoptischen Evangelien. Anderes aus dem Tresor der Mystik findet sich bei Edith Stein nicht: Die Jesusminne, die Zeit- und Raumlosigkeit mystischer Gotteserfahrung wie im »innerlichen« Gebet der vier Gebetsstufen Teresas von Ávila oder die *Aufgabe eigenen Wissens*, um im Nichtwissen das Göttliche im Sinne eines höheren Wissens zu erfahren.

Aber eines gibt es bei ihr an ganz zentraler Stelle: Die *Aufgabe eigenen Wollens* durch Unterordnung unter den Willen Gottes. Auch das kann Mystik sein.

II.

Der Schlüssel für ihre Theologie ist in einer kleinen Schrift enthalten, die entstand, als Sr. Teresia Benedicta a Cruce noch Fräulein Dr. Edith Stein und noch Lehrerin am Mädchengymnasium des Dominikanerinnenklosters St. Magdalena in Speyer war. Das ist die Schrift »Das Weihnachtsgeheimnis«[16], die einen Vortrag wiedergibt, den sie im Januar 1931 in Ludwigshafen hielt. Wie die anderen theologischen Schriften Edith Steins, so führt auch diese – aber diese besonders – auf ihr großes Werk »Kreuzeswissenschaft« hin.

In der »Kreuzeswissenschaft« setzt sich Edith Stein mit Johannes vom Kreuz auseinander. Große Teile des Werkes sind wörtliche Zitate aus seinen Schriften. An anderen Stellen spricht Edith Stein mit den Worten des spanischen Karmeliten, ohne wörtlich zu zitieren.

---

[15] An Petra Brüning, ESGA 3, Br. 580.
[16] Edith Stein, Das Weihnachtsgeheimnis. Menschwerdung und Menschheit. In: ESW XII, 196–207.

Nicht immer ist deutlich, ob sie dessen Lehren referiert oder seine Aussagen zu den ihren macht. Ihr Eigenanteil liegt vor allem in der Deutung, die sie den Lehren des Johannes vom Kreuz gibt. Deshalb muß man, will man Edith Steins Theologie erfassen, die »Kreuzeswissenschaft« im Lichte ihrer zeitlich vorangegangenen theologischen Schriften lesen.

Im »Weihnachtsgeheimnis« ist von »Nachfolge« die Rede: »›Folge mir‹, so sprechen die Kinderhände [Jesu in der Krippe zu Bethlehem], wie später die Lippen des Mannes [Jesus] gesprochen haben. So sprachen sie zu dem Jünger, den der Herr lieb hatte [...]. Und [der Jünger] [...] folgte, *ohne zu fragen: wohin?* und wozu? [...] Er spricht sein ›Folge mir‹, und wer nicht für ihn ist, ist wider ihn. Er spricht auch für uns und stellt uns vor die Entscheidung zwischen Licht und Finsternis.«[17] Nachfolge ist für Edith Stein das Ernstnehmen der Bitte *Fiat voluntas tua* – »Dein Wille geschehe« – aus dem Vaterunser, das zugleich das *non mea voluntas, sed tua fiat* – »Nicht mein Wille, sondern deiner geschehe« – von Gethsemani[18] ist: »Das *Fiat voluntas tua!* in seinem vollen Ausmaß muß die Richtschnur des Christenlebens sein«[19], so Edith Stein 1931, lange vor ihrem Klostereintritt.

Dieses Ernstnehmen des *Fiat voluntas tua* nennt Edith Stein 1931 »Gotteskindschaft«: »Gotteskind sein heißt an Gottes Hand gehen, Gottes Willen, nicht den eigenen Willen tun, alle Sorgen und alle Hoffnung in Gottes Hand legen, nicht mehr selbst um sich und seine Zukunft sorgen. [...] Freilich, wer von dem Vater im Himmel erwartet, daß er ihm jederzeit für ›das‹ Einkommen und ›die‹ Lebensverhältnisse sorgen werde, die er für wünschenswert hält, der könnte sich schwer verrechnet haben. [...] Nur dann wird das Gottvertrauen unerschüttert standhalten, wenn es die Bereitschaft einschließt, alles und jedes aus des Vaters Hand entgegenzunehmen. Er allein weiß ja, was uns guttut.«[20]

Nachfolge Christi stand – und steht – auch im Zentrum der Spiritualität der Karmeliten, in deren Ordensgemeinschaft Edith Stein sich schon Jahre vor ihrem Ordenseintritt gerufen sah. Nicht das *ora et*

---

[17] Ebd., 199. Siehe auch Klueting, Edith Stein und Dietrich Bonhoeffer (wie Anm. 3), 26, dort auch die Gegenüberstellung zu Dietrich Bonhoeffers »Nachfolge« von 1937.
[18] Mt 26,39; Mk 14,36; Lk 22,42.
[19] Stein, Weihnachtsgeheimnis (wie Anm. 16), 203.
[20] Ebd., 202.

labora – »bete und arbeite« – der Benediktiner, sondern das *in obsequio Jesu Christi vivere*, das »in der Gefolgschaft²¹ Jesu Christi leben«, steht am Anfang der Regel,²² die der lateinische Patriarch von Jerusalem, Albertus von Vercelli, um 1209 dem in Palästina entstandenen Orden der Karmeliten gab.²³ *Obsequium*, »Gefolgschaft« – von »Gefolgschaft« spricht Edith Stein auch im »Weihnachtsgeheimnis« – ist ein Rechtsbegriff des zur Entstehungszeit des Karmelitenordens im 13. Jahrhundert blühenden Lehnswesens und der aus ihm abgeleiteten gesellschaftlichen Ordnung jener Zeit.²⁴ Es ist aber auch ein Begriff aus der lateinischen Bibel, aus der Vulgata,²⁵ auch wenn unsere Einheitsübersetzung das nicht deutlich wiedergibt.

In den theologischen Schriften, die Edith Stein nach 1931 verfaßte, ist von Nachfolge als Entsagung des eigenen Willens die Rede, so in dem knapperen ihrer beiden Lebensbilder Teresas von Ávila,²⁶ die sie 1934 und 1935 als Karmelitin in Köln niederschrieb:»Nur wer gänzlich seinem eigenen Willen entsagt, ihn einem fremden Willen unterordnet, kann sicher sein, daß er Gottes Willen folgt. [...] Die Loslösung von allem Geschaffenen hat ja nur den Sinn, ganz frei zu werden für den Herrn.«²⁷ In der 1936 entstandenen Abhandlung

---

²¹ Auch mögliche Übersetzung: Hörigkeit.
²² Text der Karmelregel (Textus Albertinus – Regel des Albert [1206/14] – und Textus Innocentianus – Regel Papst Innozenz' IV. [1247]) lateinisch u. deutsch bei Kees Waaijman, Der mystische Raum des Karmels. Eine Erklärung der Karmelregel. Mainz 1997, 22–33, hier 22/23 das Exordium (Ausgangspunkt): »Multipharie multisque modis sancti patres instituerunt qualiter quisque in quocumque ordine fuerit, vel quemcumque modum religiose vite elegerit, *in obsequio Jesu Christi vivere* debeat, et eidem fideliter de corde puro et bona conscientie deservire« – »Vielmals und auf vielerlei Weise haben die heiligen Väter gelehrt, wie jeder, welchem Ordo er auch angehört oder welche Weise gottgeweihten Lebens er auch erwählt hat, in Hörigkeit [Gefolgschaft] gegenüber Jesus Christus leben und ihm treu aus einem reinen Herzen und einem guten Gewissen dienen soll.«
²³ Waaijman, Der mystische Raum des Karmels (wie Anm. 22), 43–45; Carlo Cicconetti, Le regola del Carmelo. Origine – natura – significato. (Textus et studia historica carmelitana 12) Roma 1973, 388 u. 441–477; Ulrich Dobhan, Die Spiritualität des Karmel. Leutesdorf 1990, 12f.
²⁴ Waaijman, Der mystische Raum des Karmels (wie Anm. 22), 44f. mit Anm. 124; Cicconetti, La regola del Carmelo (wie Anm. 23), 443–458.
²⁵ Joh 16,2; Röm 9,4; Röm 12,1.
²⁶ Edith Stein, Eine Meisterin der Erziehungs- und Bildungsarbeit: Teresia von Jesus. In: ESW XI, 164–192.
²⁷ Ebd., 175.

»Das Gebet der Kirche«[28] fällt dann das im »Weihnachtsgeheimnis«
nur anklingende Wort »Hingabe«: »Die schrankenlose liebende
Hingabe an Gott und die göttliche Gegengabe, die volle und dauernde ›Vereinigung‹, das ist die höchste Erhebung des Herzens, die
uns erreichbar ist, die ›höchste Stufe des Gebetes‹.«[29] Auch später, in
der im Sommer 1940 im Kloster in Echt gehaltenen Ansprache zur
Profeßfeier einer Mitschwester,[30] ist von Nachfolge als Gehorsam
die Rede: »Und nun hören wir das zweite Wort der Jungfrau [Ma-
ria]: ›Siehe, ich bin eine Magd des Herrn. Mir geschehe nach deinem
Wort.‹ Gehorchen heißt auf das Wort eines andern hören, um den
eigenen Willen dem eines andern zu unterwerfen. [...] Der vollkommenste Gehorsam ist der Gehorsam, der dem Allerhöchsten geleistet wird: die Unterordnung des eigenen Willens unter den göttlichen Willen. [...] Und diesen vollkommenen Gehorsam übte die
Jungfrau, da sie sich eine Magd des Herrn nannte und es in Wahrheit war: sich mit allen ihren Kräften für den Dienst des Herrn be-
reitstellen.«[31]
So wird das Thema Nachfolge von Edith Stein im Laufe der dreißiger und zu Anfang der vierziger Jahre weitergeführt, variiert und
vertieft, um in der »Kreuzeswissenschaft« aufgenommen zu werden. Im Zuge dieser Vertiefung wurde die Nachfolge zur Kreuzesnachfolge. Dabei war ihre Theologie der Kreuzesnachfolge späte-
stens in zwei kleinen Schriften fertig ausformuliert, die kurz vor
bzw. während der Niederschrift der »Kreuzeswissenschaft« und
parallel zu ihrem Aufsatz über Dionysius Areopagita entstanden.
Das waren die Schriften »Hochzeit des Lammes« von 1940[32] und
»Kreuzerhöhung« von 1941.[33]
Nachfolge als Kreuzesnachfolge meint bei Edith Stein Hochschät-
zung des Leidens und Bereitschaft zum Leiden. In einem Manuskript, das wahrscheinlich schon 1934 entstand, spricht sie von der
Kreuzesliebe und sagt zu dem Grund für die Liebe zu Kreuz und
Leid: »Es ist also keine bloße pietätvolle Erinnerung an das Leiden

---

[28] ESW XI, 10–25.
[29] Ebd., 22.
[30] Edith Stein, Ansprache zur ersten hl. Profeß von Schwester Mirjam von der kleinen hl. Teresia. 16. Juli 1940. In: ESW XI, 139–143. (Dasselbe jetzt auch ESGA 20,
129–134).
[31] Ebd., 141.
[32] ESW XI, 127–133. (Dasselbe jetzt auch ESGA 20, 135–142).
[33] ESW XI, 134–137. (Dasselbe jetzt auch ESGA 20, 147–151).

des Herrn, wenn jemand nach Leiden verlangt. Das freiwillige Sühneleiden ist das, was wahrhaft und wirklich am tiefsten mit dem Herrn verbindet. [...] Denn der natürliche Mensch flieht vor dem Leiden. Und die Sucht nach Leiden um einer perversen Lust am Schmerz willen ist von dem Verlangen nach Sühneleiden durchaus verschieden. [...] Nach Sühneleiden verlangen kann nur jemand, dessen Geistesauge geöffnet ist für die übernatürlichen Zusammenhänge des Weltgeschehens; das ist aber nur möglich bei Menschen, in denen der Geist Christi lebt.«[34] Dabei schließt für Edith Stein Kreuzesliebe frohe Gotteskindschaft nicht aus, sondern ermöglicht sie: »Christi Kreuz tragen helfen, das gibt eine starke und reine Freudigkeit [...]. Zu leiden und im Leiden selig zu sein, auf der Erde zu stehen, über die schmutzigen und rauhen Wege dieser Erde zu gehen und doch mit Christus zur Rechten des Vaters zu thronen, mit den Kindern dieser Welt zu lachen und zu weinen und mit den Chören der Engel ohne Unterlaß Gottes Lob zu singen, das ist das Leben des Christen, bis der Morgen der Ewigkeit anbricht.«[35]

Kreuzesnachfolge ist auch Treue zum Kreuz: »Mehr als je ist heute das Kreuz das Zeichen, dem widersprochen wird.«[36] Treue zum Kreuz heißt, dem eigenen Willen – im Sinne des *Fiat voluntas tua* aus dem »Weihnachtsgeheimnis« – restlos entsagen: »Vor dir hängt der Heiland am Kreuz, weil er«, so Edith Stein 1941, »›gehorsam‹ geworden ist bis zum Tod am Kreuz. Er kam in die Welt, nicht um ›seinen‹ Willen zu tun, sondern des Vaters Willen. Wenn du die Braut des Gekreuzigten sein willst, so mußt auch du dem eigenen Willen restlos entsagen und kein anderes Verlangen mehr haben als den Willen Gottes zu erfüllen.«[37]

Kreuzesnachfolge heißt, auf irdische Güter verzichten: »Es genügt nicht, daß du einmal alles draußen verlassen hast und ins Kloster ge-

---

[34] Edith Stein, Kreuzesliebe. Einige Gedanken zum Fest des hl. Vaters Johannes vom Kreuz. In: ESW XI, 121–123, Zitat 122f. (Dasselbe ESGA 20, 111–113).
[35] Ebd., 123.
[36] Edith Stein, Kreuzerhöhung. 14.9.1939. Ave Crux, Spes unica. In: ESW XI, 124–126, Zitat 124. (Dasselbe ESGA 20, 118–122). – Dieser Text spielt sehr deutlich auf die Zeitumstände kurz nach Beginn des von Deutschland gegen Polen begonnenen Krieges an, aus dem der Zweite Weltkrieg hervorging; dazu Klueting, Teresia Benedicta (wie Anm. 1), 93, Anm. 164–169. Im Vortrag in der Kölner Karmelitinnenkirche wurde deshalb an dieser Stelle der im Vortragsmanuskript nicht enthaltene Satz hinzugefügt: »Dieser Satz der hl. Edith Stein gilt auch in unserer Zeit.«
[37] Stein, Kreuzerhöhung (wie Anm. 36), 124f.

kommen bist. Du mußt auch jetzt Ernst damit machen. Dankbar annehmen, was Gottes Vorsehung dir schickt; freudig entbehren, was er dich etwa entbehren läßt; nicht Sorge tragen für den eigenen Leib, für seine kleinen Bedürfnisse und Neigungen [...]; nicht Sorge tragen für den kommenden Tag und für die kommende Mahlzeit.«[38] Kreuzesnachfolge heißt, frei sein von irdischem Verlangen: »Jesus der Gekreuzigte [muß] der einzige Gegenstand deiner Begierden, deiner Wünsche, deiner Gedanken [sein].«[39]

Diese Sätze waren an ihre Mitschwestern und somit an Ordensleute gerichtet. Edith Stein wußte, daß radikale Kreuzesnachfolge nicht jedem möglich ist. Sie wußte, daß es Bauern und Handwerker, Arbeiter und Ärzte und andere gibt und geben muß, deren Alltag anders als der kontemplativer Nonnen ist. In der »Hochzeit des Lammes« unterschied sie zwischen einer weiteren und einer engeren Nachfolge.[40] Ihre Theologie der Nachfolge hat Ähnlichkeit mit Dietrich Bonhoeffers Theologie während seiner mittleren Schaffensperiode, sichtbar in seinem seit 1931 erarbeiteten und 1937 veröffentlichten Buch »Nachfolge«.[41] Das war es, was mich – neben beider Gemeinsamkeit, Opfer der Nazi-Herrschaft geworden zu sein – vor einigen Jahren eine kleine Parallelbiographie[42] Edith Steins und Dietrich Bonhoeffers hat schreiben lassen.[43] Doch zeigen sich hier auch Grenzen der Gemeinsamkeit. Als evangelischem Theologen stand Bonhoeffer nicht der Denkweg offen, eine engere Nachfolge für einen ausgewählten Personenkreis zu konzipieren, wenn er schrieb: »Der Ruf in die Nachfolge ist [...] Bindung an die Person Jesu Christi allein, Durchbrechung aller Gesetzlichkeiten durch die Gnade dessen, der ruft.«[44] In der Zeit seiner später unter dem Titel »Widerstand und Ergebung«[45] veröffentlichten Gefäng-

---

[38] Ebd., 125.

[39] Ebd.

[40] Edith Stein, Hochzeit des Lammes. Zum 14. IX.1940. In: ESW XI, 127–133. (Dasselbe ESGA 20, 135–142).

[41] Dietrich Bonhoeffer, Nachfolge. München 1937. Dasselbe jetzt DBW 4. München 1989.

[42] Nach dem antiken Vorbild von Plutarchs (um 45–125) »Vitae parallelae« oder den βίοι παράλληλοι.

[43] Klueting, Edith Stein und Dietrich Bonhoeffer (wie Anm. 3).

[44] Bonhoeffer, Nachfolge 1937 (wie Anm. 41), 14, dasselbe DBW (wie Anm. 41), 47. Weitere Zitate bei Klueting, Edith Stein und Dietrich Bonhoeffer (wie Anm. 3), 26f.

[45] Unter dem Titel »Widerstand und Ergebung« brachte Eberhard Bethge 1952 die Briefe und Aufzeichnungen Bonhoeffers aus der Haft im Gefängnis in Berlin-Tegel heraus, die jetzt unter diesem Titel in DBW 8 vorliegen.

nisbriefe und Aufzeichnungen hat Bonhoeffer sich von seinem Werk »Nachfolge« distanziert und von den »Gefahren dieses Buches« gesprochen.[46] Edith Stein hingegen geriet nicht in die Falle zwischen der Theologie der Nachfolge und dem, was man religiösen Egoismus nennen könnte, weil es für sie die Stellvertretung im Sinne des stellvertretenden Stehens vor dem Angesicht Gottes gab, stellvertretend für die vielen, die dazu nicht fähig sind.[47]

So wird engere Nachfolge zum Apostolat der kontemplativen Ordensleute: Zur Nachfolge »sind alle berufen, die mit dem Blut des Lammes bezeichnet sind, und das sind alle Getauften. Aber nicht alle verstehen den Ruf und folgen ihm. Es gibt einen Ruf zu engerer Nachfolge, der eindringlicher in die Seele hineintönt und eine klare Antwort fordert. Das ist der Ruf zum Ordensleben, und die Antwort sind die heiligen Gelübde.«[48]

Was Edith Stein 1940 als engere Nachfolge bezeichnet, das erscheint ein Jahr später als Nachfolge »für uns Ordensleute«: »Wer mir nachfolgen will, der nehme sein Kreuz auf sich«, so zitiert sie das Jesuswort aus Mt 10,38[49] und fährt mit ihren eigenen Worten fort: »Das Kreuz auf sich nehmen, heißt den Weg der Buße und Entsagung gehen. Dem Heiland nachfolgen, d.h. für uns Ordensleute, uns an das Kreuz heften lassen durch die drei Nägel der hl. Gelübde.«[50] Edith Stein gebraucht hier ein Bild. Die drei Nägel stehen für die drei evangelischen Räte[51] und damit für die Gelübde der Armut, des Gehorsams und der Keuschheit.

Das Gehorsamsgelübde schließt an das *Fiat voluntas tua* an. Dazu Edith Stein: »Dein Wille geschehe! Es ist dem geschöpflichen Willen nicht gegeben, in Selbstherrlichkeit frei zu sein. Er ist berufen, mit dem göttlichen Willen in Einklang zu kommen. Stellt er diesen

---

[46] Bonhoeffer am 21. Juli 1944 in einem Brief an Eberhard Bethge, DBW 8, Nr. 178 (542). Siehe auch Klueting, Edith Stein und Dietrich Bonhoeffer (wie Anm. 3), 105, Anm. 171.

[47] Zur Stellvertretung hier nur Karl-Heinz Menke, Stellvertretung. Schlüsselbegriff christlichen Lebens und theologische Grundkategorie. 2. Aufl. Einsiedeln 1997, 412 u. 419: Edith Stein. Zu Bonhoeffer Christof Gestrich, Christentum und Stellvertretung. Religionsphilosophische Untersuchungen zum Heilsverständnis und zur Grundlegung der Theologie. Tübingen 2001, 115f. Der evangelische Theologe Gestrich geht auf Edith Stein nicht ein.

[48] Stein, Hochzeit des Lammes (wie Anm. 40), 129.

[49] Parallel Mt 16,24; Mk 8,34; Lk 9,23.

[50] Stein, Kreuzerhebung (wie Anm. 33), 134.

[51] Mt 19,12.21; 20,26–28.

Einklang in freier Unterwerfung her, dann ist es ihm vergönnt, in Freiheit mitzuwirken an der Vollendung der Schöpfung.«[52]

Nachfolge ist bei Edith Stein schon im »Weihnachtsgeheimnis« *Nachfolge, ohne zu fragen: wohin?* Nachfolge setzt ihr Vertrauen ganz in Gott: »Wohin es [das Kind in der Krippe] uns auf dieser Erde führen will, das wissen wir nicht und sollen wir nicht vor der Zeit fragen. Nur das wissen wir, daß denen, die den Herrn lieben, alle Dinge zum Guten gereichen.«[53] Und dennoch wußte schon die Speyerer Lehrerin, die diese den Apostel Paulus[54] zitierenden Sätze niederschrieb, daß die Nachfolge in die dunkle Nacht der Gottverlassenheit führen kann. Sie kannte aber auch das Ziel der Nachfolge, die – wie sie 1939 schrieb – »immer innigere Vereinigung, eine immer wachsende Gleichförmigkeit mit Jesus«.[55]

Das gilt nun besonders für ihr großes Buch »Kreuzeswissenschaft«, das am Ende ihres theologischen – und ihres irdischen – Lebens stand, und am Ende von dessen Niederschrift sie die erzwungene Reise in die dunkle Nacht von Auschwitz antreten mußte.

Am Anfang des Buches stellt Edith Stein fest, daß »nicht das Kreuz, sondern die Nacht«[56] im Mittelpunkt der Dichtungen des spanischen Karmeliten steht. Das beherrschende Thema ihres Buches ist auch die Nacht: »Kreuz und Nacht sind der Weg zum himmlischen Licht: das ist die Frohe Botschaft vom Kreuz.«[57] Das Ziel ist die Vereinigung der Seele mit Gott; der Weg zu diesem Ziel ist die Nachfolge Christi – Kreuzesnachfolge –, die, weil auch Christus durch die Gottesferne von Gethsemani und durch die Gottverlassenheit des »Eli, Eli, lema sabachtani?«[58] von Golgotha ging, durch die dunkle Nacht führen muß: »Es gibt keinen anderen Weg zur Vereinigung als den durch Kreuz und Nacht, den Tod des alten Menschen.«[59]

---

[52] Stein, Kreuzerhebung (wie Anm. 33), 135.

[53] Stein, Weihnachtsgeheimnis (wie Anm. 16), 199f.

[54] Röm 8,28.

[55] Edith Stein, Ein auserwähltes Gefäß der göttlichen Weisheit. Sr. Marie-Aimée de Jésus aus dem Karmel der Avenue de Saxe in Paris, 1839–1874. In: ESW XI, 101–120, Zitat 112.

[56] Stein, Kreuzeswissenschaft (wie Anm. 10), 31.

[57] Ebd., 26.

[58] Mt 27,46; Mk 15,34.

[59] Stein, Kreuzeswissenschaft (wie Anm. 10), 183.

III.

Das ist Vokabular der Mystik. Doch Edith Steins Theologie ist keine mystische Theologie, sondern Theologie der Nachfolge, verwandt mit der Theologie der Nachfolge des mittleren Bonhoeffer, aber doch anders, weil sie Nachfolge und Stellvertretung verbinden und so zwischen der weiteren und der engeren Nachfolge unterscheiden kann. In der »Kreuzeswissenschaft« weist die mit der engeren Nachfolge zusammenfallende Kreuzesnachfolge unter der schon 1931 ausgesprochenen Formel »ohne zu fragen: wohin?« auf die Dimension der dunklen Nacht als Weg zum himmlischen Licht hin. Edith Stein verwendet Metaphern, wenn sie von der Vereinigung, von der Brautschaft oder von Licht und Finsternis spricht. Die Sr. Teresia Benedicta a Cruce bleibt die Intellektuelle Edith Stein, auch wenn sie über Mystiker schreibt, über Dionysius Areopagita, Teresa von Ávila und Johannes vom Kreuz. Ihre Theologie der Nachfolge bleibt rational nachvollziehbar. Ihre Theologie erscheint als Theologie der Nachfolge Christi im begrifflichen Gewand der Mystik. Anders ausgedrückt: Ihre Theologie der Nachfolge ist – so ihre Terminologie in ihren Arbeiten zu Dionysius Areopagita – »symbolische Theologie«, die auf die »mystische Theologie« – für Edith Stein in »Wege der Gotteserkenntnis«[60] die »Selbstoffenbarung Gottes im Schweigen«[61] – nur hinführen kann.[62] Aber ihre Theologie der Nachfolge hatte ihren Grund in einem in der Mystik fundierten Glauben.[63]

---

[60] Stein, Wege der Gotteserkenntnis (wie Anm. 13).

[61] Ebd., 57.

[62] Zu Edith Stein über Dionysius Areopagita und die Unterscheidung von »Symbolischer Theologie« und »Mystischer Theologie« Dominika Alžbeta Dufferová, Gotteserkenntnis bei Edith Stein. In: Edith Stein Jahrbuch 13 (2007), 103–110.

[63] Hinzuweisen ist hier auf Francisco Javier Sancho Fermin, Loslassen – Edith Steins Weg von der Philosophie zur karmelitischen Mystik. Eine historische Untersuchung. (Ursprünge des Philosophierens 17) Stuttgart 2007 [zuerst spanisch: Edith Stein. Modelo y maestra de espiritualidad (en la escuela del carmelo teresiano), 4. Aufl. Burgos 2005].

HEINER KOCH

Predigt zum Edith-Stein-Gottesdienst anläßlich des Katholikentags in Osnabrück am 23. Mai 2008

Man kann es drehen und wenden, wie man will, die Gottesfrage ist und bleibt die entscheidende Frage des Lebens: Gibt es einen Gott oder gibt es keinen? Ist diese Erde alles oder gibt es den Himmel? Von der Beantwortung dieser Frage hängt alles im Leben ab, alle ethischen Entscheidungen etwa, die wir zu treffen haben. Denn sie können bewußt nur gefällt werden im Hinblick auf das Ziel, das im Leben erreicht werden soll. Das Ziel wird zum Maß-Stab des konkreten Handelns.

In der Zielfrage, in der Frage, wohin das menschliche Leben läuft, in der letzten Frage des menschlichen Lebens aber ist ausnahmslos jeder Mensch ein gläubiger Mensch. Es gibt keine ungläubigen Menschen. Ungläubig und Menschsein ist ein Widerspruch in sich. Jeder Mensch muß glauben: Der eine glaubt, daß es einen Gott gibt, der andere glaubt, daß es keinen Gott gibt. Der eine glaubt, daß mit dem Tod alles aus ist, der andere glaubt, daß es ein Weiterleben nach dem Tod gibt.

Auch kann der Mensch in dieser Frage nicht unentschieden bleiben. Er mag theoretisch wie die Agnostiker sagen: Ich weiß nicht, wohin alles menschliche Leben führt. Im konkreten Vollzug seines Lebens aber trifft er Glaubensentscheidungen Tag für Tag. Am Ende eines jeden Tages kann der Mensch ablesen, woran er, oder besser gesagt, wem er an diesem Tag geglaubt hat. Ich kann in den konkreten Entscheidungen des Lebens nicht zugleich mit und ohne Gott denken und handeln. Entweder hat Gott an diesem Tag eine Bedeutung für mich gehabt oder nicht, entweder habe ich gebetet oder nicht, entweder habe ich nach Gott gefragt oder nicht.

Wenn ich also als Mensch gläubig sein muß, stellt sich umso dringender die Frage, wie ich zu den inhaltlichen Setzungen meines Glaubens komme. Ist mein konkreter Glaube nur ein Zufallsprodukt? Der eine wächst etwa in einem atheistischen Umfeld auf und ist von daher atheistisch geprägt, der andere in einer christlichen Familie und ist von daher christlich geprägt.

Der christliche Glaube verkündet an dieser Stelle aber, daß Gott schon auf unserem Lebensweg hier auf Erden erfahrbar ist, daß ich ihn nicht erst im Tode schauen werde, sondern ihm schon heute als konkrete Wirklichkeit meines Lebens begegnen kann, daß er mir als Wirklichkeit meines Lebens hier und jetzt begegnen kann. Wie aber kann ich ihn spüren, erfahren, wahrnehmen?

Die Botschaft des Lebens Edith Steins hat darauf eine zweifache Antwort:

1. Gott ist und bleibt der Größere. Auf meiner Suche nach Gotteserfahrungen kann ich ihn nie begreifen, nie in den Griff bekommen, nie in Begriffe fassen. Was ich da begreifen würde, ist menschlich begrenztes Denken, Wissen, Empfinden. Ich kann Gott nie »machen«, auch keine Gotteserfahrung. Bei allen Aussagen, die wir über Gott treffen, gilt von daher: Gott ist immer größer als unser Begreifen. Natürlich müssen wir uns, wenn wir über Gott sprechen, menschlicher Begriffe bedienen. Wir müssen aber stets wissen, daß jedes Wort, das wir über Gott brauchen, zugleich wahr und falsch ist. Es weist die Richtung und kann doch Gott nicht erfassen. Dies gilt auch für die Worte, die Jesus Christus als Gottes Sohn uns in seiner ganzen Autorität und Verbindlichkeit als Offenbarung schenkte. Wenn wir Gott etwa als unseren Vater anbeten, dann bringt jeder von uns seine menschlichen Vatererfahrungen in dieses Bild ein. Zugleich aber müssen wir wissen, daß Gott unendlich größer und anders Vater ist, als wir Menschen uns das je vorstellen können. An diesen Gott zu glauben bedeutet, sich Gott anzuvertrauen gerade auch in Stunden, in denen ich ihn nicht verstehe, begreife und erfahre. Es ist ein Vertrauen in aller Dunkelheit, so schreibt die heilige Edith Stein: »Mein Herr und mein Gott, Du hast mich einen langen, dunklen Weg geführt, steinig und hart. Oft wollten meine Kräfte mir versagen. Fast hofft ich nimmer, je das Licht zu schaun. Doch als im tiefsten Schmerz mein Herz erstarrte, da ging ein klarer, milder Stern mir auf.«

»Der Glaube ist ein dunkles Licht.«

2. Gott werde ich letztlich nur erfahren als Wirklichkeit meines Lebens und als eine Person, die mich trägt, als den Dreifaltigen Gott, von dem alles ist und in dem alles ruht und auf den alles hinläuft, wenn ich mich auf IHN einlasse. Nur wenn ich es wage, mit Gott zu leben, werde ich ihn wahr-nehmen. »Wo immer meines Lebens Straße geht, DU bist bei mir, Gott«, schreibt Edith Stein. Das deutsche Wort Er-fahrung drückt dies sehr schön aus. Er-fahrungen sammelt nur der, der los-fährt. Wer sitzen bleibt, wer nichts wagt, wer sich nicht zum Aufbruch mit allen Unsicherheiten immer wieder neu entscheidet, wird Gott nicht als den erfahren, der mit mir geht und der mir auf meinem Lebensweg entgegenkommt. »Sich an Christus halten, das kann man nicht, ohne ihm zugleich nachzufolgen«, sagt die heilige Edith Stein. Im Johannesevangelium heißt es: »Kommt, und seht!« Und nicht: »Seht, und kommt!« (Joh 1,39). Das Wagnis des Glaubenssprunges bleibt keinem erspart, an keinem Tag seines Lebens. Darum wußte die Heilige Schwester Benedicta a Cruce Edith Stein. In diesem Vertrauen konnte sie formulieren: »Wir wissen nicht, wohin uns Gott führt, wir wissen nur, daß er uns führt.«

Ich wünsche Ihnen, liebe Schwestern und Brüder, viel Mut und einen langen Atem, die Fürsprache der heiligen Edith Stein und vor allem Gottes Segen auf Ihrem Weg der Erfahrung Gottes in Ihrem Leben.

5. Edith-Stein-Bibliographie 2008

1. Edith Stein Gesamtausgabe (ESGA)

Band 5

E. Stein OCD, *Zum Problem der Einfühlung.* Eingeführt und bearbeitet von M. A. Sondermann OCD. Herder, Freiburg 2008, 158 S., 32,– €

In ihrem Erstlingswerk widmet sich Edith Stein einem von Edmund Husserl zu diesem Zeitpunkt noch nicht näher untersuchten Thema: der Intersubjektivität. Husserl hatte seinen phänomenologischen Ansatz vom Subjekt her entfaltet und hierzu die methodischen Schritte der »Wesensschau«, der Intuition, entwickelt. Dabei war die Fragestellung, wieweit diese Schau an ein anderes Subjekt vermittelbar, also objektiv überprüfbar sei, noch nicht untersucht worden. Edith Stein wollte dieser Thematik anhand der *Einfühlung* in andere Subjekte nachgehen. Ihr Werk stellt einen der ersten denkerischen Versuche des 20. Jahrhunderts dar, die Leiblichkeit des anderen als Grundlage intersubjektiven Verstehens aufzuweisen.

Band 23

E. Stein OCD, *Übersetzung: Des hl. Thomas von Aquino Untersuchungen über die Wahrheit – Quaestiones disputatae de veritate 1.* Eingeführt und bearbeitet von A. Speer und F. V. Tommasi. Herder, Freiburg 2008, 576 S., 50,– €

Band 24

E. Stein OCD, *Übersetzung: Des hl. Thomas von Aquino Untersuchungen über die Wahrheit – Quaestiones disputatae de veritate 2.* Eingeführt und bearbeitet von A. Speer und F. V. Tommasi. Herder, Freiburg 2008, 472 S., 47,– €

Die Thomas-Übersetzungen Edith Steins sind nicht nur ein wichtiges Zeugnis für den Denkweg der ehemaligen Husserl-Assistentin, sondern stehen auch exemplarisch für die Begegnung von Neuscholastik und moderner Philosophie im ersten Drittel des 20. Jahrhunderts. Gegenstand der Bände 23 und 24 ist Edith Steins Übersetzung eines der Hauptwerke des Thomas von Aquin: der »Quaestiones disputatae de veritate« (Untersuchungen über die Wahrheit). Die 29 umfangreichen Quästionen behandeln Fragen vornehmlich zur Epistemologie und Metaphysik, aber auch zu theologischen und ethischen Problemen.

2. STUDIEN

C. Betschart OCD, *Was ist Lebenskarft? Eine Auseinandersetzung mit Edith Steins Untersuchung »Psychiche Kausalität«.* Lizentiatsarbeit in Philosophie. Pontificia Università Gregoriana, Rom 2008.

M. Hackermeier, *Einfühlung und Leiblichkeit als Voraussetzung für intersubjektive Konstitution. Zum Begriff der Einfühlung bei Edith Stein und seine Rezeption durch Edmund Husserl, Max Scheler, Martin Heidegger, Maurice Merleau-Ponty und Bernhard Waldenfels.* [BOETHIANA – Forschungsergebnisse zur Philosophie, Band 84]. Hamburg 2008, 310 S., 78,– €

N. V. Préfontaine, *Metaphysik der Innerlichkeit. Die innere Einheit des Menschen nach der Philosophie Edith Steins.* [PHILOsophische Reihe 21]. St. Ottilien 2008, 228 S., 28,– €

3. SPIRITUALITÄT

»Edith Stein. Die Wahrheit suchen«, in: R. Körner OCD, *Quellen lebendigen Wassers. Kernworte christlicher Mystiker für die Spiritualität im Alltag.* Leipzig 2008, 131–155.

4. ARTIKEL IN ZEITSCHRIFTEN UND SAMMELWERKEN

A. Ales Bello, *Zu Edith Steins Schrift »Eine Untersuchung über den Staat«,* in: *Aufgang. Jahrbuch für Denken, Dichten, Musik* 5 (2008) 396–402.

B. Beckmann-Zöller, *Adolf und Anne Reinach. Edith Steins Mentoren,* in: D. Gottstein / H. R. Sepp (Hg.), *Polis und Kosmos. Perspektiven einer Philosophie des Politischen und einer Philosophischen Kosmologie. Eberhard Avé-Lallemant zum 80. Geburtstag* [Orbis Phaenomenologicus]. Würzburg 2008, 296–314.

E. García Rojo, *Edith Stein als Phänomenologin,* in: *Aufgang. Jahrbuch für Denken, Dichten, Musik* 5 (2008) 386–395.

H.-B. Gerl-Falkovitz, *Freiheit im Blick auf Edith Stein und Emmanuel Levinas,* in: *Internationale Zeitschrift COMMUNIO* 37 (2008) 155–161.

H.-B. Gerl-Falkovitz, *Von der Gabe zum Geber. Philosophische Elemente der Gotteserkenntnis bei Meister Eckhart und Edith Stein,* in: G. Augustin/ K. Krämer (Hg.), *Gott denken und bezeugen.* Für Walter Kardinal Kasper. Freiburg, 2008 356–373.

M. Knaup, *Die Person auf dem Weg ohne Weg zur Unio mystica. Edith Steins »Kreuzeswissenschaft. Studie über Johannes« vom Kreuz«,* in: *Renovatio. Zeitschrift für das interdisziplinäre Gespräch* 64 (2008) 41–55.

J. Machnacz, *Die Aktualität Edith Steins für die Einigung Europas,* in: D. Gottstein / H. R. Sepp (Hg.), *Polis und Kosmos. Perspektiven einer Philosophie des Politischen und einer Philosophischen Kosmologie. Eberhard Avé-Lallemant zum 80. Geburtstag* [Orbis Phaenomenologicus]. Würzburg 2008, 104–112.

F. J. Sancho Fermín, *Die menschliche und geistige Umgebung Edith Steins. Zweiter Teil: 1921–1942,* in: *Aufgang. Jahrbuch für Denken, Dichten, Musik* 5 (2008) 371–385.

R. Staudt, *Das Große im Kleinen. Edith Stein und der Alltag,* in: Aufgang. Jahrbuch für Denken, Dichten, Musik 5 (2008) 403–407.

T. Vongehr, *»Der liebe Meister.« Edith Stein über Edmund und Malvine Husserl,* in: D. Gottstein / H. R. Sepp (Hg.), *Polis und Kosmos. Perspektiven einer Philosophie des Politischen und einer Philosophischen Kosmologie. Eberhard Avé-Lallemant zum 80. Geburtstag* [Orbis Phaenomenologicus]. Würzburg 2008, 272–295.

G. Waste, *»Jüdisches Gedankengut im Werk Edith Steins: Die Bildlosigkeit als Vollendung der Kreuzeswissenschaft«,* in: *Mnemosyne. ZEIT-Schrift für jüdische Kultur.* Heft Nr. 31. (2008) 155–175.

NACHTRÄGE

B. Beckmann-Zöller, *Heißt Freisein Einsamsein? Religionsphilosophische Reflexionen zum postmodernen Single-Dasein im Anschluss an Edith Stein,* in: P. Zöller-Greer / H. J. Hahn (Hgg.), *Gott nach der Postmoderne. Eine Herausforderung für Wissenschaft und Gesellschaft.* Hamburg 2007, 148–156.

S. Düren, *»Komm, wir gehen für unser Volk!« Edith Steins Tod in der Nachfolge der alttestamentlichen Esther und im Hinblick auf die Miterlöserschaft Mariens,* in: *Aufgang. Jahrbuch für Denken, Dichten, Musik* 4 (2007) 467–476.

H.-B. Gerl-Falkovitz, *»Im Dunkel wohl geborgen« – Edith Steins mystische Theorie der »Kreuzeswissenschaft« (1942),* in: Internationale Katholische Zeitschrift Communio 36 (2007) 463–477.

H.-B. Gerl-Falkovitz, *Erlösung im Schweigen.* Edith Steins Konzeption mystischer Einsamkeit, in: Sorace M. A. / Zimmerling P. (Hgg.), *Das Schweigen Gottes in der Welt.* Mystik im 20. Jahrhundert. Nordhausen 2007, 20-47.

A. R. Hofer, *Das Geist-Gehirn-Problem: Der Substanzen-Dualismus Edith Steins und der nichtreduktive Physikalismus Nancey Murphys – eine vergleichende Untersuchung.* Inaugural-Dissertation zur Erlangung des Doktorgrades der Hohen Medizinischen Fakultät der Rheinischen Friedrich-Wilhelms-Universität, Bonn 2003, 120 S.

H. Klueting, »*Fiat voluntas tua*« – *Nachfolge ohne zu fragen: wohin? Die hl. Teresia Benedicta a Cruce*, in: Theologisches. Katholische Monatsschrift 37 (2007) 415–422.

J. Kormos, »*Die ontische Struktur der Person und ihre erkenntnistheoretische Problematik*«. *Die Möglichkeit der phänomenologischen Religionsphilosophie bei Edith Stein*, in: M. Enders / H. Zaborowski (Hgg.): *Phänomenologie der Religion. Zugänge und Grundfragen*. Freiburg/Br. – München 2004, 457–462.

G. Rovira, *Über Maria und die Aufgabe der christlichen Frau. Mit einigen Gedanken von Edith Stein*, in: *Sedes Sapientiae. Mariologisches Jahrbuch* 11 (2007) 71–81.

F. J. Sancho Fermín, *Die menschliche und geistige Umgebung Edith Steins. Erster Teil: 1891–1921*, in: *Aufgang. Jahrbuch für Denken, Dichten, Musik* 4 (2007) 447–466.

G. Waste, Rezension von Gerardo del Pozo Abejon (Hg.), *Edith Stein y los místicos españoles* (Collectanea Matritensia 2), Madrid 2006 (193 S.), in: *Forum Katholische Theologie* 23 (2007) 235–238.

6. Rezensionen

Thibault van den Driessche, L'altérité, fondement de la personne humaine dans l'œuvre d'Edith Stein (Bibliotheca Ephemeridum Theologicarum Lovaniensium CCXII.) Löwen-Paris-Dudley, MA 2008, 626 S., 85,– €

Ziel dieser gediegenen und sehr umfangreichen Studie ist es, die Kontinuität im Denken Edith Steins trotz der ins Auge springenden biographischen und weltanschaulichen Brüche aufzuzeigen. Dazu werden zunächst in einem biographischen Aufriß Leben und Denken Edith Steins in drei große Perioden eingeteilt: 1. die von der Begegnung mit Husserl geprägte phänomenologische Zeit; 2. die Zeit nach ihrer Taufe mit der Entdeckung der thomistischen Philosophie; 3. die Zeit nach ihrem Karmeleintritt, in welcher der Vf. vor allem die Beschäftigung mit der Mystik des Johannes vom Kreuz hervorhebt.

Es folgt ein erster Hauptteil mit einer ausführlichen inhaltlichen Darstellung der wichtigsten Werke aus diesen drei Perioden. Im zweiten Hauptteil wird Stein in den philosophisch-theologischen bzw. mystologischen Kontext ihrer Zeit hineingestellt, und es wird zugleich aufgezeigt, wie sich ihr Denken unter dem Einfluß von Husserl, Thomas von Aquin und Johannes vom Kreuz entwickelt. Dabei wird deutlich, daß es aller Brüche zum Trotz eine Fehleinschätzung wäre, streng zwischen der »atheistischen [agnostisch wäre wohl zutreffender, E. P.] Philosophin, der christlichen Philosophin und der mystischen Karmelitin« (585) zu trennen. Vielmehr sei im Denken Steins eine grundlegende Kontinuität zu beobachten, die der Vf. vor allem in ihrem Personbegriff begründet sieht, genauer in der Tatsache, daß für sie das *Verhältnis zum anderen* im Sinne des literatur- und philosophiegeschichtlich, insbesondere sprachphilosophisch wichtigen Begriffs »*Alterität*« durch alle Entwicklungen ihres Denkens hindurch das Fundament ihres Personbegriffs bleibt.

Diese These wird im dritten Hauptteil näher ausgefaltet und untermauert. Aus der kritischen Untersuchung von Steins Schriften zur

Ethik, zur christlichen Philosophie und schließlich zu Fragen der Mystik ergibt sich, daß ihr Denken in allen drei Perioden die Tür zum anderen hin offen läßt: zur anderen Person Gottes und des Mitmenschen; zum »anderen« der den einzelnen übersteigenden Werte und des fremden Denkens, an dem das eigene Denken geschult wird; zum »anderen« des Glaubens und der Vernunft. Zusammenfassend kann der Vf. deshalb im Schlußteil folgern, daß Steins gesamtem Denken das kathartische Bekenntnis zugrunde liegt: »Ich bin nicht ohne *den/das andere(n)*« (586). Intersubjektivität und Axiologie (Lehre von den Werten), Einfühlung, Glaube und Vernunft erscheinen als ebenso viele Konkretisierungen dieser fundamentalen Öffnung auf den anderen bzw. das andere hin. Dabei bleiben einige ungelöste Widersprüche bestehen; namentlich das Verhältnis zwischen Geist und Leib sowie zwischen Glaube und Vernunft sei ungenügend geklärt.

Abschließend formuliert der Vf. einige Desiderata für die künftige Forschung. So sei der Einfluß des Areopagiten, des Augustinus und des Duns Scotus auf Steins Denken noch ungenügend erforscht; ferner könne eine genauere Untersuchung von Steins Erläuterungen in ihrer Übersetzung der *Quaestiones de Veritate* und von *Potenz und Akt* zur weiteren Klärung ihrer Beziehung zu Thomas von Aquin beitragen. Schließlich gebe es noch eine Fülle von grundlegenden Fragen, zu denen Stein sowohl aus philosophischer als auch aus theologischer Sicht Wichtiges beizutragen hätte, wobei der Vf. sich der Problematik eines die philosophische Ebene mit der theologischen Ebene vermischenden Ansatzes bewußt ist (597).

Eine Arbeit, die wichtige und interessante Ansätze liefert. Befremdlich muß auf den deutschsprachigen Leser wirken, daß eine Studie mit diesem hohen wissenschaftlichen Anspruch nicht von den deutschen Originaltexten ausgeht, sondern sich (gelegentlicher Zitate aus dem Originaltext in den Anmerkungen zum Trotz) nahezu ausschließlich auf französische Übersetzungen oder Zusammenfassungen stützt. Auffallend ferner das weitgehende Fehlen deutschsprachiger Sekundärliteratur bis auf einige wenige Werke, die dem Vf. in französischer Übersetzung zugänglich waren.

Elisabeth Peeters

Jakobus Kaffanke OSB / Joachim Köhler (Hg.), **Mehr nützen als herrschen! Raphael Walzer OSB, Erzabt von Beuron, 1918–1937** [Beiträge zu Theologie, Kirche und Gesellschaft im 20. Jahrhundert, Band 17]. Lit Verlag Dr. W. Hopf Berlin, 2008, 424 S., 39,90 €

In zwei umfangreichen Teilen – *biographische Beiträge* und *Begegnungen* – bieten die dreizehn Autorinnen und Autoren ein sehr facettenreiches Bild Raphael Walzers, des 4. Erzabtes von Beuron. Durch *Andreas Schmauder / Claudia Kretschmer* bekommen wir Einblick in Familie, Kindheit und Schulzeit in Ravensburg; *Katharina Oost* beschreibt die Neugründungen und Wiederbelebungen während des Abbatiates von Raphael Walzer; *Joachim Köhler* bietet Bausteine zur Biographie des Erzabtes; *Marvin Yuen* berichtet über die Einführung des Abtpräsesmodells in der Beuroner Kongregation im Jahre 1936; *Cyrill Schaeffer* widmet seinen Beitrag der Gründung Beurons in Japan; *Cécile Rastoin*, eine französische Karmelitin und Übersetzerin der Schriften Edith Steins in ihre Muttersprache, präsentiert ihre Nachforschungen über den »staatenlosen Flüchtling«, der Franzose und zum Klostergründer wird; *Laura Hannemann*, *Pascal Pradié* und *Jakobus Kaffanke* stellen die Tätigkeit Raphael Walzers in Algerien vor: das Kriegsgefangenenseminar Rivet in Algerien, St. Wandrille und das Benediktinerkloster in Tlemcen; und schließlich beschreibt *Nikola Richter* die letzten Lebensjahre Walzers in Kloster Neuburg bei Heidelberg, wo er am 19. Juli 1966 gestorben ist.

Unter den Begegnungen ist neben *Eugen Bolz* und *Marie Bernay* und ihrer Beziehung zu Beuron vor allem der Beitrag von Katharina Oost über Raphael Walzer und Edith Stein hervorzuheben. Die Autorin hat sich schon öfter zu diesem Thema geäußert; in diesem Artikel berichtet sie, was sich Jahr für Jahr, beginnend mit dem Jahr 1928, als sich die beiden zum ersten Mal begegneten, zwischen ihnen ereignet hat, eine wahre Fundgrube für unsere Kenntnis dieser außergewöhnlichen Freundschaft. Für das Jahr 1933 ist auch noch einmal der Briefwechsel zwischen Edith Stein und dem Staatssekretariat des Vatikan wiedergegeben. Die Autorin beendet ihren Bericht über die beiden großen Persönlichkeiten mit der berühmt gewordenen Charakterisierung Edith Steins durch Raphael Walzer in einem Brief vom 2. Dezember 1946 an Schw. Maria Aloisia im Kölner Karmel: »Mit ihr ist eine der größten deutschen Frauen unserer

Zeit heimgegangen. Selten habe ich eine Seele getroffen, die so viele und hohe Eigenschaften in einem Geist vereinigt hatte...«

Besonders hervorgehoben sei der Beitrag von Joachim Köhler, *Wiedergutmachung auf Grund der Aufarbeitung der Geschichte* (S. 53–107). Der Autor spricht im Untertitel von *Bausteinen* zur Biographie von Rafael Walzer. Es geht im Grunde um die Aufhellung der Umstände, die dazu führten, daß Raphael Walzer im September 1937 die Resignation von seinem Amt als Erzabt von Beuron einreichte, nicht freiwillig, sondern aus der Bereitschaft »zu jedem Schritt«, der »Beuron zum Heil gereichen würde« (S. 98). Dabei spielte die Nazidiktatur, die auch unter den Beuroner Mönchen Sympathisanten und Mitarbeiter hatte, eine Rolle, aber auch die *invidia clericalis*, vor allem mancher Mitäbte in der Beuroner Kongregation. Stellenweise liest sich der Aufsatz wie ein Krimi! Selbst heute, nach mehr als 70 Jahren, sind diese Umstände immer noch nicht restlos aufgeklärt, doch hat Raphael Walzer »die Herausforderungen der Zeit angenommen. In der Ausführung seiner Pläne ist er an die Grenzen seiner Kräfte gestoßen, aber auch an die mangelnde Bereitschaft vieler seiner Mitbrüder und Mitäbte. Bei seinen Vorstößen in neues, unbekanntes Gebiet hat er sich auch Feinde gemacht. Erzabt Walzer hat aus seiner Mitte heraus gelebt und gehandelt, die man als monastischen Kern bezeichnen könnte« (S. 107).

Ulrich Dobhan

Edith Stein, Des Hl. Thomas von Aquino Untersuchungen über die Wahrheit. *Quaestiones disputatae de veritate.* Eingeführt und bearbeitet von Andreas Speer und Francesco Valerio Tommasi ESGA 23/24, Übersetzungen III, Verlag Herder, Freiburg/Breisgau 2008. Band 23: ISBN 978-3-451-27393-3, 576 Seiten, € [D] 50,–; Band 24: ISBN 978-3-451-27394-0, 472 Seiten, 5 Ill. € [D] 47,–

Einleitung und Anmerkungen zur Edition

Bereits der erste Blick auf die Philosophin Edith Stein (1891 Breslau – 1942 Auschwitz) kommt um ihre Auseinandersetzung mit *dem* Scholastiker Thomas von Aquin (um 1225 bei Aquino – 1274 Fossanova) nicht herum. Zugang zu dem Dominikaner, der ab den zwanziger Jahren ständiger gedanklicher Begleiter der »preußische[n] Staatsangehörige[n] und Jüdin«[1] sowie späteren Karmelitin bleiben sollte, bietet der zu dieser Zeit noch jungen Phänomenologin die eigenständige Übertragung seiner *Quaestiones disputate de veritate* ins Deutsche. Diese langwierige Arbeit – im weitesten Rahmen 1925–1935 – bildet nicht nur ein wesentliches Scharnier im Leben, Denken und Wirken der Philosophin, sondern ist zugleich auch von philosophiegeschichtlicher Relevanz. So ist es nicht verwunderlich, daß mit den Bänden 23 und 24 der Edith Stein Gesamtausgabe (ESGA) im Frühjahr 2008 die dritte Auflage des erstmalig 1931/32 und in der zweiten Auflage 1952/55[2] erschienenen Werkes herausgegeben wurde.

Der Einband der insgesamt rund 1000 Seiten starken Bände zeigt ein unbekanntes Portrait Steins bei einer Wanderung zur Schneekoppe aus dem Jahre 1910 mit leicht erschöpftem, distanzierendem Blick. Die Ausgabe beinhaltet neben einer ausführlichen Einleitung durch die Bearbeiter[3], die Übertragung Steins, das lateinisch-deutsche Wörter-

---

[1] Edith Stein, LJF (Aus dem Leben einer jüdischen Familie), ESGA 1, Freiburg i.Br. 2002, 364–365, hier 364.
[2] Edith Stein, Des hl. Thomas von Aquino Untersuchungen über die Wahrheit 1. Teil (ESW [Edith Steins Werke] III), Freiburg i.br. 1952 und Dies., Des hl. Thomas von Aquino Untersuchungen über die Wahrheit 2. Teil (ESW IV), Freiburg i.br. 1955.
[3] Prof. Dr. Dr. h.c. Andreas Speer (Direktor des Thomas-Instituts am Philosophischen Seminar der Universität Köln), Schwerpunkt Philosophie des Mittelalters und Thomasfachmann; Dr. Francesco Valerio Tommasi (Forschungsstipendiat am Lehrstuhl für Religionsphilosophie der Sapienza, Università di Roma), Forschungsschwerpunkt Verhältnis von Scholastik und Moderne.

verzeichnis, das Geleitwort von Martin Grabmann sowie das Vorwort zur Erstausgabe von Edith Stein und ein Verzeichnis der Quästionen und Artikel. Ziel der Neuauflage ist die »Rekonstruktion der Übertragung des Thomas-Textes durch Edith Stein in der Fassung letzter Hand«, was nur durch »glückliche Umstände«[4] geschehen konnte und am Ende eines langen »europäischen« Weges steht, »weit länger« als am Beginn der Arbeit erwartet [IX]. Die Einleitung der Bearbeiter bildet in sich selbst eine eigene, bislang meist unzureichend versuchte Verortung der Übertragung von *de veritate* im Schaffensprozeß Steins [I. Teil] sowie eine umfassende Beschreibung der Edition selbst [II. Teil]. Die vorliegende Besprechung will sich auf wesentliche Punkte der Einleitung beschränken und Ergänzungen liefern.

Die Ausgabe stützte sich auf das Manuskript, die Erstausgabe von 1931/32, die Korrekturen Steins in ihrem Handexemplar von 1931/32, die Berichtigungen im Anhang des Wörterverzeichnisses von 1934 und wenn notwendig auf die Korrekturen Lucy Gelbers in der Zweitauflage von 1952/55 [LXXVII–LXXX]. Das Ziel einer möglichst originalgetreuen »Rekonstruktion der Übertragung des Textes durch Stein in der Fassung letzter Hand« erfolgt auf dem Wege der Herstellung der Erstausgabe unter Einbezug der Korrekturen Steins, wobei zu betonen bleibt, daß es sich bei der Übertragung stets um ein »*work in progress*« handelte [LXXXI–LXXXII]. Diese Genese des Steinschen Denkens während der Übertragung nachzuvollziehen, ermöglichen die ausgezeichneten Apparate. Der Fußnotenapparat, der kritische Apparat sowie der Quellen- und Similienapparat, der sich der Kritik Grabmanns aus dem Geleitwort [927] annimmt und der Identifikation der Zitate der Autoritäten dient, die Thomas heranzog, verdeutlichen den hohen und differenzierten Anspruch der Neuauflage. Besonders zu erwähnen bleiben noch fünf fotografische Abbildungen [LXXXIX–XCIII]; vier von ihnen zeigen handschriftliche Manuskriptseiten und ermöglichen einen ganz persönlichen und unmittelbaren Einblick in die philosophische Werkstattarbeit Steins.

---

[4] Fund des Steinschen Manuskripts sowie Handexemplars mit persönlichen Korrekturen und der systematischen Erschließung des Nachlasses.

Mit der Übertragung nahm Stein die eigene wissenschaftliche Arbeit, die sie vorerst niedergelegt hatte, in den zwanziger Jahren des letzten Jahrhunderts wieder auf und entwickelte sie rasch zu einer ausdifferenzierten philosophischen Tätigkeit. Sie verstand unter Übertragung keine Übersetzung, sondern vielmehr philosophische Vermittlungsarbeit mit wissenschaftlichem Anspruch [XIV], die sie auf epistemologische und konstitutionstheoretische Fragestellungen zugespitzt umzusetzen wußte [XVI]. Ihre phänomenologische Sprache wurde im Laufe der Zeit auch in scholastischer Terminologie sicherer, wobei gerade die erste Quaestio Prüfstein der Übersetzerin war [XIV, LII]. In Gegenüberstellung von Phänomenologie und Scholastik [XV–XVI] stellt die Einführung heraus, daß Stein mit ihrer augustinischen Lesart dem Franziskanermönch und Pariser Kollegen des Aquinaten, Bonaventura, oft näher stand und sich von Thomas vor allem im Grundverständnis von Theologie und Philosophie entfernte [XVII–XVIII, v.a. Anm. 21].

Die Darstellung der Entstehung der Übertragung stellt die Motive Steins an den Anfang: Auseinandersetzung von traditionellem Katholizismus mit moderner Philosophie, Thomasjahr 1924, die Enzyklika *Studiorum ducem* von Pius XI. sowie die Enzyklika *Aeterni Patris* [XXII]. Erstaunlich ist, daß Stein, die als Lehrerin arbeitete, von wissenschaftlichen Selbstzweifeln geplagt wurde und Vorträge im katholischen Raum hielt, in Zeiten der Wirtschaftskrisen dieses Großwerk zu Ende bringen konnte [XXIV–XXV]. Während sie die Übertragung bereits nach vier Jahren 1929 abschloß, wird das Werk erst 1935 mit dem Wörterverzeichnis komplettiert.

Entscheidend für die Thomasübertragung Steins ist der Kontext, der gerade in jener Zeit einen »Frühling der Neuscholastik« markierte [XXXIV]. Nicht nur das Geleitwort Martin Grabmanns und der Briefwechsel Steins mit dem Dominikanerprovinzial und Thomasfachmann Laurentius Siemer belegen dabei das hohe Interesse der Gelehrtenwelt an der Tätigkeit Steins [XXXV–XXXVI]. Die neuscholastischen Einflüsse und Autoren öffnen ihr auch ein Feld, das in den folgenden Jahren ihre besondere Beachtung finden sollte, das der

Christlichen Philosophie [XVI und XXXVII–XXXIX]. Die Ausführungen der Bearbeiter werden zu Recht nicht müde zu betonen, daß es sich bei der Steinschen Lektüre um eine phänomenologische handelt, die durch Neigung zu einer realistischen Einstellung und gleichzeitige Anerkennung der unhintergehbaren Rolle des Subjekts charakterisiert ist [XL–XLI].

Obwohl Stein im Trend der Zeit steht und versucht, der mittelalterlichen Philosophie ein deutsches Sprachgewand zu verschaffen [L], kommt es zu »deutliche[n] Eingriffe[n]« [XLVII]. Sie verzichtet zwar – im Gegensatz zur fast zeitgleichen Übersetzung der *Summa* von Joseph Bernhart – auf unbrauchbare Eindeutschungen, dennoch empfehlen die Bearbeiter über dieses Werk hinaus die Lektüre des scholastischen Originals[L]. Das Urteil ist auch bei den Bearbeitern einhellig, denn »die begrifflich klare Übersetzerin« liefert mit der Übertragung ein Werk ab, das »auch heute noch eine Modernität, ja Klassizität der Sprache [atmet]« [LI]. Die inhaltlichen Fehden zwischen Stein und Thomas werden in der Forschungsliteratur zumeist auf den Feldern der Bedeutung des Glaubens sowie der Offenbarung, der Bedeutung Steins für die Neuscholastik und der Thomasübertragung geführt, wobei bislang detailliertere Fragen zugunsten allgemeiner epistemologischer und metaphysischer Fragestellungen ausgeblendet worden sind [LXV–LXVII]. Sehr erwähnenswert sind die Gedanken der beiden Bearbeiter zur ersten Quaestio als »Labor für die Überprüfung ihrer Übersetzung« [LII]. Die in diesem Abschnitt von Stein vorgenommenen Korrekturen und Varianten, v.a. an zentralen Begriffen aus Ontologie und Erkenntnislehre, finden sich vergleichend in einer Wortfeldanalyse wieder [LII–LIII].

Die elf abgedruckten Rezensionen verschaffen dem Leser abschließend ein differenziertes Bild der Gelehrtenmeinungen über die Tätigkeit Steins, was zusätzlich mit Briefwechseln abgerundet wird [LXVII–LXXV]. Besonders hervorzuheben ist der kritische Briefwechsel mit Laurentius Siemer [LXXIV–LXXV].

KRITISCHE BLICKE

Wohl kaum wird die erste gedankliche Begegnung mit Thomas für Stein, die sich um Klarheit hinsichtlich der phänomenologischen Konstitutionsproblematik bemühte, »ein im höchsten Maße irritierendes

Erlebnis gewesen sein« [anders XI], da sie sich von der transzendentalen Position Husserls abgewandt hatte und ihre realistische Einstellung in Anlehnung an Adolf Reinach, Husserls Schüler und Assistent, gerade bei Thomas vertraute Positionen fand. Deswegen wird der Zugang auch nicht nur durch die Heiligkeit des Aquinaten, sondern wohl auch philosophisch-wissenschaftlich motiviert gewesen sein [anders XII–XIII]. Der Eindruck, daß Thomas gegenüber Husserl die Oberhand gewonnen habe [XIII], läßt sich äußerlich kaum bestreiten, jedoch bedarf ein solches Urteil noch einer eingehenden kritischen Prüfung ihrer späteren Werke. Denn daß es verfehlt sein kann, wenn das Steinsche Leben und Denken gleich der »Eindeutigkeit und Einfachheit einer mathematischen Gleichung« schemenhaft ausgelegt wird, zeigt sich bei Gelber im Nachwort zur zweiten, kritischen Ausgabe, welche Stein irrtümlicherweise eine Wendung »vom rein modernphilosophischen (phänomenologischen) Standpunkt zum Thomismus« attestiert.[5]

Im Abschnitt zu den äußeren Einflüssen Steins genügt dem philosophiegeschichtlich interessierten Leser eine bloße Aufzählung leider nicht. Die Renaissance des Aquinaten, in der sein Werk nicht mehr nur als Aristotelesadaption abgetan, sondern als in eigener philosophischer Originalität geschätztes aufgenommen wurde[6], war eine gegenläufige Bewegung zu den geistigen Strömungen des 19. Jahrhunderts. Somit ist das, »was Aristoteles für Thomas ist, [...] zur Zeit Edith Steins Thomas für die katholische Kirche: der Philosoph«[7]. Rom hatte 1879 in der Enzyklika *Aeterni Patris* die Philosophie des Aquinaten zur offiziellen Denkschule der katholischen Theologie erhoben und mit Pius X. einen Kurs klarer Abgrenzung zur subjektiv orientierten Philosophie eingeschlagen (»Modernismuskrise«), wobei die Neuscholastik ihr Dasein in einer »dogmatischen« Defensivstellung führte.[8] Dieses verstand sich aber zweifach motiviert: Zum einen – als Abgrenzung – bot thomistisches Gedankengut vor dem Hintergrund »weltanschaulicher Irrwege

---

[5] Lucy Gelber, Nachwort, ESW IV (wie Anm. 2), 449–467, hier 455–457.
[6] Francesco Valerio Tommasi, »... verschiedene Sprachen redeten ...« Ein Dialog zwischen Phänomenologie und mittelalterlicher Scholastik im Werk Edith Steins, in: Beate Beckmann / Hanna-Barbara Gerl-Falkovitz (Hrsg.), Edith Stein. Themen – Bezüge – Dokumente, Würzburg 2003, 107–133, 111.
[7] Hildegard Maria Gosebrink, »Wissenschaft als Gottesdienst«. Zur Bedeutung Thomas' von Aquin für Edith Stein, in: Edith Stein Jahrbuch 4 (1998), 511–530, 511.
[8] Andreas Uwe Müller / Maria Amata Neyer, Edith Stein. Das Leben einer ungewöhnlichen Frau, Zürich 1998, 154.

der Neuzeit« eine theologische Antwort u.a. auf die Religionskritik Nietzsches[9], was der Neuscholastik als gegen den allgemeinen Strom philosophischen Denkens einen »Geruch bekenntnishafter Verteidigung« einbrachte.[10] Zum anderen aber – als Position – war die ontologische Orientierung nicht mehr philosophischer Relativierung preisgegeben.[11] Dieser zweite Punkt korrespondierte mit der durch Husserl formulierten Wende in der Philosophie »zu den Sachen selbst.«[12] Die vorurteilsbehaftete Sicht der »modernen« Denker auf die kirchliche Dogmatik widersprach der phänomenologischen Einstellung Steins.[13] Sie lernte den Aquinaten wohl erstmals durch Erich Przywara, einen Jesuiten[14], kennen, der von Dietrich von Hildebrand in einer Zeit auf Stein aufmerksam gemacht wurde, in der auch die Öffentlichkeit zunehmend Interesse an der Steinschen Beantwortung pädagogischer und geschlechterspezifischer Fragen gewann.[15] Er stellte ihr die Aufgabe, christliche Philosophie nicht nur gläubig, sondern auch denkerisch zu durchdringen.[16] Daß Przywara wohl auch eigene Interessen ganz bewußt verfolgte[17], als er einer modernen Denkerin ohne jegliche

[9] Gosebrink, »Wissenschaft als Gottesdienst« (wie Anm. 7), 511.

[10] Hanna-Barbara Gerl-Falkovitz, Deutsche Geschichte im Jahrzehnt 1918–1928, konzentriert im Blick auf Edith Stein, in: Beate Beckmann / Hanna-Barbara Gerl-Falkovitz (Hrsg.), Edith Stein. Themen – Bezüge – Dokumente, Würzburg 2003, 149–170, 162.

[11] Hanna-Barbara Gerl, Unerbittliches Licht. Edith Stein – Philosophie, Mystik, Leben, Mainz 1991, 105.

[12] Edmund Husserl, Ideen zu einer reinen Phänomenologie und phänomenologischen Philosophie, Erstes Buch (Husserliana III/1), Den Haag 1976, § 19, 41.

[13] Müller / Neyer, Edith Stein (wie Anm. 8), 154–155.

[14] Karl-Heinz Wiesemann, Edith Stein im Spiegel des Denkweges Erich Przywaras, in: Beate Beckmann / Hanna-Barbara Gerl-Falkovitz (Hrsg.), Edith Stein. Themen – Bezüge – Dokumente, Würzburg 2003, 189–200, 189. Przywara stand Stein als Ratgeber und Stütze nicht nur für die Übertragung zur Seite, vgl. Romaeus Leuven, Heil im Unheil. Das Leben Edith Steins: Reife und Vollendung (ESW X), Freiburg 1983, 54–55.

[15] Petermeier, Maria, Die religiöse Entwicklung Edith Steins, in: Beate Beckmann / Hanna-Barbara Gerl-Falkovitz (Hrsg.), Edith Stein. Themen – Bezüge – Dokumente, Würzburg 2003, 171–188, 183. Zur Vortragstätigkeit Müller / Neyer, Edith Stein (wie Anm. 8), 175–213.

[16] Gerl, Unerbittliches Licht (wie Anm.11), 25. Hier ging es darum, »die ganze Tiefe der klassischen Scholastik mit dem heutigen Geistesleben zu konfrontieren«, ebd. 63.

[17] Wiesemann, Edith Stein (wie Anm. 14), 197. Sein Anliegen lag in der Konfrontation von Scholastik und Moderne, im Spannungsfeld von Thomas und Edith Stein. Die Chance eines »neuen« Lichtes auf Thomas durch einen modern geschulten Geist besaß hier Gewicht. Wie sonst ist es zu erklären, daß er sie ins offene Messer der möglichen Fachkritik laufen ließ? Die durchaus gespaltenen Kritiken sollten ihm Recht geben, wirklich neue Impulse gesetzt zu haben. Vor allem seine Rezension selbst spricht aus dem Genuß einer verwirklichten Absicht. Przywara, Stimmen der Zeit 121/11 (1931), 911. Abgedruckt in ESGA 23, LXVIII–LXIX.

scholastische Vorbildung Thomas empfahl, ist schwer von der Hand zu weisen, denn er sah in der Phänomenologie selber den aussichtsvollsten Versuch einer Methode, »die dem Chaos der Systeme aus dem Wege geht, weil sie unvoreingenommen nur die einzelnen Phänomene ›freilegt‹«[18].

Trotz Hervorhebung der gedanklichen Schnittstellen von Scholastik und Phänomenologie (Intentionalitätsproblem, Wesensforschung, Begründung der Philosophie als erste Wissenschaft) [XLI] sowie der Nähe zu Scheler [XLII] kommt die Betrachtung der philosophischen Einstellung Steins etwas zu kurz. Die mehr »augustinische Thomasdeutung« [LVI–LXII] würde wohl ein Stück weit transparenter, wenn die Frage der Entfernung Steins von Husserl einige Jahre vor ihrer Übertragungstätigkeit mehr im Vordergrund gestanden hätte. Gelungener scheint der Einblick in den historischen Kontext des Aquinaten [XLIII–XLVII]. Zur Intention Steins kommt hinzu, daß sie bereits in ihren Breslauer Jugendjahren Interesse an der Geschichte und am Einsehen der Gegenwart aus der Geschichte heraus besaß. Dieses Gespür für die Zeichen der Zeit und die Einbettung von Fakten eröffneten ihr die philosophiegeschichtlichen Linien, in denen sie selbst stand. Geschichte war dabei nicht nur Selbstzweck, sondern aufs engste mit der »Gegenwart als der werdenden Geschichte« verbunden.[19] So ist es zu verstehen, daß Stein weder an einer Übersetzung noch an intensivem Studium der Scholastik, sondern vielmehr an der »Sache selbst« – Thomas in moderner Sprache auszulegen – interessiert gewesen ist.[20] Dabei wird schnell klar, daß es sich bei ihr kaum um einen Arbeitsplan, sondern eher um ein wachsendes, offenes Programm gehandelt haben muß.[21] Der Alltag verwehrte ihr oft das wissenschaftliche Arbeiten, was ihr jedoch den zur wissenschaftlichen Selbstkritik notwendigen Abstand zur eigenen Tätigkeit ermöglichte. Dies machte zwar die Auseinandersetzung mit »ihrem« Thomas zäh, aber nicht

[18] Przywara, Erich, Philosophische Anarchie, in: Stimmen der Zeit 120 (1930/31), 145–148, 148.
[19] LJF 145.
[20] Vgl. Husserls Phänomenologie und die Philosophie des hl. Thomas v. Aquino. Versuch einer Gegenüberstellung (HuT), in: Edmund Husserl, Festschrift Edmund Husserl. Zum 70. Geburtstag gewidmet (Jahrbuch für Philosophie und phänomenologische Forschung, Ergänzungsband zu Bd. X, Halle an der Saale ¹1929. 315–338). Tübingen ²1974, 315–338, hier 321.
[21] Vgl. auch Edith Stein an Roman Ingarden vom 8. August 1925, Selbstbildnis in Briefen. Briefe an Roman Ingarden, ESGA 4 (SBB III), Freiburg i.Br. 2001, Brief 89, 157–159, hier 158.

weniger produktiv.[22] Biographisch wären noch Weltkriegseindrücke[23] und religiöse Erfahrungen[24] Steins aus jener Zeit als vorgängige Ergänzungen einzubringen, die ihr Verständnis von Glaube, Denken und Intention zur Zeit der Übertragung weiter erhellen würden. Leider wurden die mitunter schwer zugänglichen Rezensionen nur auszugsweise abgedruckt. Eine klassische Meinung und heftige Kritik *post mortem* Steins von Josef Pieper taucht nicht auf. Er verweist nur in einer Anmerkung auf die Übertragung Steins. »Der des Urtextes unkundige Leser, der die einzige deutsche Übersetzung [...] zur Hand nimmt, [sei] übel daran«, denn er bemerkt explizit, »die Husserl-Schülerin Edith Stein« habe »den Kern gerade des grundsätzlichen ersten Artikels durchaus verfehlt [...] und zwar nicht nur in ihren Erläuterungen, sondern in der Übersetzung selbst«.[25] Die gesamte philologisch und philosophiegeschichtlich durchaus berechtigte Kritik beruht jedoch nur auf dem ersten Artikel der Übertragung, dem »Labor« Steins, fällt aber auf das gesamte Werk zurück. Mit Blick auf Intention, philosophische Einstellung und auf die Entstehung des ersten Artikels kann man diese Kritik jedoch zurückweisen. Stein selbst dürfte wohl ihre größte Kritikerin gewesen sein, aber »vielleicht hat so ein ahnungsloser kleiner David dem Goliath zu Leib rücken müssen«, schreibt sie im Sommer 1932 an einen Vertrauten.[26]

---

[22] Vgl. Edith Stein an Roman Ingarden, SBB III, Brief 115 188–190, hier 188, Brief 128, 202–203, hier 203, Brief 129, 203–204, hier 204 und Brief 132, 206.

[23] Edith Stein an Roman Ingarden vom 29. Oktober 1918, SBB III, Brief 56, 110–112, hier 111: »Wenn man nur schon etwas klarer sehen könnte! Man ist ja doch wie betäubt.« Wie wichtig die Kriegserfahrungen für Stein waren, belegt auch die Seitenstärke der Kriegsjahre in der Autobiographie, LJF 240–343, bes. 262–303.

[24] Gemeint sind die Begegnungen mit dem Denken Reinachs während des Krieges, vgl. Edith Stein an Fritz Kaufmann vom 9. März 1918, SBB I, 6, 25–26, sowie die Lektüre der Autobiographie Teresas von Ávila. Religionsphilosophisch anzumerken ist der Spaziergang von Edmund Husserl, Martin Heidegger und Edith Stein im Sommer 1918, vgl. Edith Stein an Roman Ingarden vom 8. Juni 1918, SBB III, Brief 36, 85–86, hier 85. Zum möglichen Inhalt des Gesprächs Müller / Neyer, Edith Stein (wie Anm. 8) 123–124.

[25] Josef Pieper, Wahrheit der Dinge. Eine Untersuchung zur Anthropologie des Hochmittelalters, München 1947, 126–127, Anm. 48. Pieper geht aber noch weiter, indem er nach der Verallgemeinerung einer punktuellen Kritik zynisch gegen Grabmann bemerkt: »Sie darf sich allerdings, wie es im Vorwort heißt, für die Übertragung im ganzen auf ›gründliche Thomaskenner‹ berufen, die ihr ›versichert haben, daß diese Übertragung getreu sei‹ [XIII].«

[26] ESGA 2, Brief 206, 219–220, hier 220.

Die gelungene Einführung mit ausführlichem biographischen sowie philosophiegeschichtlichen Kontext bietet dem Leser eine hilfreiche und notwendige Grundlage zum besseren Verständnis der Steinschen Übertragung, die wiederum mittels des ausführlichen Apparates wissenschaftliches Arbeiten – im Gegensatz zur zweiten Auflage – erst ermöglicht. Besonders herauszustellen bleibt die differenzierte Betrachtung der Verflechtungen der Tätigkeit Steins mit der zeitgenössischen Thomas-Renaissance. Die ausführliche Betrachtung des lateinischen Originals und seines Autors geht auf Kosten einer detaillierteren Untersuchung der philosophischen Einstellung Steins. Die Einwände schmälern aber nicht die Leistung der Bände: Sowohl dem am Steinschen *und* Thomistischen Denken interessierten Forscher als auch dem philosophiegeschichtlich interessierten Leser bietet die Neuauflage eine wichtige Grundlage sowie vielseitige Impulse für quellennahes Studium. Das Gesamturteil über die Einführung kann ähnlich dem Gesichtsausdruck Steins auf dem Foto des Einbandes nicht eindeutig ausfallen, aber gerade durch offene Fragen angeregt wird der Philosoph weiter *in via,* μέθοδῳ, unterwegs sein.

René Raschke

SANCHO FERMÍN Francisco Javier: Loslassen – Edith Steins
Weg von der Philosophie zur karmelitischen Mystik. Eine historische Untersuchung. Mit einem Vorwort von José Sánchez de Murillo.
Aus dem Spanischen übersetzt von Hanna Bayer, Reihe »Ursprünge
des Philosophierens«, Band 17, 251 Seiten, W. Kohlhammer, Stuttgart
2007, ISBN 978-3-17-19980-4, €25,–.

Das Thema der vorliegenden Untersuchung, der *gesamte* denkerische
und geistige Weg der deutschen Jüdin Edith Stein von der mit agno-
stischem Ansatz und psychologischem Augenmerk durchaus eigenständig bearbeiteten Phänomenologie Edmund Husserls zur überzeugt, wenngleich nicht unkritisch katholischen Religionsphilosophie
und -pädagogik und schließlich zur »karmelitischen Mystik«, ruft
schon lange nach einer systematischen Untersuchung und Durchdrin-
gung, welche in der stetig anwachsenden Literatur bislang nur wenige
der biographischen Entwürfe[1] oder – dem breiten Interesse schwerer
zugänglichen – philosophischen Arbeiten[2] leisten. Spielt doch dieses
ebenso bedeutungsschwere wie oszillierende Stichwort der »Mystik
des Karmel« in Edith Steins Biographie eine doppelte Rolle. Zum einen in der »Initialzündung« des Zugangs zu diesem Feld durch Teresa
von Ávila noch vor ihrer bewußten Taufe in die röm.-kath. Kirche, die
sie denn auch als ihre persönliche Berufung und Weise des Lebens,
Denkens und Betens erfährt und betrachtet. Zum anderen in der zu-

---

[1] Zuletzt – leider wenig zufriedenstellend – Herbstrith Waltraud: Edith Stein – ihr wah-
res Gesicht? Jüdisches Selbstverständnis – Christliches Engagement – Opfer der Shoah
(Forum Religionsphilosophie 13). Berlin 2006.
[2] Näher auf alle Phasen dieses Denkweges einschließlich der »späten mystischen« gehen
ein: Gerl[-Falkovitz] Hanna-Barbara: Edith Stein. Philosophie – Mystik – Leben. Mainz
1991 = [3]1998; Kavunguvalappil Antony: Theology of Suffering and Cross in the Life
and Works of Blessed Edith Stein (EUS/EHS/PUE XXIII, 642). Frankfurt 1998; der leider früh verstorbene Hecker Herbert: Phänomenologie des Christlichen bei Edith Stein
(Studien zur systematischen und spirituellen Theologie 12). Würzburg 1995; Müller
Andreas Uwe: Grundzüge der Religionsphilosophie Edith Steins (Symposion 97). Freiburg – München 1993; unter thematisch bedingten Gesichtspunkten: Beckmann Beate:
Phänomenologie des religiösen Erlebnisses. Religionsphilosophische Überlegungen im
Anschluss an Adolf Reinach und Edith Stein (Orbis Phaenomenologicus. Studien 1).
Würzburg 2003. Beachtenswert sind in diesem Zusammenhang die beiden Aufsätze von
Gerl-Falkovitz 2007 (siehe Nachträge). Auch einzelne Aufsätze von Angela Ales Bello
und Urbano Ferrer widmen sich diesem Thema. Die übrigen Studien (Barukinamwo
1982, Baseheart 1997, Bejas 1994, Calcagno 2007, Préfontaine 2008, Sawacki 1997, Vo-
lek 1998, Westerhorstmann 2004, Wulf [2]2005) bleiben bei der Betrachtung der zentralen
Phase ihrer Auseinandersetzung mit Thomas von Aquin, gipfelnd im Hauptwerk »Endliches und Ewiges Sein«, stehen oder beschränken sich darauf.

nächst durch das öffentliche Berufsverbot als »Nichtarierin« 1933 er-
möglichten wie auch erzwungenen Realisierung dieser »Mystik« in
der Lebensweise einer Karmelitin, welche durch die Entwicklung im
»Dritten Reich« wiederum zunehmend bedrängt und bedroht wird
und trotz Ausweichens Ende 1938 ins grenznahe niederländische
Kloster in Echt letzten Endes nicht der Vernichtung in der »Shoah«
entrinnt. Im strukturierten klösterlichen Tagesablauf und trotz der zu-
nehmenden äußeren Belastungen kann sie – mit ausdrücklicher Befür-
wortung und Billigung ihrer Ordensoberen – noch ihr Hauptwerk
»Endliches und Ewiges Sein« in Köln vollenden und in Echt die Studien über Pseudo-Dionysius Areopagita und – der Deportation am
2. August 1942 wegen unvollendet – die »Kreuzeswissenschaft« des
Johannes vom Kreuz (der auf diesem geistigen Weg merklich gegenüber Teresa von Ávila in den Vordergrund tritt) verfassen. Unter den
gegebenen Umständen (neben einer Reihe kleinerer Gelegenheits-
schriften und des unvollendeten Entwurfs ihrer autobiographischen
Denkschrift »Aus dem Leben einer jüdischen Familie«) ist dies eine be-
achtliche Leistung, die nicht möglich ist, ohne daß sie sich dabei und
darin mit ihren ureigensten Themen und Lebenserfahrungen, ja -bela-
stungen auseinandersetzt. Erlebt hat sie die Veröffentlichungen dann
nicht mehr! Schließlich ist dieses Thema der »Mystik des Karmel« deshalb von besonderer Relevanz und Interesse, weil die bisherigen philosophischen Erörterungen des geistigen Lebenswerkes Edith Steins dem
weniger Beachtung schenken, sich vielmehr – und teilweise kontrovers
– der Frage widmen, inwieweit sie denn auch religionsphilosophisch
(und nicht nur methodisch) der Phänomenologie (zumindest Reinach-
scher Prägung) verpflichtet geblieben oder (Neu-)Thomistin bzw.
Scholastikerin »geworden« sei. Das dürfte nicht zuletzt mit der herme-
neutischen Schwierigkeit zusammenhängen, daß sich Edith Steins
»Mystik« vorwiegend aus Werken erschließt, die das Werk anderer
(oben erwähnter) Persönlichkeiten darstellen und kommentieren, aber
kaum eigene systematische Entwürfe bilden. Zumindest konnte es ihres gewaltsamen Todes wegen dazu nicht mehr kommen.
So nimmt man erfreut wahr, in der Reihe »Ursprünge des Philosophierens« nun auf die Übersetzung dieser bereits 1999 erschienenen
Arbeit des spanischen Theologen und Teresianischen Karmeliten Sancho Fermín zu treffen. Doch schon der 2. Untertitel macht klar, daß
man es mit einer »historischen Untersuchung« zu tun hat, die also auf
ihren systematischen Wert und Horizont hin zu befragen ist (was auch

auf die gesamte Reihe »Ursprünge des Philosophierens« zutrifft, in der eher systematische zugleich mit eher historischen Studien veröffentlicht sind).

Zunächst ist eine Stellungnahme zum umfangreichen Vorwort[3] (9–19) des Mitherausgebers der Reihe, José Sánchez de Murillo – Philosoph mit Schwerpunkt in der deutschen Romantik Franz von Baaders und Jakob Böhmes und zugleich Ordensbruder des Verfassers –, nötig. Schnell wird ersichtlich: es dient in der Hauptsache (einmal mehr) als Gelegenheit zur (Selbst-) Darstellung des eigenen »tiefenphänomenologischen« Programms, weniger aber als Hinführung zum Werk selbst. Als solche will sie lediglich auf einer knappen Seite (18–19) die Kompetenz des Autors unterstreichen, gerät dabei aber zur vorauseilenden Abwehr aller möglichen und tatsächlichen Einwände gegen das Werk und verrät zugleich, daß eine in erster Linie handwerklich-historische Studie eines Karmeliten und damit »Insiders« vorliegt, wenngleich die Betonung der (landsmannschaftlich-) spanischen Sichtweise eine »Verbindung von Kompetenz und Abstand« (19) behauptet und auch suggerieren will. Schwer erträglich bleibt der anmaßende Ton im penetrant gnostischen Gestus und Pathos alleiniger und allein selig machender höherer Einsicht und Erleuchtung, verbunden mit teilweise plakativen Unterstellungen: gegenüber aller (bisherigen) »gängige(n) Edith-Stein-Forschung« bemühe sich das von ihm, Sánchez de Murillo, gegründete und geleitete »Edith-Stein-Institut München« um die »Artikulierung, Erhellung und Entfaltung« jener »ungeahnte(n), darum bislang verborgene(n)« Tiefendimension (9) der wahren »Gestalt« (9.17) Edith Steins, die mithin »als weltgeschichtlicher Wendepunkt« (10–12) apostrophiert wird: »Als tiefenphänomenologische Gestalt stellt Edith Stein einen geschichtlichen Ort dar, an dem die Grundlage der abendländischen Philosophie, d. h. das bisherige Selbstverständnis des Menschen erschüttert wird. Das besagt allerdings: Nicht nur Steins Werk, sondern auch die Selbstinterpretation der karmelitischen Philosophin werden durch das, was sich in der Gestalt kundtut, fraglich« (10). Sánchez de Murillo scheut sich folgerichtig nicht, Edith Stein gnadenlos in sein Schema der »volle(n) Wahrheit

---

[3] Vgl. Seibel Johannes: Streit um die richtige Auslegung. Antikirchlicher Populismus – Eine ärgerliche Studie über Edith Stein, die ihren hart erkämpften Denk- und Lebensweg missachtet, in: Die Tagespost Nr. 153/54 (Würzburg 22. Dezember 2007) 13. Dieser Beitrag bezieht sich allerdings fast ausschließlich auf das Vorwort und nicht auf die Studie selbst.

über Edith Stein« (18) zu pressen, wonach sie als »Grundlage für einen Neubeginn von Philosophie und Wissenschaft« (18) zu gelten habe, was ihr selber noch nicht klar war, nun aber von ihm deutlich erkannt und ausgesprochen werde: »Edith Stein reflektiert dies in ihrem Werk nicht. Aber ihre Gestalt stellt das Problem dar und bietet die Lösung an« (15). Ausdrücklich betont er den gnostischen Begriff der wahren und erlösenden »Gestalt«, die Vorrang besäße vor dem »Leben« Edith Steins, das wiederum »wichtiger (ist) als ihr Werk« (17). Dementsprechend seltsam und konstruiert fallen seine Interpretationen ihrer letzten konkreten Wünsche auf einer letzten Karte aus dem Sammellager Westerbork (12–13) und ihres (nicht restlos gesichert überlieferten) Appells »Komm, wir gehen für unser Volk« bei der Verhaftung in Echt (17) aus: »Denkzettel an die gesamte Menschheit« (13), mit dem eine »erhabene Bettlerin … symbolisch und real alle Machtsysteme als groteske Gebäude eines größenwahnsinnigen Menschentums entpuppt« (12) [»entlarvt« dürfte gemeint sein], und »Ausruf der Befreiung gegen die lebenslängliche Entfremdung« einer »jüdische(n) Märtyrerin«[4] (17). Selbst ihrem gewaltsamen Tod in Auschwitz wird das gnostische Schema wahrer (Selbst-)Erkenntnis aufgezwängt: »Hier erst merkte – nicht sie, Edith, sondern – die Kraft der tiefenphänomenologischen Gestalt in ihr den eigenen Lebensirrtum« [sic!] (17). Dementsprechend gewaltsam formuliert er seine Parallelisierung des Nationalsozialismus mit christlichen Endzeitvisionen samt Aufrechnung der Opfer von beider Brutalität (13–14) »mit knapp unterschiedlicher Opferzahl« (14) und weitere, pauschal diffamierende Unterstellungen: zum »Wesen des Christentums« gehöre die »Herabsetzung des Judentums« und die »Herabsetzung der Frau« (15), der »Katarakt von Selig- und Heiligsprechungen in den letzten Jahren« (darunter Edith Stein »opportunistisch« als Märtyrerin) diene in Wahrheit nur kommerziellen Interessen (17 mit Anm. 13). Diese Tiraden gipfeln kurioserweise – nach anfänglicher Übereinstimmung – in einem Dementi der wichtigsten Ergebnisse der Studie Sancho Fermíns, deren Vorwort sie sein wollen: Die »endgültige Wahrheit«, die Edith Stein in Husserl »gefunden zu haben glaubte«, habe sich als »vorläufig« erwiesen (14), wenngleich an anderer Stelle zutreffend, aber dem sonstigen gnostischen Gestus untreu konzediert wird, auch

---

[4] Vgl. meinen Aufsatz zum letzten Stand dieser Thematik: Edith Stein Jahrbuch [ESJ] 13 (Würzburg 2007) 125-202.

bei der »intensive(n) Beschäftigung mit Teresa von Ávila und vor allem mit der Mystik des Johannes vom Kreuz« habe sie »ihre philosophische Heimat, die Phänomenologie, nicht verlassen« (10) [an anderer Stelle folgendermaßen schematisiert: »Edith Steins erste Heimat war das Judentum, die zweite die Phänomenologie, die dritte das katholische Christentum« (16, Anm. 11)]. Nun aber kommt es zur – nicht deutlich markierten – Kritik der (in seiner Studie leider nicht systematisch gebündelten) Erkenntnisse Sancho Fermíns: »Die zweitendgültige [sic!] (Wahrheit) fand sie dann bei der Lektüre des Lebens Teresa von Ávilas. Von der Phänomenologie zum Christentum und zur karmelitischen Mystik. Dieser Weg ist natürlich in Ordnung. Problematisch ist die Absolutheit, mit der die letzte Phase versehen wird. Es gibt nämlich aufrichtige Denker, die den umgekehrten Weg gegangen sind: Von der christlichen Mystik zur Phänomenologie. Nur, dass diese Denker, da später gekommen, einsichtiger geworden sind und sich nicht so euphorisch äußern« (14–15).

Welche aufrichtigen und einsichtigeren Denker gemeint sind, wird an dieser Stelle ebenso im unklaren gelassen wie die Adressaten der hier subtileren Polemik gegen die demgegenüber unaufrichtigen und euphorischeren Denker. Blind für den eigenen gnostischen Absolutismus bleibt dem Vorwort nur bloße Relativismusrhetorik und blanke Spekulation (wenn nicht Projektion): »Keine Phase ist *die* richtige, keine hat *die* Wahrheit. Es sind Phasen eines bestimmten Lebensweges mit ihrer jeweiligen Wahrheit. Nichts mehr, aber auch nichts weniger. Wer könnte sagen, dass die aufrichtige Denkerin Edith Stein, die bekanntlich im Karmel keineswegs das Glück fand, hätte sie länger gelebt, die (drittendgültige) [sic!] Wahrheit nicht etwa in einem christlichen Marxismus gefunden hätte? Viele religiöse Menschen sind diesen Weg gegangen« (15).

Mit den (in der Edith-Stein-Gesamtausgabe nunmehr) gut dokumentierten Äußerungen Edith Steins selbst über ihre lebenslange Suche nach der Wahrheit hat dies nun wirklich nichts mehr zu tun [die Anmerkung ihrer Dissertation »Zum Problem der Einfühlung« über das vorläufige bescheidene Ausklammern des religiösen Gebiets »süffisant« (16) zu nennen, ist ebenfalls mehr als gewagt und geschmacklos]. Dieses Vorwort mißbraucht – neben Floreks[5] darin nachträglich ab-

---

[5] Florek Zdislaw: Der mystische Läuterungsprozess – ein Weg in die Freiheit. Tiefenphänomenologie des Leidens nach Edith Stein (Ursprünge des Philosophierens 8). Stuttgart 2004.

wertend erwähnter Dissertation aus besagter Reihe (18) – nicht nur Sancho Fermíns Studie, sondern Edith Steins Leben und Werk selbst in unqualifizierter und unerträglicher Weise zur eigenen Selbstdarstellung. Daß Suche nach der Wahrheit gerade nicht zum engstirnigen Dogmatismus führen muß, kommt (vermutlich besagter Blindheit wegen) nicht in den Blick.

Wendet man sich nun dem Werk Sancho Fermíns selbst zu, findet man sich in der Tat alsbald in einer historisch und dokumentarisch breit angelegten Studie wieder. Das 1. Kapitel (Der teresianische Karmel zu Edith Steins Zeit, 21–55) beschreibt das Umfeld, in dem die Karmelitin Edith Stein 9 Jahre leben und in das sie sich ihrer Überzeugung und »Theorie« nach leicht, in praktischer Hinsicht mit einiger Mühe einfinden wird, da sie ja klar von intellektueller Auseinandersetzung mit dieser »Theorie« des Karmel herkommt und überragend davon geprägt ist. Im 1. Abschnitt (21–30) wird »Der teresianische Karmel in Deutschland« in all seinen Verzweigungen und mit ihm mehr oder weniger lose verbundenen Gruppierungen in statistischer Ausgiebigkeit beschrieben (ohne den älteren »Stammorden« allerdings mit einem Wort zu erwähnen, was allerdings einer langen und offensichtlich noch nicht ganz überwundenen Sichtweise entspricht, an der Edith Stein selbst allerdings auch Anteil hatte). Diese Ausführlichkeit – teilweise für den Zusammenhang völlig irrelevant wie die Bemerkung über nordamerikanische Konvente 1947 (25) – irritiert, da sie ein über die Beschreibung des geistigen Weges Edith Steins hinausgehendes Interesse offenbart, zugleich aber keineswegs eine – wie das Vorwort in landsmannschaftlicher Solidarität betonen zu müssen meinte (19) – wirklich auch externe oder gar verfremdende Sichtweise darstellt. Der 2. Abschnitt (30–46) referiert (in dieser – historisch wie geistesgeschichtlich nicht ganz stimmigen – Reihenfolge) die »Hauptgestalten karmelitischer Mystik«: den nach seiner Erhebung zum Kirchenlehrer 1926 auch im deutschen Bereich wieder stärker beachteten Johannes vom Kreuz (31–36), die dort damals vergleichsweise stärker beachtete Teresa von Ávila (36–41) und die infolge ihrer kurz aufeinander erfolgten Selig- und Heiligsprechung 1923 bzw. 1925 und der Propagierung ihrer Gestalt und ihrer Schriften auch in Deutschland rasch populäre Therese von Lisieux (41–46). – Daß Edith Stein zur Letztgenannten nach Lage der edierten Quellen und Dokumente kaum Berührungspunkte aufweist, bleibt in der Studie leider ebenso unerwähnt wie die von seinen deutschen Ordensbrüdern Ulrich Dobhan und

Reinhard Körner herausgegebene Sammlung über »Sanjuanistik im deutschen Sprachraum«[6]. Davon abgesehen ist es ein klares Verdienst des Verfassers, hier eine gut dokumentierte Grundlage zur zeitgenössischen deutschen Rezeptionsgeschichte gelegt zu haben. Im 3. Abschnitt »Grundlegende Schriften zur karmelitischen Mystik« (47–55) werden die zeitgenössischen Autoren Alois Mager OSB (47–51), Erich Przywara SJ (51–53) und Gertrud von le Fort (54–55) knapp referiert, die explizit das »Gebiet der theologischen Spiritualität und der Psychologie«, »der Philosophie und der Theologie« sowie »der Literatur« (47) repräsentieren und deswegen ausgewählt wurden, weil sie »für die Präsenz, die Interpretation und Verbreitung der karmelitisch-teresianischen Spiritualität von besonderer Bedeutung« (47) sind. Aus systematischer Sicht ist wiederum anzumerken, daß die wünschenswerte Vertiefung der inhaltlichen Auseinandersetzung wie auch der persönlichen Begegnung Edith Steins mit diesen Autoren leider nicht geleistet, ihre (mitunter eigenwillige) Sicht und tatsächliche Außen-Sicht nicht diskutiert und darüber hinaus etwa ihrer Begegnung und Auseinandersetzung mit dem Freiburger Dogmatiker Engelbert Krebs, 1921 Autor eines wichtigen Beitrages über Mystik, keinerlei Aufmerksamkeit geschenkt wird.

Das 2. Kapitel widmet sich nun der geistigen Wegbeschreibung Edith Steins »Von der Philosophie zur Mystik« (56–115) in folgender biographisch orientierten Einteilung: dem »spirituelle(n) Weg einer atheistischen Frau« (57–71) folgt ein ausführlicherer Abschnitt über Edith Steins »spirituelle Entwicklung von ihrer Konversion bis zum Eintritt in den Karmel« (72–88) und schließlich detailreich ihr Weg als »Unbeschuhte Karmelitin« (88–115). Anhand einschlägiger Zitate dokumentiert Sancho Fermín diesen Weg sehr solide – es handelt sich auch um das umfangreichste und damit wichtigste Kapitel seiner Arbeit. Doch schon die Interpretationen offenbaren manche herkömmlich-klischeehaften Wertungen und öfter belegfreie und nicht »rückgekoppelte« Vermutungen des Verfassers, die teilweise in Edith Stein hineingetragen werden: etwa die schon klassische »Atheismus«-Interpretation der frühen Edith Stein (57); bemerkenswert ist hingegen die Feststellung, daß ihre »Konversion« [zum (katholischen) Christentum] nicht als »Bruch mit ihrem Judentum« zu verstehen sei, vielmehr: »Mit der Taufe kehrt sie zu ihren Ursprüngen zurück« (72). Leider wird dieses

---

[6] Würzburg 1991.

schwierige und im jüdisch-christlichen Verhältnis immer wieder brisante Thema nur knapp biographisch ausgeführt, nicht aber systematisch oder zumindest mit Bezug auf entsprechende Reaktionen und Literatur. Auch hier konstatiert man ein solid historisches, manchmal fast zu breites und ins Detail verliebtes fleißiges Werk des Verfassers, vermißt aber eine stringente und gut belegte systematische Auseinandersetzung mit den Inhalten: eher meditative (Eigen-)Interpretationen zu Edith Stein gab und gibt es ja in Fülle, und das kann bei diesem bedeutenden Thema leider nicht zufriedenstellen. Schon hier ist festzuhalten: Bis hinein in die Wiederholung sprachlicher Formeln und Ausdrucksweisen ist Sancho Fermíns Arbeit zu sehr der Wiedergabe von Äußerungen Edith Steins verhaftet als einer konstruktiv kritischen Diskussion dieser Wegmarken und ihres Kontextes. Nebenbei: Damit wird er dem gnostischen »Enthüllungsanspruch« seines Vorwortgebers natürlich auf gar keine Weise gerecht, und das ist offensichtlich auch nicht die ureigene Intention der Arbeit Sancho Fermíns.

Die weiteren Abschnitte der Arbeit bestätigen die gewonnenen Eindrücke und Erkenntnisse. Auch das systematisch grundlegende 3. Kapitel »Grundinhalte der mystischen Philosophie Edith Steins« (116–156) referiert Edith Stein ausführlich und in zutreffender Abfolge und Systematik, diskutiert das Referierte aber kaum und stellt auch keine Bezüge zum Kontext und möglichen Einflüssen und Antipoden her (was natürlich – zugegeben – eine enorme Mehrarbeit bedeutet hätte). Immerhin verweist Sancho Fermín gelegentlich auf die Grenzen seiner Arbeit. Noch schmerzlicher empfindet man diese Beschränkung bei dem spannenden 4. Kapitel, das ja der noch wenig ausgeführte »Schlußstein« dieser Arbeit wäre und hätte werden können: die »karmelitische(n) Grundzüge der mystischen Philosophie Edith Steins« (157–181). Zwar werden hier die »Wegmarken« treffend benannt: »Spiritualität des Loslassens« (157–170), »Mystik der Hingabe« (170–176) und – leider mit hochtrabendem Titel am dürftigsten ausgeführt – »Karmel als konkreter Rahmen des Seinsvollzuges« (170–180). Streckenweise nur noch Aneinanderreihung von Zitaten, wird zwar der Bezug zu Johannes vom Kreuz noch am deutlichsten vorgestellt, auf eine spannende Diskussion mit den zwar erwähnten »externen« Interpreten karmelitanischer Mystik (le Fort, Mager, Przywara) jedoch ebenso verzichtet wie auch auf eine bloße Erwähnung »ordensinterner« internationaler Literatur zu diesem Themenkomplex. Was Sancho Fermín zur Spiritualität des Karmel und dazu, wie Edith Stein diese Tradition gelesen hat, ausführt, läßt sich in ausführlicherer Weise schon einschlägig bei M. Amata Neyer, Hanna-Barbara Gerl-Falkovitz, Andreas Uwe Müller sowie Waltraud Herbstrith finden, um nur die bekanntesten Namen zu nennen.

In einem motivatorisch wie historisch erhellenden Anhang wird Edith Stein abschließend in den Zusammenhang der »literarischen Tradition der unbeschuhten Karmelitinnen« gestellt (182–226), der zugleich Anlässe und Intentionen ihrer schriftlichen Arbeiten gut dokumentiert. An Christoph Rinser, der das Original für die deutsche Ausgabe bearbeitet und aktualisiert hat, wie auch an das Lektorat des Verlages richten sich abschließend sehr kritische Fragen, die auch die Formalien betreffen: 1. War diese – notwendige und sinnvolle – deutsche Ausgabe nicht auch eine tatsächlich aktuelle Ergänzung der (zumal deutschsprachigen) Literaturliste wert? 2. Gerade wegen des historischen Charakters dieser Arbeit wäre eine Anpassung der Zitatbelege an die bald abgeschlossen vorliegende Edith-Stein-Gesamtausgabe ebenso höchst wünschenswert wie die Erstellung eines profunden Personen- und Sachregisters. 3. Eine ganze Reihe Fehler in der Rechtschreibung sowie bei Personen- und Autorennamen harren der Korrektur ebenso wie manche Präzisierung bei Quellen- und Literaturangaben, die der Rezensent nun nicht mehr im Detail anführen kann.

Felix M. Schandl

7. Mitteilungen

1. Mitgliederversammlung 2009 der Edith Stein Gesellschaft
Deutschland e.V.

Die nächste Jahreskonferenz der Edith Stein Gesellschaft Deutschland e.V. findet in Zusammenarbeit mit dem Kathedralforum Dresden vom 12. bis 14. Juni 2009 in Dresden statt. Vorher besteht Gelegenheit, vom 9. bis 12. Juni 2009 an der Tagung zum Thema »Europa und seine Anderen. Edith Stein – Emmanuel Levinas – Józef Tischner« am Lehrstuhl für Religionsphilosophie und vergleichende Religionswissenschaft der TU Dresden teilzunehmen. Diese Tagung findet im Dülfer-Saal der TU Dresden statt. Eingeladen wird vor allem zum letzten Programmpunkt am Freitag (12. Juni von 9 bis 13 Uhr): Sechs Beiträge der jungen Edith-Stein-Forschung und Präsentation der Edith-Stein-Gesamtausgabe (bis dahin 21 Bände von insgesamt 26 Bänden) durch Manuel Herder (Freiburg) und Prof. Dr. Hanna-Barbara Gerl-Falkovitz (Dresden).

Die Jahreskonferenz steht unter dem Thema »Sterben für den Namen? Martyrium heute«. Sie beginnt am Freitag, dem 12. Juni, um 19 Uhr mit Begrüßungen durch die Präsidentin der ESGD, Dr. Monika Pankoke-Schenk, sowie den Direktor des Kathedralforums, Pater Clemens Maaß SJ. Eine Einstimmung in die Thematik geben Referate von Pater Dr. Ulrich Dobhan OCD über »Dresdner Bezüge zu Edith Stein. Eine kurze Erinnerung« und von Prof. Dr. Dr. h.c. mult. Hans Maier über »Martyrium gestern und heute – ein Begriff und seine Wandlungen«. Anschließend sind alle Teilnehmer zu einem Buffet eingeladen. Der Abend klingt mit einer Filmvorführung der ESGD aus. Das Programm am Samstag, dem 13. Juni, beginnt um 9 Uhr mit den Laudes in der Hofkirche (mit Dr. Katharina Seifert); um 9.30 Uhr Mitgliederversammlung der ESGD mit Neuwahl des Vorstands; um 12 Uhr Besuch der Frauenkirche, Meditation. Anschließend Mittagessen in der Altstadt. Um 15 Uhr finden Vorträge zu folgendem Thema statt: »Die (zu) wenig bekannten Dresdner Martyrer – Fünf selige junge Polen (Referent: Pater Clemens Maaß (angefragt)); Kaplan Alois Andritzki (Referent: Albrecht Voigt (angefragt)); Mutter Augustina Schumacher (Referentin: Prof. Dr. Hanna-Barbara Gerl-Falkovitz))«. Um 18 Uhr ist Abendessen mit anschließendem Besuch der Altstadt und geselligem Beisammensein. Am Sonntag, dem 14. Juni, feiert Bischof Joachim Reinelt um 9 Uhr in der Hofkirche einen Gottesdienst. Um 10.30 Uhr hält Pater Felix Schandl O.Carm. (Straubing) einen Vortrag über das Thema »Martyrium für den Namen? Zur Frage des Martyriums von Edith Stein und der Opfer der Shoah«. Die Jahreskonferenz tagt im Kathedralforum neben Hofkirche und Altem Schloß.

2. VERANSTALTUNGEN

Zum Jahr 2008

Bad Bergzabern

Das Frauennetzwerk Bruchsal e.V. veranstaltete am 16. Februar 2008 eine Fahrt von Bruchsal nach Bad Bergzabern mit einer Besichtigung der Taufkirche Edith Steins.

Bari (Italien)

Der intellektuelle Werdegang von Edith Stein war das Thema des Internationalen Phänomenologischen Symposiums am 16. Mai 2008 in Bari (S. Fara). Organisiert wurde diese Veranstaltung vom Interreligiösen Theologischen Institut in Zusammenarbeit mit der Sektion der Theologischen Fakultät Apuliens sowie dem Italienischem Zentrum für Phänomenologische Forschungen (Rom) und dem Edith-Stein-Studienzentrum. Den Eröffnungsvortrag hielt der Großkanzler der Theologischen Fakultät von Apulien, S. Exz. Msgr. Francesco Cacucci, Erzbischof von Bari. Am Ende des Symposiums wurde durch den Generaldefinitor, P. Luigi Gaetani, von seiten des Ordens an Dr. Angela Ales Bello der »Edith-Stein-Preis« überreicht.

Bengel

P. Felix M. Schandl O.Carm. hielt vom 23. bis 28. November 2008 Exerzitien mit Impulsen von Edith Stein zum Thema »Wer die

228

Wahrheit sucht, der sucht Gott, ob es ihm klar ist oder nicht«. (Carmel Springiersbach, Karmeliterstr. 2, 54568 Bengel)

Berlin

Vom 1. bis 3. Oktober 2008 fand in der Kirche St. Clemens ein Predigtwochenende statt. Dabei wurde am Freitag, Samstag und Sonntag jeweils um 16.30 Uhr ein Vortrag mit dem Thema »Edith Stein – Teresia Benedicta a Cruce – eine vom Kreuz gesegnete« gehalten. Prediger waren Pater George V.C., Pater Tom V.C. und Pater Vaghese V.C. (St. Clemens-Kirche, Stresemannstr. 66, 10963 Berlin)

Bochum

Dr. Maria Petermeier hielt einen Vortrag mit dem Titel »Edith Stein: Ihr Weg zum Kreuz – Ihr Weg mit dem Kreuz«. (11. März 2008, 19.30 Uhr, Pauluskirche, Sankt-Paulus-Platz 11, 44789 Bochum)

Breslau (Polen)

Die Festrede zur Gründung des Edith-Stein-Instituts an der Katholisch-Theologischen Fakultät der Universität Breslau hielt am 3. Juni 2008 Prof. Dr. Dr. h.c. Hanna-Barbara Gerl-Falkovitz. Das Thema war »Von der Gabe zum Geber. Gotteserkenntnis bei Edith Stein«.

Für den 4. bis 11. Oktober 2008 bot der DKV-Diözesanverband Fulda eine Studienfahrt durch Polen an, die insbesondere für Lehrerinnen und Lehrer im Fach Religion gedacht war. Beim Besuch des Edith-Stein-Hauses in Breslau wurde ein Vortrag über »Edith Stein – Leben in gesammelter Kraft« gehalten.

Dortmund

Im Rahmen der Reihe »Offene Fachhochschule« sprach Prof. Dr. Franco Rest über »Edith Stein und Rosa Luxemburg. Frauenleben zwischen Bekenntnis und Haß«. (17. Juni 2008, 18 Uhr, Fachhochschule Dortmund, Raum F 211, Sonnenstr. 96, 44139 Dortmund).

Hagen-Halden

Für die Frauengemeinschaft der Pfarrei Heilig Kreuz hielt Hedwig Bieke einen Vortrag mit dem Thema »Edith Stein – eine große Heilige«. (14. April 2008, im Anschluß an die Meßfeier um 14.30 Uhr, Wehbergstraße 1a, 58093 Hagen-Halden)

Hamburg

Der Verein der Freundinnen und Förderinnen der FRAUENSTUDIEN Hamburg veranstaltete ein Seminar mit dem Thema »Edith Stein – Der Traum von der absoluten Wahrheit«. Die Leitung hatte Margot Lojenburg. (7. November 2008, 14.00–17.30 Uhr, Koordinationsstelle für Frauenstudien/Frauenforschung, Monetastr. 4, 20146 Hamburg)

Keltern

Im Rahmen der Sommerbibelschule 2008 trug Hannelore Ratz über das Thema »Edith Stein – Jüdin, Atheistin und Heilige« vor. Veranstalter war die Christliche Gemeinschaft Ellmendingen/Albkreis e.V. (6. August 2008, 20 Uhr, Gemeindehaus Langenalb, Gartenstraße 3, 75210 Keltern)

Köln

Der Katholische Deutsche Frauenbund der Diözese Köln veranstaltete einen Besuch im Kölner Karmel unter dem Motto »›Gott verlangt nichts vom Menschen, ohne ihm zugleich die Kraft dafür zu geben‹ (Edith Stein)«. (6. September 2008, Karmel »Maria vom Frieden«, Vor den Siebenburgen 6, 50676 Köln)

Prof. Dr. Dr. Mariéle Wulf sprach über das Thema »Ich bin nun mal so konstruiert, daß ich reflektieren muß – Edith Stein: der Weg einer Heiligen in ihren Werken«. (9. Oktober 2008, 19.30 Uhr, Domforum, Domkloster 3, 50667 Köln)

Im Rahmen der Ringvorlesung »Restaurierung – Konservierung – Kunsttechnologie – Denkmalpflege – Kulturgeschichte: Neue Forschungen und Methoden« sprach Andreas Rauschel über »Die

230

Handschriften Edith Steins«. (17. November 2008, 18.00–19.30 Uhr, Fachhochschule Köln, Raum 137, Ubierring 40, 50678 Köln)

Konstanz

Prof. Dr. Reiner Wimmer hielt in der Volkshochschule Konstanz-Singen einen Kurs zum Thema »Vier jüdische Philosophinnen: Rosa Luxemburg, Simone Weil, Edith Stein, Hannah Arendt«. (6 Abende in der Zeit vom 14. Oktober 2008 bis 23. Dezember 2008, 18.30–20.00 Uhr, vhs, Raum 2.8, Katzgasse 7, 78462 Konstanz)

Landau

Am Sonntag, dem 2.11.2008, wurde von Dekan Klaus Armbrust der neue Edith-Stein-Platz neben der Augustinerkirche in Landau eingeweiht. Dieser Platz geht auf eine Initiative von P. Dr. Mario Crvenka OFM zurück, und sie wurde u.a. von Frau Cäcilie Pieper, einer ehemaligen Schülerin Edith Steins in Speyer, und Pfr. Joachim Feldes unterstützt. Grußworte sprachen neben P. Crvenka auch Landaus Oberbürgermeister Hans-Dieter Schlimmer, der Bildhauer Peter Brauchle, die Präsidentin der ESGD, Dr. Monika Pankoke-Schenk, sowie der ehemalige Pfarrer von Bad Bergzabern, Helmut Kunz. Musikalisch umrahmt wurde die Feier vom Chor der Maria-Ward-Schule unter der Leitung von Klaus Braun. Über Edith Stein und Landau sowie das dem Platz zugrunde liegende Konzept wird im Edith Stein Jahrbuch 2010 ausführlich berichtet.

Leipzig

Im Rahmen der Veranstaltungsreihe »Jüdische Frauen des 20. Jahrhunderts (Simone Weil und Edith Stein)« stellte Susanne Schneider am 27. Februar 2008 Edith Stein vor. (19.00–20.30 Uhr, Volkshochschule, Löhrstraße 3–7, 04105 Leipzig)

Lichtenstein

Im philosophischen Café auf dem Göllesberg sprach Thomas Gutknecht über »Edith Stein – ›Kreuzeswissenschaft‹ (Theologie – Philosophie – Mystik)«. Veranstalter war das Logos-Institut und das

KBW. (11. April 2008, 19.30–22.30 Uhr, Logos-Institut, Haus auf dem Göllesberg, Fichtenweg 8, 72805 Lichtenstein)

Mönchweiler

Yasmine Dordt-Thomalla hielt einen Vortrag über »Edith Stein – ihr Verständnis von Wahrheit«. Veranstalter war das Ev. Bildungswerk Mönchweiler. (28. Februar 2008, 19.30 Uhr, Evangelisches Gemeindezentrum Mönchweiler, Am Kirchplatz 4, 78087 Mönchweiler)

München

Dr. Wilhelm Blum sprach über das Thema »Edith Stein – Philosophin – Mystikerin – Heilige«. (5. März 2008, Kolpingfamilie München Pasing, Bäckerstr. 29, 81241 München)

Nürnberg

Die Katholische Arbeitnehmer-Bewegung veranstaltete am 26. Januar 2008 von 14 Uhr bis 18 Uhr einen Bildungs- und Besinnungstag für Frauen. Dabei sprach Winfried Zawidzki über »Edith Stein – ein Lebensbild«. (Kath. Pfarrheim St. Walburga, Eibenweg 5, 90451 Nürnberg-Eibach)

Am 15. Oktober 2008 fand in der Kirche St. Klara eine Lesung statt unter dem Titel »Die Liebe ist das Freieste, was es gibt« – Edith Stein: Jüdin, Karmelitin, Märtyrerin. Konzept und Lesung: Barbara Bredow, Flöte: Riccarda Oehl. Veranstalter waren die Akademie Caritas Pirkheimerhaus und die Offene Kirche St. Klara. (St. Klara, Königstr. 66, 90402 Nürnberg)

Salzgitter-Lebenstedt

Am 5. März 2008 um 16 Uhr fand unter der Leitung von Antje Rieger eine Veranstaltung statt mit dem Thema »Edith Stein: ›Wir sollten jeden Tag wie ein neues Leben beginnen‹«. (Katholische Familien-Bildungsstätte, Haus der Familie, Saldersche Straße 3, 38226 Salzgitter-Lebenstedt)

Siegburg

Am 11. Oktober 2008 beging die Kirche den 10. Jahrestag der Heiligsprechung Edith Steins. Aus diesem Anlaß lud das Edith-Stein-Exerzitienhaus des Erzbistums Köln zu einer Tagung unter dem Motto »An der Hand des Herrn gehen« auf den Michaelsberg ein. Organisiert wurde sie von Gertrud Brück-Gerken, Dr. Gunther Fleischer, Esther Limbach und Pater Friedel Weiland SAC. (10.–12. Oktober 2008, Bergstraße 26, Michaelsberg, 53721 Siegburg)

Speyer

Bei der Veranstaltung »Auf den Spuren jüdischen Lebens – Frauen entdecken Speyer« setzten sich die Teilnehmer auch mit Edith Stein auseinander. Referentin war Christiane Parlings und Veranstalter waren die Frauenseelsorge der Region Kempen-Viersen sowie das Kath. Forum Krefeld Viersen. (11.–13. April 2008, jeweils 11–18 Uhr, Bildungshaus St. Georg, 67346 Speyer)

Den Abschluß des 7. Internationalen Projekttages am 25. April 2008 der unesco-projekt-schulen bildete in Speyer ein Vortrag im Dominikanerinnenkloster über Leben und Werk Edith Steins.

Stapelfeld bei Cloppenburg

Am 3. September 2008 bot das Referat Frauenseelsorge des Bischöflichen Offizialats eine Tagung an, in deren Mittelpunkt Edith Stein stand. Pfarrer Dr. Marc Röbel stellte Edith Stein vor. (Katholische Akademie und Heimvolkshochschule »Kardinal-von-Galen-Haus«, Stapelfelder Kirchstr. 13, 49661 Cloppenburg)

Sursee (Schweiz)

Dr. Toni Schaller sprach über »Edith Stein (1891–1942) eine der ersten Philosophinnen im deutschen Sprachraum«. (17. September 2008, 20 Uhr, Bürgersaal, Rathaus, CH-6210 Sursee)

Tübingen

Im Rahmen eines Kompaktseminars besuchten im Februar und Juni 2008 Studentinnen der Pädagogischen Hochschule Ludwigsburg zusammen mit ihrer Studienbegleiterin, Dr. Erika Straubinger-Keuser, den Edith-Stein-Karmel, um über Edith Stein zu arbeiten und den Edith-Stein-Karmel kennenzulernen. (Edith-Stein-Karmel, Neckarhalde 64, 72070 Tübingen)

Am 7. Oktober 2008 kamen zwei Schulklassen des Rottweiler Edith-Stein-Instituts für soziale Berufe in den Edith-Stein-Karmel, um sich intensiv mit Edith Stein zu befassen. Ihre theologische Leiterin war Dr. Doris Ziebritzki. (Edith-Stein-Karmel, Neckarhalde 64, 72070 Tübingen)

Weisendorf

Unter dem Thema »Geschenk der Stille...« stand eine meditative Tanzveranstaltung mit Texten von Edith Stein, Therese von Lisieux, Saulus von Tarsus. (25. Oktober 2008, 10 Uhr, Edith-Stein-Haus, Höchter Str. 4, 91085 Weisendorf)

Zum Jahr 2009

Birkenwerder

Pfr. Werner Hilbrich TKG und Ute Reich TKG halten vom 13. bis 17. Juli 2009 Exerzitien über »Veränderungen im Leben als Reifungs-Chance« – mit Impulsen aus der Spiritualität Edith Steins. (Karmelitenkloster, Schützenstraße 12, 16547 Birkenwerder)

Freiburg

Unter der Leitung von Simone Burster und Dr. Katharina Seifert findet am 26. Juni 2009 ein »Biographischer Spaziergang« durch Freiburg statt. Er hat zum Thema: »Auf den Spuren Edith Steins«. Veranstalter ist die Katholische Regionalstelle Breisgau-Schwarzwald-Baar. (14.30–18.00 Uhr, Treffpunkt: Freiburger Münster, Hauptportal)

Hamburg

Der Deutsche Odd Fellow-Orden veranstaltete in Hamburg (RL Hanseatic) am 29. Januar 2009 einen Vortragsabend zum Thema »Edith Stein: Jüdin, Philosophin, Karmelitin«. Es referierte Sw. Karin.

Lindlar

Günter Sahler hielt einen Vortrag mit dem Thema »Edith Stein und Maximilian Kolbe – Zwei von Millionen...«. (27. Januar 2009, 19.30 Uhr, Haus der Begegnung, Korbstr. 3, 51789 Lindlar)

München

Im Rahmen der Vortragsreihe »Sternstunden der Theologie. Von der Aufklärung bis zur Gegenwart« sprach PD Dr. Alf Christophersen über »Edith Stein – Judentum, Katholizismus, Martyrium«. (19. Januar 2009, 19.30 Uhr, Evangelische Stadtakademie, Herzog-Wilhelm-Straße 24, 80331 München)

Saarbrücken

Die Kath. Hochschulgemeinde Saarbrücken veranstaltete vom 20. bis 26. Januar 2009 eine Reise »... auf den Spuren der Hl. Edith Stein«. (Kath. Hochschulgemeinde Hl. Edith Stein, Universitätscampus, Gebäude A3 1 – Fach 39, 66123 Saarbrücken)

St. Gallen (Schweiz)

Die Sektion St. Gallen (Ostschweiz) der Christlich-Jüdischen Arbeitsgemeinschaft veranstaltete einen Vortragsabend unter der Leitung von Pfr. Klaus Dörig. Das Thema lautete »Edith Stein: Jüdin – Mystikerin – Konvertitin«. (14. Januar 2009, 20 Uhr, Jüdisches Gemeindehaus, Frongartenstrasse 16, CH-9000 St. Gallen)

Travenbrück

Br. Franziskus Hamernik OSB sprach über »Spirituelle Philosophie – Philosophieren mit Edith Stein«. (9. Januar 2009, 14.00–17.00 Uhr, Bildungshaus St. Ansgar, Schloßstraße 26, 23843 Travenbrück)

Autorinnen und Autoren

Dr. Eberhard Avé-Lallemant, Privatdozent an der Ludwig-Maximilians-Universität, München

Dr. Beate Beckmann-Zöller, Religionsphilosophin / Religionswissenschaftlerin, Dozentin an der Katholischen Stiftungsfachhochschule für Soziale Arbeit, München

Christof Betschart OCD, Karmelit (Teresianischer Karmel), Doktorand, Freiburg i. Ü.

Hedwig Conrad-Martius, Philosophin, Freundin und Taufpatin Edith Steins

Dr. Ulrich Dobhan OCD, Provinzial des Teresianischen Karmel in Deutschland, München, Mitglied im Vorstand der Edith Stein Gesellschaft Deutschland

Joachim Feldes, Berlin

Harm Klueting, Dr. theol., Dr. theol. habil., Dr. phil. habil., M.A., Dipl.-Theol., Professor der Neueren Geschichte am Historischen Seminar I der Philosophischen Fakultät der Universität zu Köln, Privatdozent der Kirchengeschichte an der Theologischen Fakultät der Universität Fribourg (Schweiz), Assoziiertes Mitglied des Instituts für katholische Theologie (Historische Theologie) der Philosophischen Fakultät der Universität zu Köln

Dr. Heiner Koch, Weihbischof, Köln

Elisabeth Peeters OCD, Karmelitin (Teresianischer Karmel), Kirchzarten

René Raschke, Doktorand, Dresden

Cécile Rastoin OCD, Karmelitin (Teresianischer Karmel), Übersetzerin der Werke Edith Steins ins Französische, Paris

Felix M. Schandl O.Carm., Karmelit, Straubing, Mitglied im Vorstand der Edith Stein Gesellschaft Deutschland